CAREER FOR WELLNESS

キャリア・ウェルネス

「成功者を目指す」から「健やかに働き続ける」への転換

村山 昇 絵・ぷーたく

日本能率協会マネジメントセンター

「モーレツ」から「セイサンセイ」へ

一九七〇年代、広告の世界で「モーレツからビューティフルへ」という伝説のCFコピーが生まれました。昭和の高度経済成長期、カイシャに忠誠を尽くし真面目に働けば、もらえるカネも、買えるモノも右肩上がりに増えていくことが当然だった時代、誰しも猛烈に労働に打ち込みました。そして国民全体が似通った幸福像に向かってひた走るのでした。ある面から見れば、人生の正解値がはっきりしていたよき時代とも言えます。

そんな中で時代感覚に鋭敏な一人の広告クリエーターは、大衆とは異なるまなざしを未来に向けていました。「いや、こんな時代は長くは続かない。続いてほしくない。個々人が感性豊かにそれぞれの美を求める時代がくるはずだ」と。彼はライフスタイルの転換をCFコピーに込めて叫んだのでした。

しかしながら実際のビジネス現場では、その「モーレツ」はバブル経済が頂点に達する一九九〇年代初めまで続くことになります。当時、「24時間戦えますか」という栄養ドリンクのCFコピーも話題になりました。しかし、バブル崩壊以降、右肩上がりの経済がもはや当たり前でなくなり、企業の従業員に対するメッセージに変化が起きます——それは「モーレツからセイサンセイ（生産性）へ」「依存から自律へ」とも言うべき圧力でした。

日本のカイシャは、何十年とかけて「従順に長時間働き、キャリアを組織に委ねる従業員」をたくさん育ててきました。それが一転、「もっと生産性を上げよ」「キャリア自律せよ」という発信に切り替わったのです。

画一的な「成功者モデル」が消失し、次は多様な「自己実現」の時代か？

長時間従順に働いて給料を増やしていき、社内ポストを得、物質的に裕福になる。そういった画一的な「会社員としての成功／成功者モデル」は、もはや過去のものとなりました。それに代わって、働く人びとの中で広がってきたのは「自己実現」という言葉でした。

カイシャインたちは次第に長めの休みを取ることを覚え、自分たちなりに余暇の過ごし方を開発するようになりました。お金を使う先もモノからコトへと移りはじめます。そうして総じて人びとの暮らしはデザインセンスが向上し、デジタルツールの発達によってスマートに消費選択するようになりました。さらには、人材の流動化が進み、年収増や適職探しを試みる転職も増えはじめます。そのように確かに多くの人は、みずからの人生における「快」を増大化させる選択肢を多様に持つようになりました。

その結果、現在における一つの理想の会社員生活像というものが形成されてきます。すなわち、年収や福利厚生に恵まれた企業に入り、仕事と余暇のいわゆるONとOFFとをうまく切り替える生活です。業務をそつなくこなし、余暇ではおしゃれに趣味を楽しんだり、家族との絆を深めたり。さらには、よい条件の転職を重ね、能力を上げていくという新たな成功者像。こうした状態を目指すことはまったく悪いことではありませんし、そうなればいいことですが、しかし、それをもって「自己実現」と呼んでいいものなのか……。

もちろん、心理学者エイブラハム・マズローが説いた「自己実現」はもっと大きくて深い概念でしょう。冒頭の広告クリエーターが叫んだ「ビューティフルへ」のビューティフルも、もっと広く開いた意味で美的価値を志向せよと言っているものだと思います。本書でも以降、これからの時代に何が求められていくかの考察を進めていきますが、わかりやすくなるからといって議論をいたずらに単純化・矮小化せず、抽象的であっても高い視座をもって大きな考察を展開したいと思います。

その観点からすれば、「仕事のONとOFFがうまく切り替えられ、公私ともにスマートに（＝頭を利かし、おしゃれな様式で）暮らしていける状態」がこれからの時代の会社員としての成功像であるというのは、小さな議論の小さな答えでしかありません。そもそも「成功者」を目指すこと自体、これからの時代のキャリアゴールとして掲げられるかも疑わしい。

「目標数値」は溢れるが「目的・意味」が語られない職場

いずれにせよ、いま、組織も個人も「仕事・キャリア」をめぐり、取るべき方向性を失っています。最終的に何を求めて働いていくことが幸福なのかが誰しもよくわからなくなっています。企業の経営層や人事部門は従業員に対し、「もっと生産性を上げろ」「キャリア自律せよ」というだけで、理念軸をもったメッセージ・人材育成方針を打ち出せていません。もちろん知識やスキル習得のための教育は熱心に施します。しかし、それは事業の競争力を保ち、組織を存続させるために人的資源をさびさせないという理由にすぎず、一人一人の従業員を全人的にどう育み、どんな働くことの醍醐味を味わってもらいたいかという哲学は希薄です。

働くことについての幸福観などというのは個々人の問題であって、会社組織が立ち入る問題ではないと考える経営者・人事担当者も多くいるでしょう。「会社は事業をやるところなのだから、我々は事業遂行に見合った技能を持つヒトを集め、一方雇われたヒトは命じられた成果を出し、対価を受け取る。雇用契約で成り立つ組織は、それ以上でもそれ以下でもない。事業現場に個人それぞれが感じるフワフワした価値観を持ち込むことは不要」と。冷徹に筋が通っていると言えばそうなのですが、実際は、経営者や人事担当者にとって、そこを触れないほうがラクだからという理由もあります。いずれにせよ、そうした功利的・機械論的な考え方が一方的に進んだ結果、何が起こったかと言えば、メンタルを病む従業員の増加です。

科学的合理性に基づいた手法が職場のいたるところに導入され、ますます先鋭化する中、従業員の評価制度や業務管理手法も数値づくめになっています。ＭＢＯ（目標管理制度）やＫＰＩ（重要業績評価指標）など、マネジャー層に課す研修も花盛りです。そのために、目標数値は溢れるが、事業をやることの意味・働くことの目的を語らない職場が数多くあります。

多くの従業員は目先の業務処理と短期的な数値に追われるばかりで、中長期に自組織が、そして自分がどこに向かうかわからないまま、とりあえず担当事業の存続と自分の生活維持を目的にして働いています。もちろんいろいろな業務に携わることで能力が身についたり、刺激的な出会いがあったりと、仕事は食うため以上のことを与えてくれると実感できるときもあるでしょう。が、そうした成長感や充実感は三〇代半ばまでがせいぜいで、それ以降は数値管理によるプレッシャーによって働かされ続ける状態になっていきます。

「能力・処し方」主眼のアプローチvs「観・在り方」主眼のアプローチ

私はさまざまな企業で、二〇代から五〇代の層に向けキャリア開発研修を行っています。独立した二〇〇三年当時、ＨＲ（ヒューマン・リソース、企業の人事部門の略称）の世界での旬のテーマは「キャリア自律」でした。多くの企業で終身雇用制度のひび割れが生じる中、企業は組織にぶら下がる「他律的キャリア」から、どこの企業からも雇われうる「自律的キャリア」への意識大転換を昭和育ちのサラリーパーソンたちに迫ったのでした。「キャリアデザイン」「キャリアパス」「ポータブルスキル」「エンプロイアビリティ」「ハプンスタンス理論」などもこうした文脈で輸入紹介された概念でした。

そのために当時のキャリア研修の内容はと言えば、それまでの自分の能力を棚卸ししたり、「CAN（できること）・MUST（やらねばならないこと）・WILL（やりたいこと）」で自己分析したり、社内の能力等級制度が要求するスキルの習得計画を練り、キャリアプランづくりをするものでした。確かにこうした研修を受けて、自分の能力度合いに気づき、能力開発の計画を持つことで、何か自分はキャリアの軌道に乗っているという安心感、あるいは、自分は他の会社からも雇われうる人材になるという自信を多少得ることはできました。

しかし私自身、この「能力」の自己分析と習得計画に主眼を置いたアプローチでは深い自律意識を醸成させるには不十分であると考えていました。「CAN・MUST・WILL」は有益な内省フレームではあるものの、その根底にある「WHY（私はなぜこの職業を選んでいるのか）・WHAT FOR（きょうのこの仕事は世の中の何につながっているのか）」を問うてはいません。WHYやWHAT FORに対する答えが肚にずどんと据わってこそ、「CAN・MUST・WI

ＬＬ」はより生き生きと見えてくるものです。

言い方を変えれば、「何々の能力を磨けばキャリア形成がうまくできる」ではなく、「自分の能力を何に使って世の中に貢献していくか、それを軸にして働く・生きるプロセスからキャリア形成はなされていく」という思考順序です。後者のために必要なもの――それは「観」です。「能力」主眼のアプローチではなく、「観」主眼のアプローチ、これが私の取った研修コンテンツ開発の基本でした。それは必然的に、抽象的・哲学的な思索を伴うものでした。しかし、人事担当者にも、受講者にもわかりやすいのは「能力」アプローチのほうです。当初は、私の打ち出す「仕事観・キャリア観をつくる」「処し方ではなく、在り方を軸に考える」のようなアプローチに反応はさほど強くありませんでした。

一〇〇年生きてしまう時代に大切なのは「仕事観・キャリア観」

そんな中、手応えが変わってくるのが二〇一一年の東日本大震災以降。さらには二〇一六年、リンダ・グラットン著『ライフ・シフト』の刊行です。「人生一〇〇年時代」というフレーズが人びとに衝撃を与えました。変化の速度がどんどん増し、世の中がこの先どうなっていくのかが見通せない時代に私たちは一〇〇年生きてしまうかもしれないという事実。会社に雇われるにしてもせいぜい七〇歳まで。その先の人生はまだ長い。と、それ以前に、仕事に疲れた三〇代、四〇代にとって、定年退職の七〇歳までがすでに長い。そこまで心身ともに健康でやっていけるのかという不安。加えて経済的な不安ものしかかる。

また、特に三〇代の研修をやってみて実感することですが、それまで比較的順調に能力や成果を伸ばしてきた人たちでも、三〇代半ばから精神的な停滞に陥るケースが多くなっています。つまり、優秀な人材たちにとって、数値管理化された事業現場はある種のスポーツ・ゲーム感覚で取り組める世界になっていて、スマートに局面局面をクリアしていくことで成長感もあり承認欲求も満たされていきます。が、それが刺激的に楽しめるのは三〇代前半までで、それ以降は肉体的変化やゲームの刺激疲れが出てきて、キャリア全体にモヤモヤ感が出てくるわけです。

こうした状況を背景に、少なからずの人びとが「キャリアを考える」ことの目線をより根っこのほうに移すようになってきたと思います。すなわち、長き職業人生において真に考えるべきは、適切な能力を身につけて変化の波を渡っていくという表層的な「処し方」探しよりも、もっと深いところで自身の「在り方」についての答えをつかむことではないか、と。時を同じくして、世の中では「ワークライフバランス」「QWL（クオリティ・オブ・ワーキングライフ）」「ダイバーシティ」「健康経営」「SDGs」「マインドフルネス」などのワードにも関心が集まってきました。

結局、物事をどうとらえ（＝観）、そのもとに意識をどう構えていくか（＝マインド）を定めないかぎり、変化する時代に翻弄されてしまいます。組織から与えられる数値に働かされてしまいます。そんな状態で生きながらえる一〇〇年はとても喜べるものではありません。「観・マインド」の次元から働くことを考えることへの要求が次第に強まってきているのを私は強く感じていました。

「健やかさ」という価値が見なおされる

企業内研修においてキャリア研修は、参加必須式と手挙げ式の二種類あります。手挙げのものは社内に告知して希望者を募るわけですから、研修のタイトルづけはけっこう大事になります。次にあげるのは私が行ってきた手挙げ式のときの研修タイトルです。この二〇年弱の間に変化がみてとれます。

［二〇〇三～二〇一〇年ころ］

自律的にキャリアをつくるための「キャリア開発研修」

［二〇一一年～二〇一七年ころ］

自分らしいキャリアを切り拓く

「健やかな仕事観をつくるワークショップ」

［二〇一八年以降］

人生一〇〇年、健やかに自分らしく働き続けるための「キャリア・ウェルネス・ワークショップ」

当初は「自律」とか「研修」とか、真正直にそういう言葉を使っていました。当時の重要テーマであった「キャリア自律」を反映させたものですが、受講者である従業員からすると少なからずの警戒心や圧迫感があったようです。「何やら会社からジリッせよと発破をかけられる研修みたいだ。肩たたきの一環かもしれない」と。結局「キャリア自律」とは経営側の要求言葉であって、受講者本人の内側から出てくる言葉ではないのです。加えて、「研修」が持つ響き。研修を受けたからには業務成果に必ず生かさねばならないと負荷に考える人もいて、受講を敬遠するケースがありました。

そこで、二〇一一年ころから私が用いはじめたのが「自分らしい」「健やか」という言葉です。受講者の内側から出てくる思いに共鳴するのはこれだと感じ、投げかけてみたのです。そして「ワークショップ」。ワークショップとは職人の工房、自分の創作アイデアを形にする場という意味です。働くことについて自分の内側にあるものを見つめ、それを外側へ顕在化させる場は、まさにキャリア意識のワークショップです。こうした言葉選びによって受講対象者の警戒感が解け、「あ、こういう場なら行ってみたいな」と思っていただける研修タイトルになったと感じています。

事実、いくつかの顧客企業ではこうしたタイトルを用いることで、単に「キャリア開発研修」とするよりも受講希望者数が上がりました。また、「健やかに働き続けられる心をつくる」ことを目的とするために、福利厚生プログラムの一つとして実施しようという企業も出てきました。その企業では、福利厚生メニューとして個人旅行費の補助とかフィットネスクラブ利用とかいろいろ並ぶ中に、この「キャリア・ウェルネス・ワークショップ受講」という選択肢があるわけです。ワークショップ後の受講者アンケートでも、「働くことに対するモヤモヤ感がとれた」「自分のキャリアの行き詰まりがどこにあるのかがわかった」「自分の内面にあることを言葉にしたら気持ちが落ち着いた」「いろいろなことが腑に落ちた」といった感想が多くあり、心身をよみがえらせるプログラムとして機能していることを確信しています。まさに、「能力・処し方」アプローチではなく、「観・在り方」のアプローチであるがゆえの効果です。昨今、「健康経営」ということが話題になっています。従業員の健康を守るために、会社が物質的・金銭的に従業員を援助するというのは当然ですが、このように健やかに働き続けるための内省・哲学の場を設けることも忘れてはならない施策だと思います。

これからのキャリア観〜「成功者を目指す」から「健やかに働き続ける」へ

これらのことを俯瞰し、いまの「働くこと」における重要な潮流変化をとらえるなら、「キャリア・ウェルネス」の時代到来だと私はみています。

右肩上がりの経済のもと、誰もが会社に忠誠を尽くしてハードワークをし、物質的に裕福になるという画一的パターンの成功（者）を目指すのではなく、一〇〇歳まで生きてしまうかもしれない人生において、一人一人が自分らしく健やかに働き続けられることを目指す、これがこれからの時代の主流の構え方になるのではないでしょうか。

働く人びとの「健やかさ／wellness／well-being」を志向する意識の変化はすでに企業の研修現場でも表れています。本書はこのキャリア観の潮流変化を主題としながら、次のようなことを考察していきたいと思います。

○仕事観・キャリア観はどう変わってきたのか、変わっていくのか
○仕事観・キャリア観をつくることがなぜ大事なのか
○仕事観・キャリア観をつくる教育とはどんな内容なのか

本書は主に、企業でＨＲ（人事）に関わる方々、経営者、管理職者、キャリアコンサルタントに向けて書いていきます。従業員の就労意識をどう育んでいくか、研修の場をどのような意図で組み立てていくか、自組織をどんなマインドを持った職業人集団にしていくのか、キャリアの相談者に対し、能力マッチングの観点ではなく、想いの掘り下げの観点でどう支援ができるのか――それらを深く考えるための材料を提供できればと思っています。

また昨今では、働くことおよび職業に対する意識をどう涵養していくかというキャリア教育が、大学はじめ、小・中・高の学校現場でも重視されています。その点で学校の先生方にも有意義なものになるでしょう。

さらに言えば、本書で考察される内容は人材育成に関わる関わらないにかぎらず広く一般のビジネスパーソン、就職活動中の学生にも有益なものです。書店でよく見かけるキャリアアップの指南書や仕事術本にどこか物足りなさや違和を感じている人に是非お勧めします。一職業人として自身のキャリアをどうするかを見つめなおすうえで、ずしんと肚《はら》ごたえのある一冊になろうかと思います。

では、本題に進んでまいりましょう。

contents

プロローグ

第1章

「健やかに働く」ということ

第2章 労働観の変遷

第3章 研修の現場から

「健やかな仕事観」をつくる講義スライド&ワーク紹介

第4章

仕事・キャリア・人をとらえる新しい観点

エピローグ

第1章

「健やかに働く」ということ

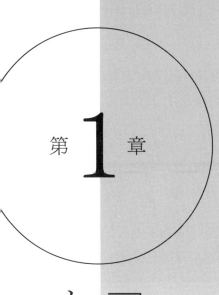

キャリアという概念に「健やかさ」が結びつく背景

これまでビジネスパーソンの間では、キャリア観といえば「成功を目指すキャリア観」が主流だったと思います。「キャリア」という言葉自体、高い能力を身につけたプロフェッショナルたちの経歴に対し使われはじめたこともあるでしょう。そのためキャリアをつくるとは、必然的に他者より抜きん出て出世するというニュアンスを伴っていました。

しかし、キャリアという概念が次第にエリート・ビジネスパーソンだけの概念でなくなり、広く職業を持つ人びとに普及してきました。それに伴って、その言葉が含む意味合いや見方も広がっていきます。

大きくはまず、「成功のキャリア観」の反動として「自己防衛のキャリア観」というものが生じてきました。その背景として、少なからずの人たち、特にミレニアル世代と言われる若い世代が、会社組織の中で紋切り型の成功を目指すことに違和や疲れを感じ、自分を痛める仕事生活というものから離れようとしたのです。さらには一部で、労働者を粗悪な条件で働かせるいわゆるブラック企業的な雇用主が増えたことで、きつい労働から自分を守る意識はますます高まりました。

会社に滅私奉公することが普通だった昭和世代と異なり、平成・令和世代のキャリア観はプライベート生活優先に振れています。これはある部分、健全な寄り戻しとみることができます。しかし、このキャリア観によって、働くことは忌み嫌うべき作業であり、心地よい私的快楽に引きこもるような生活をよしとするのなら、それはまた一つの悪い極の姿にみえます。

誰しも一〇〇歳まで生きてしまうかもしれない時代において、「成功のキャリア観」も「自己防衛のキャリア観」もどこか不健全さが残ります。そこでいま、第三の構え方として「健やかさのキャリア観」ともいうべきものが求められています。

本章では、そうした流れと「健やかさ」および「健やかに働くこと」がどういうことであるのかを掘り下げていきます。ところどころに私が行っている「キャリア・ウェルネス・ワークショップ」の講義スライドを織り交ぜながら進めていきます。ではさっそく、その講義をみていただきましょう。

講義スライド1-01

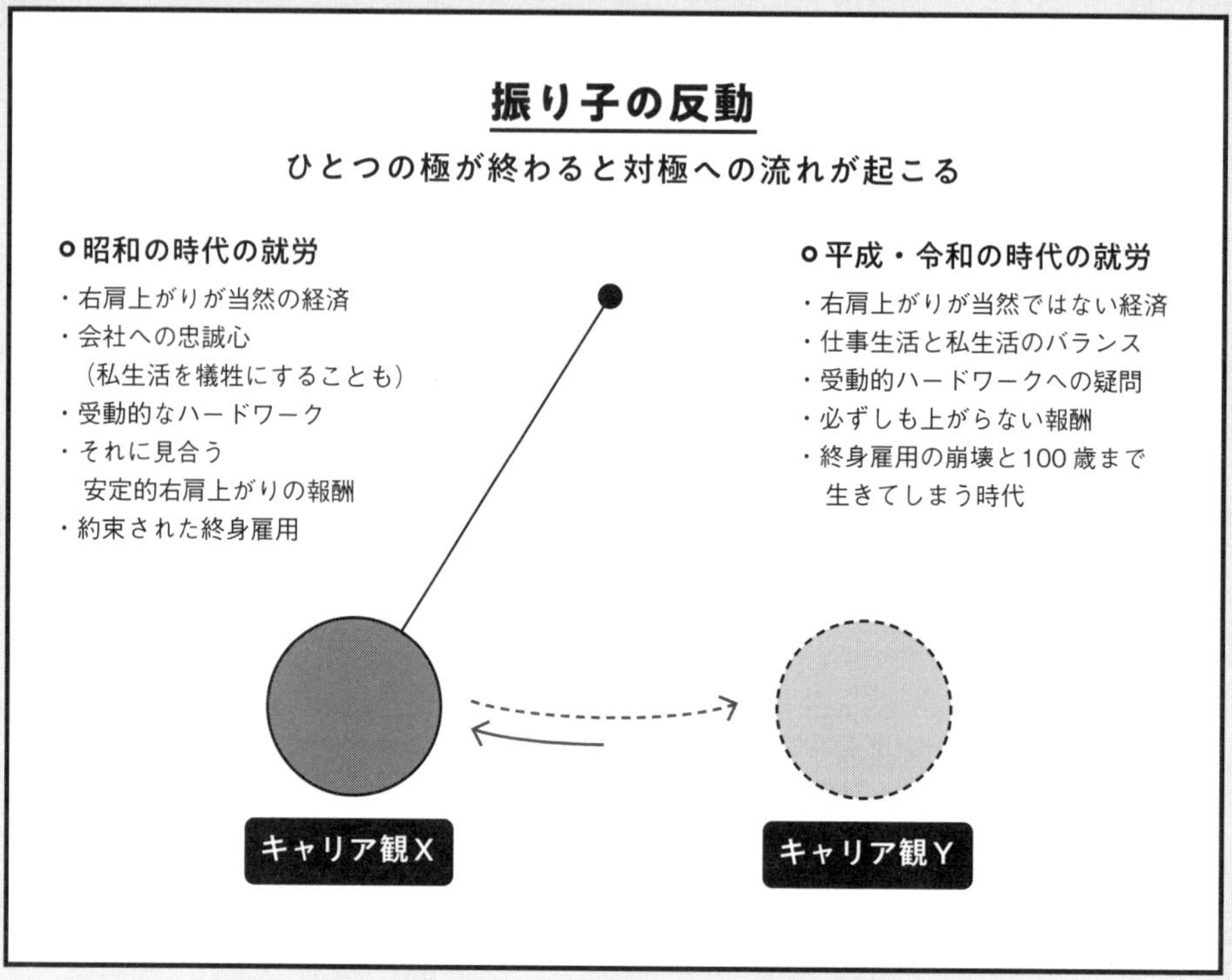
振り子の反動
ひとつの極が終わると対極への流れが起こる
昭和の時代の就労
・右肩上がりが当然の経済
・会社への忠誠心
（私生活を犠牲にすることも）
・受動的なハードワーク
・それに見合う
安定的右肩上がりの報酬
・約束された終身雇用
平成・令和の時代の就労
・右肩上がりが当然ではない経済
・仕事生活と私生活のバランス
・受動的ハードワークへの疑問
・必ずしも上がらない報酬
・終身雇用の崩壊と100歳まで
生きてしまう時代
キャリア観X
キャリア観Y

「いまどきの若い社員は、とかくプライベート優先で……」「仕事を自分ごとにすることを避けて……」「打たれ弱くて……」「労働条件のよいところを選り好みするように簡単に転職していくので……」。

企業内研修を受託する私が昨今、顧客企業の人事担当者や現場のマネジャー層から耳にするのは、このような言葉です。もちろん個人差はあり、こうでない若い世代もたくさんいるでしょう。ですが、全体的にはこうした傾向が強まっているのが現実だと私も感じます。

ただ、「いまどきの若い世代は○○で……」というフレーズは、いつの時代にも先行世代が口にするものです。特に一つの時代が終わり、次の時代へと移行するときにはなおさら旧世代は新世代をとやかく言うものです。上図のように、いま振り子が反動で動き出しているのです。

講義スライド 1-02

「成功」のキャリア観
成功
○単線的　○つねに上昇志向　○競争が前提
○経済的／物質的な評価が支配
（価値のものさしが定量的）
○「自己実現」欲求というより
「自己承認・自己顕示」欲求
（ほめられたい、自分が他よりできる
人間だと示したい）
成功・勝ち組
脱落・負け組
脱落者は
・社会から見下される
（負け組／根性なしの烙印）
・一度レースから離脱すると
復帰するのが難しい

私は、こうした一種の保守化傾向はある面からながめて当然のことだと感じます。つまり、戦後の高度経済成長期からバブル経済崩壊を経てもなお、ずっと「成功のキャリア」というものが称揚されてきました。社会も企業も、そして個人の大多数も、この「成功のキャリア」観によって、勤労意欲を燃やしハッピーになれた時代は確かにありました。が、これが行き過ぎると当然、反動も生まれてきます。

みながこぞって経済的価値のものさしにそって、単線的に上昇していくことだけを善として突っ走っていく。その一斉の競走路線から外れたものは負け組とか、根性無しの烙印を押され、敗者復活も難しくなる。そうした「成功のキャリア」観に何か違和感を持つのは、ゆとり世代として育った感受性の強い若者なら当然かもしれません。

「成功」のキャリア観と その反動から生まれてくる「自己防衛」のキャリア観

「成功」のキャリア観 Career for success	「自己防御」のキャリア観 Career for self-defensiveness
成功のキャリア	できるだけ波風のない仕事生活
勝ち上がっていく	自分を守り、居心地よく
競争を生き残る	保身
燃焼、燃焼、また燃焼	適当にやっているふうを見せる
上昇したい／しなければならない	ラクに終わらせたい
激流下りのラフティング（爽快。ときに大けがすることもある）	コクーニング：繭の中に閉じこもる（外側を固め、中でぬくぬく）
無理して頑張って認められたい	コンフォート・ゾーンから出ない
スピード！（猛烈的）	快適温度を保つ（受動的）
戦略・戦術、駆け引き、覇権を取る	現状維持、リスク忌避、安住願望
私は有能なビジネスパーソン。仕事のために何かを犠牲にするのもやむなし。すき間時間も自己向上のため有効に使っている姿がカッコイイ。	私は私。あまり余計な役割は担いたくないし、考えない。ただ楽しく暮らしたい。“逃げ身”としてのワークライフバランス。

また、ビジネスの現場がますます競争、成果、スピードを求める流れに、心身はこれ以上ついていけなくなっているともいえます。どこかで生物的な保存システムのスイッチが入り、生命個体を守るためにも、「怠けろ」「逃げろ」という信号を出しているのかもしれません。そのため、振り子の逆側に「自己防衛のキャリア」観が生じてきたのではないでしょうか。

講義スライド1-04

〈成功〉のキャリア観

競争に勝ち残るための「処し方」に長けていく

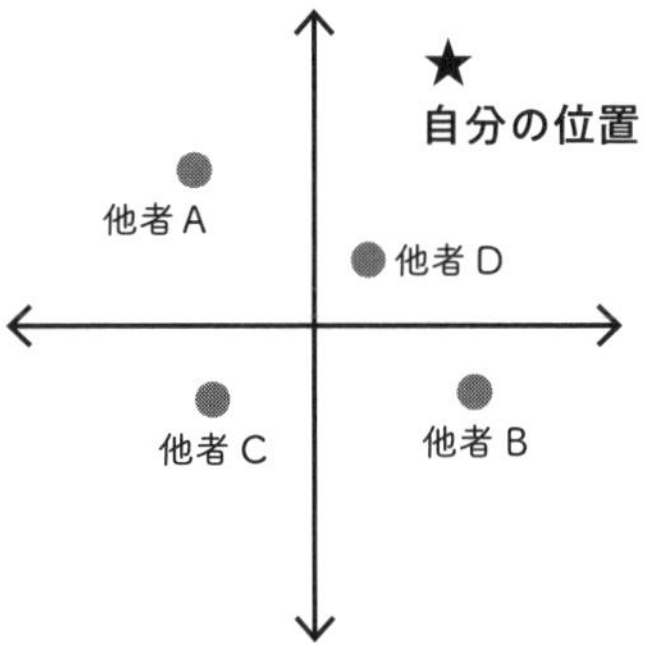
★
自分の位置
他者 A
他者 D
他者 C
他者 B

他者と比べて優れていることで
成功感や承認満足を得る。
自分の相対的位置がどこであるかを
いつも気にする。

〈自己防衛〉のキャリア観

自分を守るための「処し方」に長けていく

仕事は不快
なので遠ざける

プライベート
快
で固める

「快」を求め、「不快」を避ける。
コンフォート・ゾーン（安住空間）の殻を
つくって閉じこもる。私生活の快を守り、
仕事はほどほどですませたい
（結果的に自分をぜい弱にする危険性大）

人生一〇〇年時代を迎え、私たちが長きキャリアのマラソンを走っていくために大事なことは心身の健康です。「成功のキャリア」に縛られることは、ややもすると、心身を痛めつけながら戦うことにもなりかねません。

二〇代や三〇代前半までなら、成功へのあこがれや、旺盛な自己承認欲求に支えられてがんばることもできます。が、三〇代後半からはそれがしんどくなってきます。

その一方、健康が大事だからといって、「自己防衛のキャリア」に閉じこもってみても、心身は鍛えられることなく、ぜい弱なまま歳を重ねることになります。中高年になって、いざ何か重い試練が降りかかったらそれを乗り越えていけるでしょうか。「快」ばかりを追い、「不快」を避ける生き方もまた健全ではなく、自分を強くするものではないのです。

講義スライド 1-05

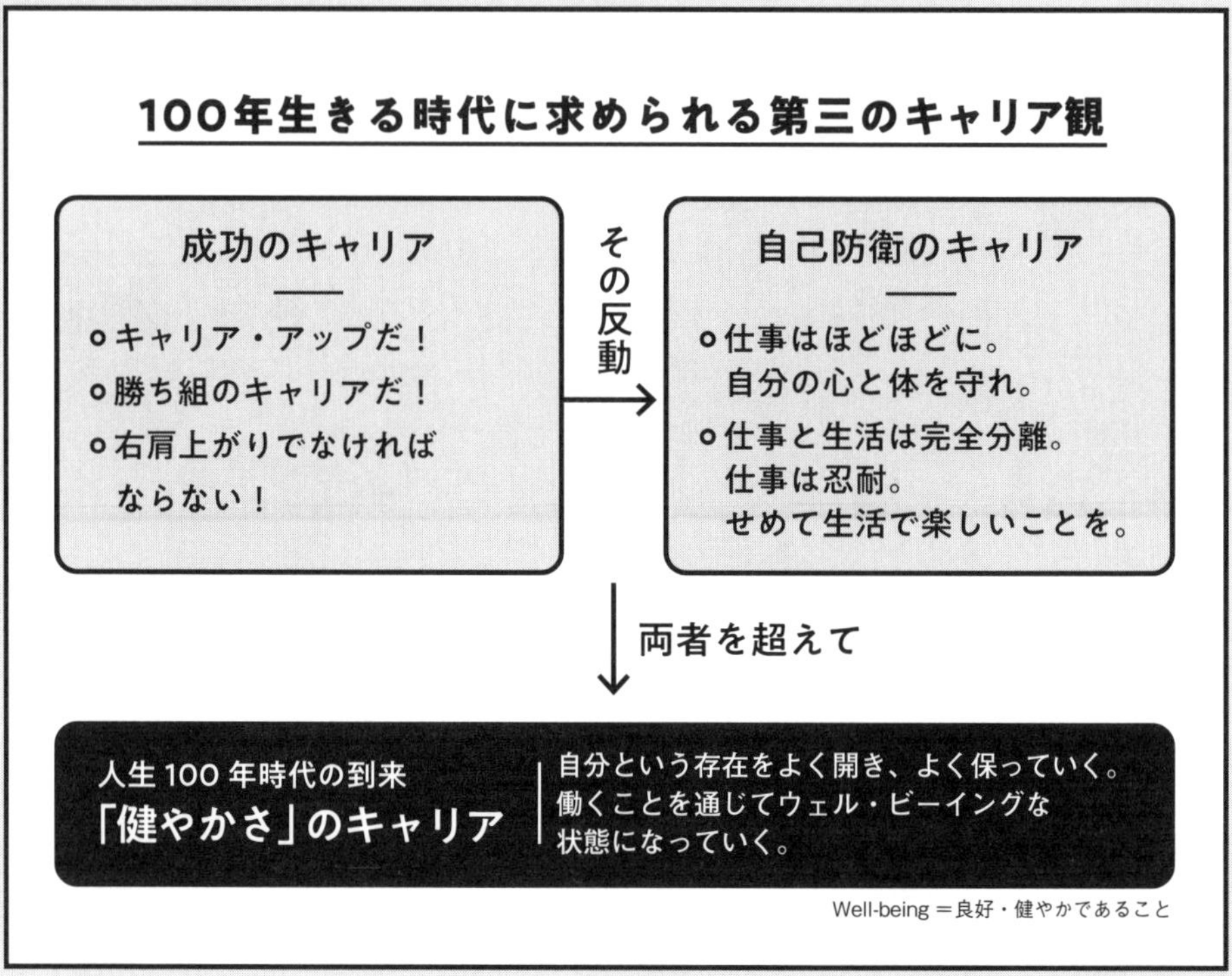
100年生きる時代に求められる第三のキャリア観
成功のキャリア
○キャリア・アップだ！
○勝ち組のキャリアだ！
○右肩上がりでなければならない！
その反動
自己防衛のキャリア
○仕事はほどほどに。自分の心と体を守れ。
○仕事と生活は完全分離。仕事は忍耐。せめて生活で楽しいことを。
両者を超えて
人生 100 年時代の到来
「健やかさ」のキャリア
自分という存在をよく開き、よく保っていく。働くことを通じてウェル・ビーイングな状態になっていく。
Well-being ＝良好・健やかであること

振り子の一端に「成功のキャリア」があり、また別の一端に「自己防衛のキャリア」が生じる。私たちは、この二つの極の間の適当なところで折り合いをつけていくしかないのでしょうか……。

いや、そうではなく、両者を止揚したところに「健やかさのキャリア」がある。それがこのワークショップのメインテーマです。この「健やかさのキャリア」こそ、次代の大切なキャリア観として育まれるべきものです。

「健やかさのキャリア」は、「ウェル・ビーイング」の状態を目指します。自分という存在をよく（良く・善く・好く）開き、よく保っていこうという態度です。

講義スライド1-06

〈健やかさ〉のキャリア観

「在り方」にまなざしを置く

- 働くことを通じて自分の「在り方」を豊かにさせていく。
- 意味／目的に向かう負荷やリスクを悠然と受け入れられる。
- 他人と比較して自分をどうこう感じる状態から解放されている。
- これらの結果、心身が生き生きとし、強い安定の状態にある。

すなわち、仕事生活において――

○働くことを通じて自分の「在り方」を豊かにさせていく。
○意味／目的に向かう負荷やリスクを悠然と受け入れられる。
○他人と比較して自分をどうこう感じる状態から解放されている。
○これらの結果、心身が生き生きとし、強い安定の状態にある。

これが「健やかさのキャリア観」です。「在り方」にまなざしを置き、そのもとで現実生活をどう処していくかという姿勢になります。「処し方」の次元に拘泥する「成功のキャリア」「自己防衛のキャリア」と大きく異なります。

講義スライド1-07

第三のキャリア観として「健やかさ」のキャリア観が出てくる

「成功」のキャリア観 Career for success	「自己防御」のキャリア観 Career for self-defensiveness	「健やかさ」のキャリア観 Career for wellness
成功のキャリア	できるだけ波風のない仕事生活	健やかなライフ&キャリア
勝ち上がっていく	自分を守り、居心地よく	“自分らしい”を開いていく
競争を生き残る	保身	泰然自若
燃焼、燃焼、また燃焼	適当にやっているふうを見せる	自分の目的に向かって快活に進む
上昇したい／しなければならない	ラクに終わらせたい	表現したい／表現を分かち合いたい
激流下りのラフティング（爽快。ときに大けがすることもある）	コクーニング：繭の中に閉じこもる（外側を固め、中でぬくぬく）	湖でカヌー（のんびり。でもオールを漕ぐ力はしっかり）
無理して頑張って認められたい	コンフォート・ゾーンから出ない	遠くを見つめて一歩ずつ
スピード！（猛烈的）	快適温度を保つ（受動的）	自分のリズム♪♪♪（能動的）
戦略・戦術、駆け引き、覇権を取る	現状維持、リスク忌避、安住願望	工夫や知恵、やさしさ、共創、絆
私は有能なビジネスパーソン。仕事のために何かを犠牲にするのもやむなし。すき間時間も自己向上のため有効に使っている姿がカッコイイ。	私は私。あまり余計な役割は担いたくないし、考えない。ただ楽しく暮らしたい。“逃げ身”としてのワークライフバランス。	私は一職業人であると同時に、一人間であり、一夫（妻）、一子ども、一親、一市民、一自由人である。全人的に豊かに暮らしたい。

「健やか」というのは、次代のキャリア観を担う価値として普通すぎるのではないかと感じる方もいるかもしれません。しかし、それは心身の一つの強さであり、在り方のもとに生き生きとすることであり、実現はそう簡単ではありません。むしろ、獲得した数量の多寡によって短絡的に勝ち負けが決まったり、閉じたルールの中で器用に物事を処理すればハシゴを上っていけたりする「成功のキャリア」のほうが、よほど容易でしょう。

ましてや、コンフォート・ゾーン（安住空間）から出ようとしない「自己防衛のキャリア」は、弱った心身を一時的に癒やすことには有効であっても、恒常的に強い心身をつくることからは遠い生き方です。

講義スライド1-08

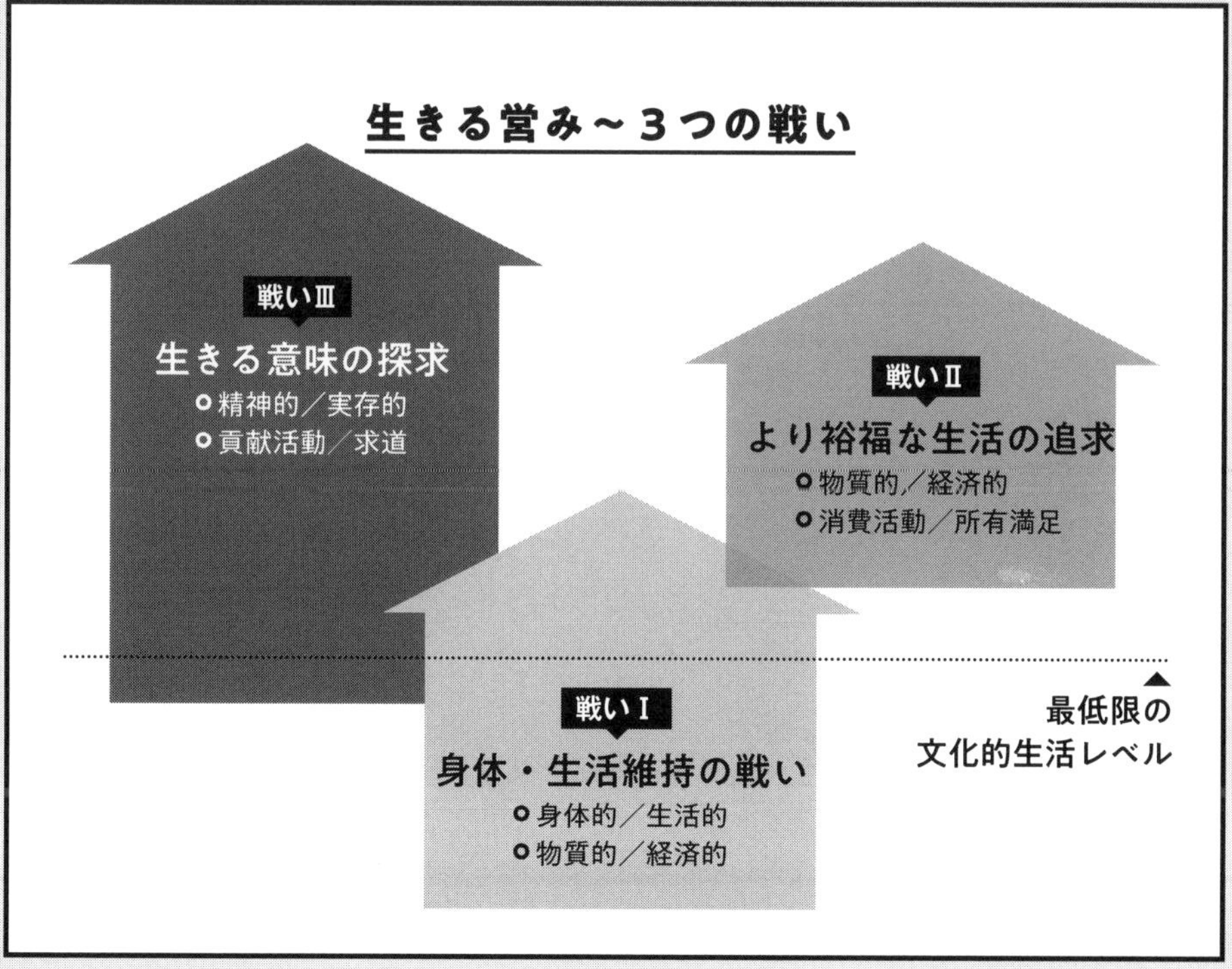

生きる営み～３つの戦い
戦いⅢ
生きる意味の探求
精神的／実存的
貢献活動／求道
戦いⅡ
より裕福な生活の追求
物質的／経済的
消費活動／所有満足
戦いⅠ
身体・生活維持の戦い
身体的／生活的
物質的／経済的
最低限の
文化的生活レベル

もう少し大きな視点から生きる営みをながめてみましょう。そこには上図のように三つの戦いがあるように思います。

まず、生きる大前提として「身体・生活の維持」があります。そのためにお金がいる。だから私たちは稼ぐために働く。これが「戦いⅠ」です。この社会で何かしら職を見つけ、食事を確保し、家族を養い、命を一日一日保つこと。これは大変な営みです。

次に私たちは経済力をつけるにしたがい、最低限の文化的生活レベルでは満足せず、「より裕福な生活」を求めようとします。これが「戦いⅡ」です。そこで目指すのは、「もっと持ちたい」「もっと快く過ごしたい」です。確かに、物質的・経済的に満ちてくることによって生活は穏やかになります。しかし、この状態は「小さな健康」というべきものです。

講義スライド1-09

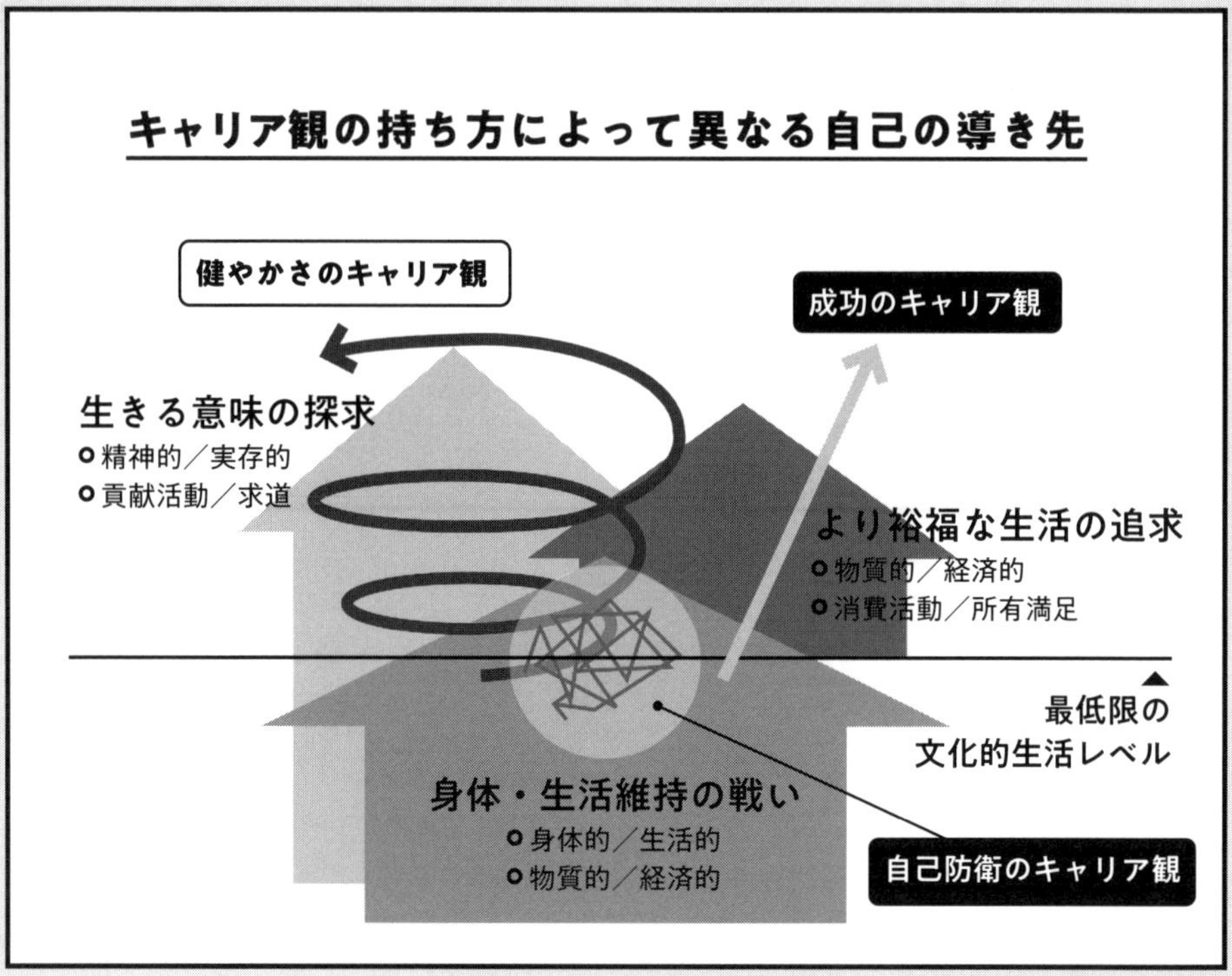
キャリア観の持ち方によって異なる自己の導き先
健やかさのキャリア観
成功のキャリア観
生きる意味の探求
精神的／実存的
貢献活動／求道
より裕福な生活の追求
物質的／経済的
消費活動／所有満足
最低限の
文化的生活レベル
身体・生活維持の戦い
身体的／生活的
物質的／経済的
自己防衛のキャリア観

成功や自己防衛を超えて、「大きな健康」を得るためには、創造や貢献に軸足を置いた活動に邁進することです。これが［戦いⅢ］です。そして自分という能力的存在が十全に開いているなと感じられるとき、それが最も強く安定した状態であり、長きキャリアの道のりを渡っていける健康力となります。

「健やかさのキャリア観」を持つ人は、らせん状に力強く自己を意味に向かって導いていきます。「成功のキャリア観」を持つ人は、経済的な勝利に向かって単線的な上昇を志向します。「自己防衛のキャリア観」の人は、快と不快の間の行ったり来たりを繰り返します。

キャリア形成の地盤にはキャリア観がある

さて、いかがだったでしょう。近年のキャリア観の流れにつき、私が「キャリア・ウェルネス・ワークショップ」で受講者に投げかけているのはこのような内容です。もちろんキャリア観は個々それぞれのものですから、単純にパターン分けはできません。ここでは時代の流れを顕著に反映する「成功のキャリア観」「自己防衛のキャリア観」「健やかさのキャリア観」の三つをあげましたが、実際はもっと多様でしょうし、一人の心の内にもいろいろな観が複雑に混じり合い、日々移り変わっていくものだと思います。

いずれにせよ大事なことは、従業員に向けたキャリア開発支援の場において、みずからのキャリア観を見つめさせる投げかけをするということです。なぜなら、キャリア形成の地盤にはキャリア観があるからです。

プロローグでも述べたように、これまでのキャリア教育は、おおかた「能力」主眼のアプローチでした。確かに能力を無視してキャリア形成はありません。しかし、知識や技能はキャリアという建造物をつくるうえで木材とかタイル、窓、ペンキといった建材にすぎません。いくら建材がそろっていても地盤のしっかりしないところに納得のいく堅固な建造物はできません。そもそも基盤となる価値がわかっていなければ、上にどんな建造物をこしらえるかがわからないでしょう。だからこそキャリア観というものに心の眼を向けねばなりません。具体的にどうやって観をあぶり出していくかについては、追々紹介していきたいと思います。

「健やか」とはどういう状態か

では、本章の中心テーマに入っていきましょう。まず「健やか」を本書なりに定義しておかねばなりません。「健やか」は「すくやか」とも「すこやか」とも読み、『広辞苑 第七版』には「心やからだが強く、しっかりしているさま」とあります。また、WHO（世界保健機関）の「健康」の定義はこうです――

健康とは、十全に、身体的、精神的および社会的に安泰な状態であることを意味し、単に病気でないとか、虚弱でないということではない。

この短い定義文のなかに「健やか」であることの要件がいくつか見えてきます。すなわち、

①「からだとこころの状態」に関わる
②さらには「社会的な状態」に関わる
③それらの状態が良好なこと、強いこと、安定していること

④単に不調ではないからといって、それが即「健やか」ではない

ひとまず本書では「健やか」を「心身ともに強く、安定した状態」と簡潔に定義しておきます。ただ、これでは表しきれない部分がありますので、それを補う意味で、再び「キャリア・ウェルネス・ワークショップ」の講義スライドを紹介しながら、健やかであること、さらには「健やかな仕事・健やかなキャリア」がどういったものなのかをみていきましょう。

講義スライド1-10

WHO（世界保健機関）の「健康」の定義

"Health is a state of complete physical, mental and social well - being and not merely the absence of disease or infirmity."

――健康とは、十全に、身体的、精神的および社会的に安泰な状態であることを意味し、単に病気でないとか、虚弱でないということではない。

WHOは、健康の範囲を「心身の状態」のみならず、「社会的な状態」にまで押し広げています。人間は社会的動物であるがゆえに、自分がどんな社会で暮らしているか、どんな立場でどんな役割を果たしているかといった社会的な状態は、心身の健康と深く関係しています。戦時の世に暮らしたり、社会から理不尽な仕打ちをされたりする状態で、健康はありません。

また、単にネガティブな状態ではないからといって、それが即「健やか」ではないという言及も忘れてはいけない点です。例えば自分がこの一年間、病気もせずケガもせず医者にかからなかったとします。けれど実際は食生活が不規則だったり、仕事のストレスで十分に眠れなかったり。その状態は、たまたまその一年間で病気が顕在化しなかっただけで、それを健やかな状態と呼ぶにはふさわしくありません。

健やかの定義
「健やか」
=
心身ともに強く、安定した状態
「健やかな仕事・健やかなキャリア」は
1 負荷とともにある
2 動きの中にある
3 意味のもとにある

ともあれ、ここではとりあえず「健やか」を「心身ともに強く、安定した状態」と簡潔に定義しておきましょう。

したがって「健やかな仕事」がどういうものであるかと言えば、「こころとからだが強く、安定した状態でなされる仕事」です。と同時に、「それを行うことで、こころとからだを強く、安定した状態にさせる仕事」です。そしてその健やかな仕事を長年積み重ねていくことで築かれるのが「健やかなキャリア」ということになります。

そして健やかな仕事・健やかなキャリアは、

○負荷とともにある
○動きの中にある
○意味のもとにある

この三つを深掘りしていきたいと思います。

講義スライド1-12

健やかさの一つの要件は「強さ」です。さて、強さは何によってつくられるのでしょう——それは負荷です。

例えば、重力負荷を考えてみましょう。地球上で生活する一般の私たちは知らずのうちに重力によって骨や筋肉が鍛えられています。ところが、宇宙飛行士たちはどうでしょう。重力負荷のない環境で過ごす彼らの骨や筋肉は急速に衰えます。だからこそ彼らは宇宙船内で四六時中、筋肉トレーニングをする必要があるわけです。

負荷のない状態はラクかもしれませんが、そこに安住すると弱体化をまねき、結果的に困った問題を引き起こすことになります。

講義スライド1-13

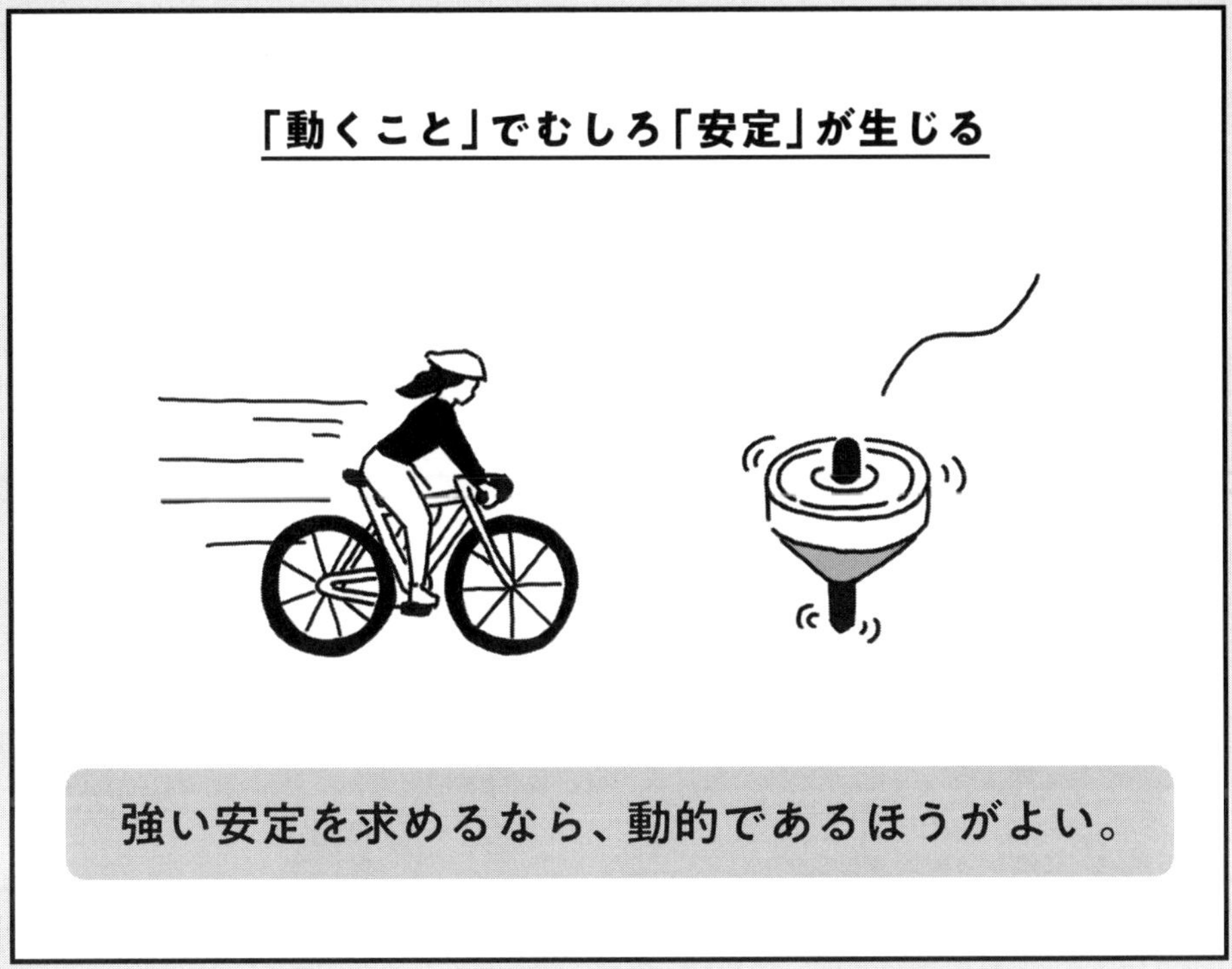
「動くこと」でむしろ「安定」が生じる
強い安定を求めるなら、動的であるほうがよい。

健やかさのもう一つの要件は「安定」です。

さて、私たちは何事もじっとしていれば安定的なのでしょうか。「万物は流転する」と古代ギリシアの哲学者ヘラクレイトスは言いました。刻々と変化する環境のなかで何もせずじっとしていることほど無防備で弱く、精神的に不安なことはありません。

では力強く安定的であるためにどうすればいいのか？――それは「動く」ことです。

自転車にまたがり、スピードゼロで乗っていることは難しい。けれど、ペダルを漕いで前進すれば、安定して乗っていられます。コマもそうです。回すことで、コマに軸が立ち上がり、安定的に回り続ける。

逆説的に聞こえますが、動くことで安定が生まれます。この「動的安定」は私たちの人生にも当てはまります。

講義スライド1-14

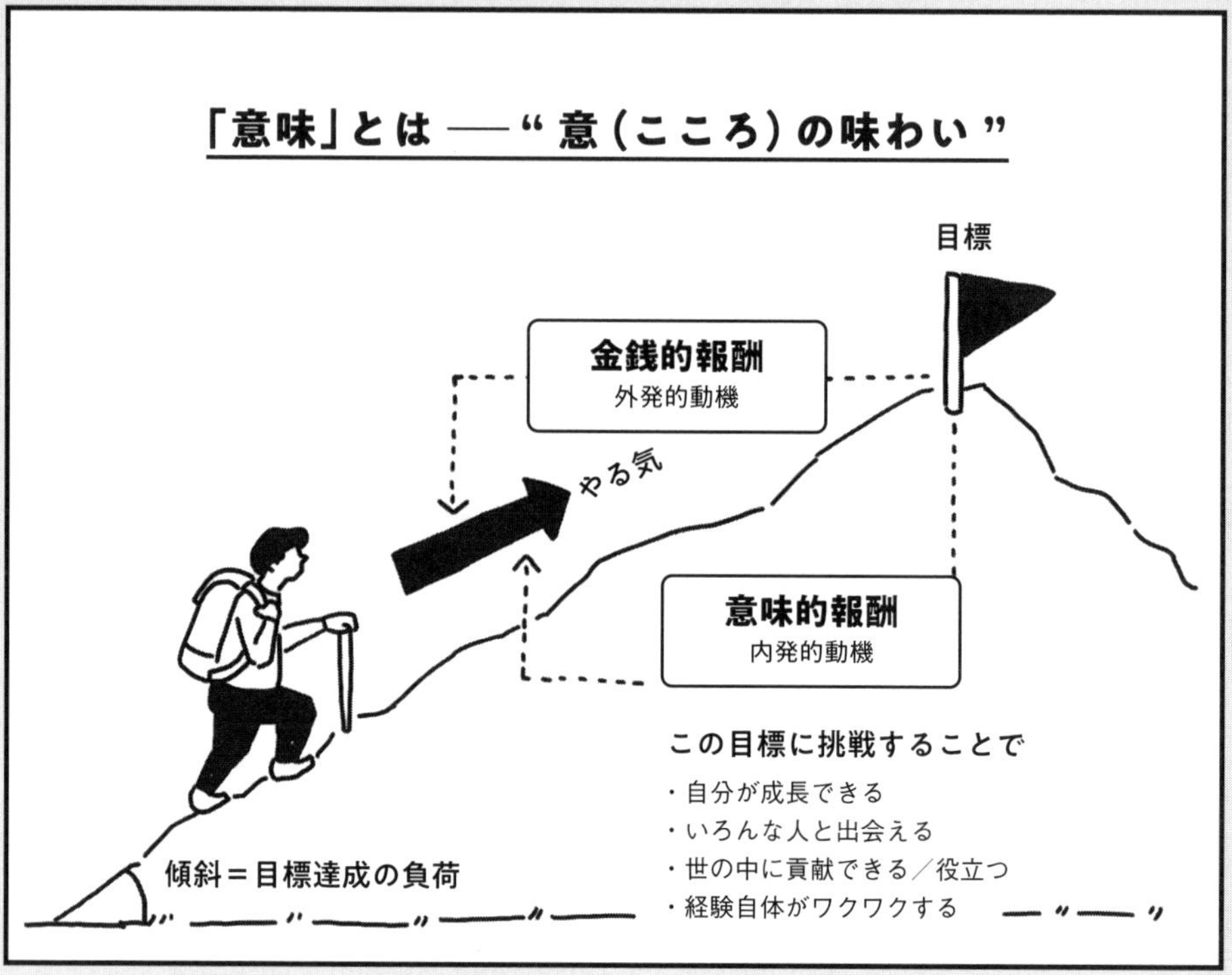
「意味」とは ――“意（こころ）の味わい”
目標
金銭的報酬
外発的動機
やる気
意味的報酬
内発的動機
この目標に挑戦することで
・自分が成長できる
・いろんな人と出会える
・世の中に貢献できる／役立つ
・経験自体がワクワクする
傾斜＝目標達成の負荷

健やかに働くことについて、「負荷をいとわない強さ」「動くことでどっしりしている」の二つをみてきました。ではそこで、そうするためのエネルギー・やる気をどこから湧かせばいいのでしょう？――それが「意味」です。

意味とは「意《こころ》の味わい」と書きます。

あなたが何か目標を掲げて挑戦する（＝仕事する）とき、その挑戦する内容自体をあなたの意はどう味わっているでしょうか。もし深い味わいを感じているのであれば、そこには強い内発的な力が生じているはずです。

逆に、意が無味乾燥だなと感じ、でも金銭的報酬が得られるのであればやろうかと考えているなら、それは外発的な力によって動かされている状態です。

講義スライド1-15

「意味」が与える力

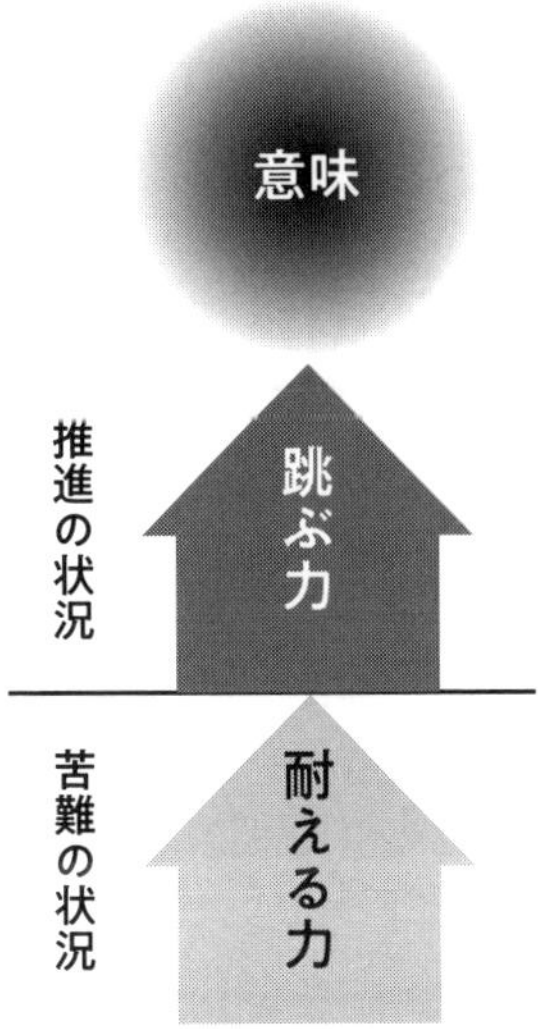

「意味を探し求める人間が、意味の鉱脈を掘り当てるならば、そのとき人間は幸福になる。彼は同時に、その一方で、苦悩に耐える力を持った者になる」。

――ビクトール・フランクル

「自分自身の人生を無意味に思う人は、不幸であるばかりか、生き抜く力も湧いてこない」。

――アルバート・アインシュタイン

「生きる理由を持っている人は、ほとんどどんな事態にも耐えることができる」。

――ニーチェ

健やかに働くとは、いわずもがな、前者の「意味」からくる内発的動機によって、能動的にそれに取り組む状態をいいます。「意味」が与える力というのは、長いキャリアの道のりを渡っていくときにとても大事なものです。

上のスライドにあるように、過去の偉人・賢人たちは物事に意味を見出すことの重要性を説きます。一つには苦難の状況にあって「耐える力」を与えること。さらに推進の状況にあっては、「跳ぶ力」を湧かせること。

講義スライド1-16

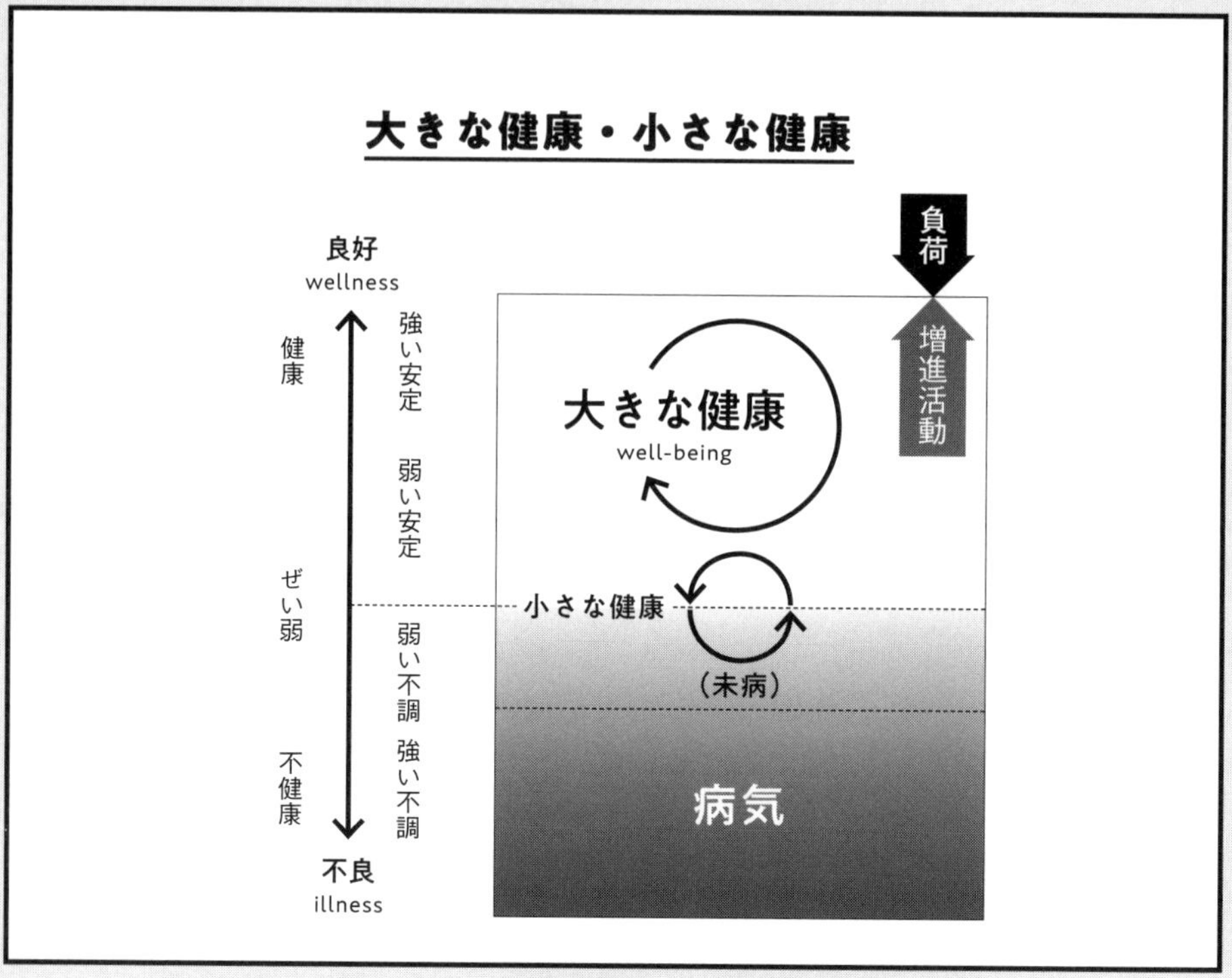

以上みてきたことから、「健康」についてまとめましょう。健康には「大きな健康」と「小さな健康」があります。

「大きな健康」とは、負荷をかけながら増進活動を行うなかで、心身が強く安定している状態です。特段不調があるわけではないが、負荷を避け、だましだまし心身を維持している状態は「小さな健康」であり、いつ未病を越えて病気になるかわからない不安定な状態といえます。

スライド 1-17

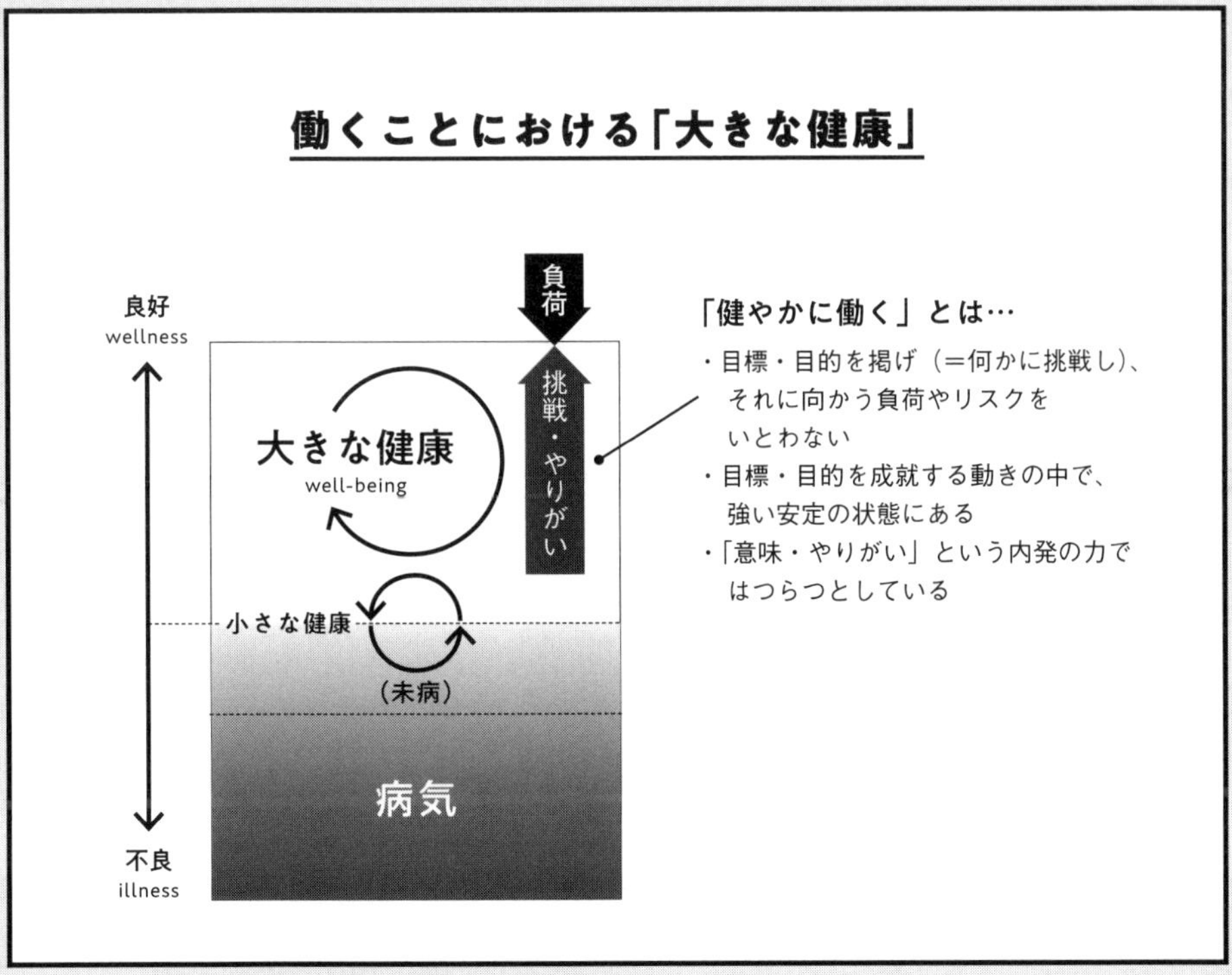

働くことにおける「大きな健康」
負荷
良好
wellness
挑戦・やりがい
大きな健康
well-being
小さな健康
（未病）
病気
不良
illness
「健やかに働く」とは…
・目標・目的を掲げ（＝何かに挑戦し）、
それに向かう負荷やリスクを
いとわない
・目標・目的を成就する動きの中で、
強い安定の状態にある
・「意味・やりがい」という内発の力で
はつらつとしている

それを仕事生活に広げて考えてみましょう。

「健やかに働く」とは、仕事を通じて「大きな健康」になることです。すなわち、

○目標・目的を掲げ（＝何かに挑戦し）、
それに向かう負荷やリスクをいとわない

○目標・目的を成就する動きの中で、
強い安定の状態にある

○「意味・やりがい」という内発の力で
はつらつとしている

講義スライド 1-18

「100年生きる」という長期人生の態度として大事なこと

**心身が健やかに躍動する
ライフワークを持ち、
その成就に向かって負荷を楽しむこと**

目指すものは・・・

単なる長生き人生 A long life → ではなく 意味を満たす仕事 意味に満ちた人生 A meaningful life and career

誰しも長い人生を安らかに楽しく過ごしたいと思います。その安らかさ、楽しさを得るために、いろいろなものを消費したり、好きなものを所有したりします。ただ、そうした消費や所有による安楽活動は適度に必要ではあるものの、これに執心することは、負荷を避け、受動的という点で脆弱な状態であり、むしろ健やかさから遠くなります。生産や貢献を通じた負荷活動にこそ健やかさが宿るといえます。

そのことから、「一〇〇年生きる」という長期人生の態度として大事なことは、心身が健やかに躍動するライフワークを持ち、その成就に向かって負荷を楽しむこと、ではないでしょうか。

「健やかさのキャリア」が目指すのは、単なる長生きではなく、「意味を満たす仕事・意味に満ちた人生」です。

講義スライド1-19

深める言葉

なりたかった自分になるのに、遅すぎるということはない。
——ジョージ・エリオット

最も多く生きた人とは、最も長生きをした人ではなく、生を最も多く感じた人である。
——ルソー『エミール』

歳をとるから笑わなくなるのではない。笑わなくなるから歳をとるのだ。
（作者不詳）

青春とは人生のある期間ではなく、心の持ちかたを言う。
——サミュエル・ウルマン

深める言葉をいくつかあげておきます。まさにこれらの言葉は「意《こころ》で味わう」ほどに、力が湧いてきます。

自己を全人的に使う「豊かな仕事」vs 部分的に使う「長けた仕事」

いかがだったでしょう。これらの講義スライドから「健やかに働く」ことが思った以上に奥行きがあり、実践が難しそうなことを感じ取っていただけたでしょうか。「健やか」という価値は、どこか平凡な印象を受けますが、生命《いのち》の強さ、明るさ、すがすがしさに通じており、成熟した時代にこそ見直されるべき志向価値です。

スライドにもあったとおり、「健やかな仕事・健やかなキャリア」は――

①負荷とともにある
②動きの中にある
③意味のもとにある

これら三つの要件がそろって生み出される仕事は、「豊かな仕事」というべきものです。その人が自分ならではの味わいや厚み、力強さを醸し出す仕事です。そこには多少の無駄があるかもしれません、ある方向への強調やゆがみがあるかもしれません、要求された枠からのはみ出し、あるいは欠如があるかもしれません。しかし、これこそ個の意志が豊かに表れているということです。

健やかに働く人は仕事に意味を見出し、能動的に動くことで自分に対する安定感を得、その負荷を楽しみにできる人です。そのため誰から言われてもいないのに自律的に何かを起こしたり、補強したり、促進したりします。こうした人が増えると組織のあちこちで創発が起こります。すなわち個々が「豊かな仕事」を出し合うことで、組織全体の「豊かな事業」につながっていくということです。

しかし、昨今の仕事現場で従業員が求められているのは「豊かな仕事」ではなく「長けた仕事」です。「長けた仕事」とは、効率よく処理する、早く・速く処理する、儲かるように処理する仕事です。そのために、企業は従業員を全人的に扱うのではなく、アタマ（＝知識）や手（＝技能）として扱う傾向が強くなります。ヒトという資源を部分でとらえて管理したほうが、効率化が狙いやすいのです。最近の人材のジョブ型採用への傾斜もその流れの一つです。

企業内ではますます業務の細分化が進み、「長けた仕事」をするための要求能力もどんどん移り変わります。そんな環境下で成果を出せる者が成功を手にしていき、出せない者が脱落していく仕組みにもなっています。この仕組みがまさに「成功のキャリア」と「自己防衛のキャリア」という両極を生み出す作用を起こしています。

「長けた仕事」に偏ることの弊害

従業員・管理者の部分的能力を切り出し、それを鍛えて、「長けた仕事」をさせる。そうして人的資源を総合的にマネジメントし、事業利益創出につなげていく。こうした経営の考え方がますます先鋭化している中ですが、一部には、この流れの先に正解はないとみる経営者・HR担当者もいます。ヒトの能力を部分的に扱い、功利主義だけで動かせば動かすほど、出てくる弊害もたくさんあるからです。

例えばその典型例の一つが、四〇代の非管理職者の就労意欲低下の問題です。誰しも若いころは会社側からの「長けた仕事」の要求に応えるべく、配置命令を受け入れ、担当分野の専門的知識や技能を柔軟に習得し、成果を出すよう努めます。そうしてその担当分野なり職種なりに特化した自信を得ていきます。しかし、その多少の自信や張りも三〇代半ばまでがせいぜいで、それ以降は、変化への順応力が鈍ってきたり、有能な若手に追い越されたり、機械に代替されたりで停滞が始まります。統合的マネジメント能力や対人スキルを持ち合わせた人であれば、管理職としてのキャリアコースが開けますが、そうでなければ、専門分野の人材として組織内に居場所を確保せねばなりません。

しかし、部分的・末端的な人材として雇い慣らされてきた人の中で、自己を積極的に更新し、若手と張り合え続ける人はそう多くはありません。人生一〇〇年時代、その先まだ、ゆうに三〇年、四〇年と続く仕事人生をどこでどう働いていけばいいのか、どんよりとした不安感が彼らの心の中に漂い始めます。同時に組織側も、高年次化し、狭い業務分野の知識・技能で硬直化した人材の配置転換をうまく進めることができません。しかし、そう推し進めたのはほかならぬ組織側の施策だったのです。

経営学者のピーター・ドラッカーは次のように言っています。

「働く人を雇うということは、人を雇うということである。手だけを雇うことはできない。人にとって、仕事との関係ほど全人格的な関係はない」。

「人の成長ないし発展とは、何に対して貢献するかを人が自ら決められるようになることである」。

——『現代の経営』より

働く人間が仕事と全人格的に関わり合えるのが健全な姿

人が持つ知識や能力を部分的に刈り取り、「長けた仕事」を要求する人材戦略を過度に進めれば、やがて行き詰まり、修正を余儀なくされるでしょう。そのときに振り返るべきは、全人的な取り組みからなされる「豊かな仕事」です。

ドラッカーの指摘するとおり、人が労力と時間を投入して行う仕事は本来、それが職業的労働であろうと、趣味活動、ボランティア活動であろうと、全人格的な関わり合いが生じてくるものです。つまり、その仕事内容について頭は占領され、身体のあちこちを使い、感情の起伏がいろいろ起こり、経験や思い出が心にどんどん蓄積されてきます。であるからこそ、働く本人は全人格的に仕事を受け止めたいと思う。そしてその仕事に意味を感じたいと願う。そうなれば、自然と自分がどう貢献できるかも見えてくる。気がつけば「豊かな仕事」を生み出している、というように。

ところが、多くの経営者や上司は与える仕事の意味を語らず、従業員や部下に「長けた仕事」を圧迫要求します。そのためにアタマや手をもっと磨けと発破をかけ、教育も施します。

はたしてどれほどの企業の経営者・HR担当者が、従業員が全人的に関わりたいと思える仕事は何か、「豊かな仕事」を生み出す源泉は何か、仕事の意味を語るとはどういうことなのかに意識を向けているでしょう。それをともに考えていただくのが本書の狙いでもあります。

私は大学院でＭＢＡ（経営学修士課程）を修めましたが、経営学における労働者の扱いはとても無味乾燥なものです。ＨＲ（human resource）という言葉が示すとおり、ヒトは資源の一つであり、モノやカネ、情報とともに、事業システムという利益創出プロセスの中にインプットされるもの、という認識です。経営者にとって関心があるのは、利益額や成長率といったアウトプットであり、個々のヒト資源がどうであるか、どうなっていくかに注目することは少ないものです。ヒトは適当に流動化していけばいいくらいの認識が普通です。

しかし、そうした中でも、日本の経営者の中には血の通った人材観を持ち合わせる人が少なからずいます。次に紹介するのは、本田宗一郎の「得手に帆を上げ」という題の一文です。「健やかさのキャリア」「豊かな仕事」に通じるとらえ方だと思います。こうした経営観・人材観が、現代の文脈の中で再び先導的な役割を果たすことになれば状況も変わってくるかもしれません。

「〝惚れて通えば千里も一里〟という諺がある。
それくらい時間を超越し、自分の好きなものに打ち込めるようになったら、
こんな楽しい人生はないんじゃないかな。
そうなるには、一人ひとりが、自分の得手不得手を包み隠さず、

ハッキリ表明する。石は石でいいんですよ。ダイヤはダイヤでいいんです。
そして監督者は部下の得意なものを早くつかんで、伸ばしてやる、
適材適所へ配置してやる。
そうなりゃ、石もダイヤもみんなほんとうの宝になるよ。
企業という船にさ　宝である人間を乗せてさ
舵を取るもの　櫓を漕ぐもの　順風満帆　大海原を　和気あいあいと
一つ目的に向かう　こんな愉快な航海はないと思うよ」。

――『本田宗一郎・私の履歴書〜夢を力に』

「楽しい」の二つの性質〜「快」と「泰」

さて、働くこと・キャリアを考えるうえで、「仕事が楽しい」とはどういう状態なのか、あるいは「楽しい仕事」とはどんな仕事なのかをあらためて考えてみたいと思います。

そこでまず、この「楽しい」という気持ち。これをよくよく見つめると、そこには性質的な幅があることに気がつきます。すなわち、幅の一方には「情的な楽しい」があり、他方に「意的な楽しい」があります。前者は一語で言うと「快」、後者は「泰」です。人が感じる楽しいは、このような性質の異なる楽しいが、複雑な階調をなしてつながっています。先に結論めいたことを

言うと――

「情的な楽しい／快」は、刺激的だけれども不安定。

「意的な楽しい／泰」は、じんわりと心を押し上げ安定的。

ではそのあたり、「キャリア・ウェルネス・ワークショップ」の講義スライドで具体的にみてみましょう。

講義スライド1-20

心が喜んでいる状態

「楽しい」には性質の幅がある

情的な「楽しい」

例えば海外旅行で豪華ディナー

楽（ラク）で楽しい
＝気分の快さ

意的な「楽しい」

例えば発展途上国で医療従事

楽（ラク）ではないけど
深いところで楽しい
＝魂の充実

例えば、ここに二つの「楽しい活動」をあげました。まず左側。海外旅行で豪華ディナーを食べています。これはまさに至福の時で、快い気分に浸れます。何もかも給仕してくれるので楽《ラク》です。感覚的な悦びに満たされるとき、人は「情の楽しさ」を得ます。

他方、右側。発展途上国で医療に関わる活動です。これは決して楽《ラク》ではありません。大変なことばかりでしょう。しかし楽しい。魂の充実があるからです。自分の決意・志を具現化しているとき、人は「意の楽しさ」を得ます。

講義スライド 1-21

心が喜んでいる状態
「楽しい」には性質の幅がある

情的な「楽しい」

・「快」の状態
・心地よく、気分が踊る
・刺激感、高揚感
・負荷がなく楽（ラク）である
・持続性弱い / 不安定
・感覚的な悦び

生きるうえでの「華やぎ」

意的な「楽しい」

・「泰」の状態
・肚がどしんと落ち着いている
・活力感、自信、誇り、使命感
・負荷があり、
　必ずしも楽（ラク）ではない
・持続性あり / 安定
・意志的な張り、魂の充実

生きるうえでの「滋養土」

「楽しい」の二つの性質、すなわち「情的な楽しい」と「意的な楽しい」の特徴をまとめるとこのようになります。

端的には「快《かい》」状態か、「泰《たい》」の状態かの違いです。快は心地よく、気分がさっぱりした状態をいい、「爽快」「快適」など、軽やかな感じです。一方、泰はどっしりと太く落ち着いた状態をいい、「安泰」「泰然」など安定しているニュアンスです。

「情的な楽しい」も、「意的な楽しい」も人生には必要で、前者は生きるうえでの「華やぎ」、後者は生きるうえでの「滋養土」といったものではないでしょうか。

講義スライド 1-22

心が喜んでいる状態
「楽しい」には性質の幅がある

情的な「楽しい」

- 消費活動、娯楽活動
→人を癒やしたり、踊らせたりする
- 競争活動
→他者に勝利 / 優越する喜び

意的な「楽しい」

- 創造活動、貢献活動
→ 人をつくり、育む
- 自己の開発活動
→己に克って事を成す喜び

**どちらの「楽しい」がよい / わるいではない。
どちらの活動・どちらの「楽しい」が
自分の人生のベースになっているか？**

さらに両者の「楽しい」を比べてみましょう。

「情的な楽しい」は、主に消費活動や娯楽活動で得られるものです。気分が和らいだり、高揚したりすることで、人を癒やしたり、踊らせたりします。

「意的な楽しい」は、主に創造活動や貢献活動から得られるもので、この楽しさというものは、人をつくり、育むことにつながってきます。

ここでは、どちらの「楽しい」がよいか、わるいかを問うているのではありません。どちらも必要なものですし、私たちはその二つの間を行ったり来たりします。見つめてみたいのは、どちらの活動・どちらの「楽しい」が自分の人生のベースになっているか、です。

「情的な楽しい」を求めることがベースになっている人は、刺激的な喜びを好む傾向が強い人です。ある刺激のもとではウキウキ、ワクワク

講義スライド1-23

心が喜んでいる状態
「楽しい」には性質の幅がある

情的な「楽しい」
がベースの人は

成功のキャリア

自己防衛のキャリア

につながりやすい

- 刺激的な喜びを好む
- 他者との競争結果に一喜一憂する
- 承認欲求を満たす／満たせない

→ 気持ちがあれこれ動き、不安定

意的な「楽しい」
がベースの人は

健やかさのキャリア

につながりやすい

- 貢献的・使命的な喜びを志向する
- 自分に克つか／妥協するか
- それをやることの意味を問う

→気持ちが湧き出し、安定的

となりますが、別の刺激を受けると今度は意気消沈してしまうといった気持ち変動の大きい生活になります。このことは承認欲求の強さや、他者との比較や競争への関心の強さとも関係しています。

「成功のキャリア」も「自己防衛のキャリア」も本質的には「快」を求めるものですから、「情的な楽しい」とつながりやすくなっています。

他方、「意的な楽しい」を求めることがベースになっている人は、建設的な喜びを好む傾向が強い人です。自分のやり遂げたい意味・貢献に意識が向いていて、他者との比較や競争をあまり気にしません。自分に克つか、妥協するかを問います。

そうした「泰」の状態で前進していく姿勢は、「健やかさのキャリア」につながりやすいものです。

このように、ひとくちに「仕事が楽しい」と言っても、それが「情」寄りで楽しいのか、「意」寄りで楽しいのか性質の違いがあります。

私個人の話をしますと、二〇代から三〇代前半は、仕事をスポーツのようにとらえていました。そのため販売個数や市場シェアなどの数値を追いかけ、目標をクリアすることを面白がっていました。競合他社に勝てば喜び、負ければ悔しがる。いい成績をあげて社内で評価が高まればうれしい、評価が下がれば落ち込む。そういった上がり下がりの波が、自分の仕事意欲の刺激剤でもありました。振り返れば、「情的な楽しい」がベースの日々だったように思います。

ところが三〇代半ば過ぎからはそうしたスポーツ的な激しい仕事の繰り返しに飽きがきたり、疑問がわいたりして、趣味生活を重視する時期がきます。仕事はほどほどに抑え、趣味の充実に走ります。趣味からもいろいろな楽しみや刺激を得ましたが、やはり消費や所有からくる喜びは「情」寄りのものです。長続きしませんし、肚ごたえが足りません。

そんな中で、自分は自分の能力と意志を使って、世の中に何を届ける存在になりたいのかという問いをつねに投げかけていました。そんなとき、運命的な言葉に出会ったのです。それは中国の古いことわざでした――

一年の繁栄を願わば、穀物を育てよ。
十年の繁栄を願わば、樹を育てよ。

百年の繁栄を願わば、人を育てよ。

「そうだ、自分が献身したいのは人の心を育む仕事ではないか。そして自分なりに考える教育の新しい方法・表現を世の中に届けてみたい！」と、一筋の光が見えました。その瞬間以来、仕事が貢献的・使命的な活動に切り替わり、「意的な楽しい」を志向するようになったのです。サラリーマンをやめて個人自営業になり、経済的には毎年ドタバタの奮闘が続きますが、心は「泰」となり、健やかな仕事生活が続きます。

人生一〇〇年間を「快」で埋め尽くすのは難しい

講義スライドでも言及したとおり、「情的な楽しい」と「意的な楽しい」でどちらがよいかわるいかの話ではありません。感情と意志はどちらも必要なものであり、その複雑な混合と相互影響によって人は動いていきます。ただ、それぞれの人において、その混ざり具合や優位性に個性があり、また、一人の人間でも人生のときどきで混ざり具合や優位性が変化してくるわけなのです。

一般的には、若いときほど多感であり、「情」優位の精神になるでしょう。「好き・嫌い」や「快い・気持ちいい」が行動を主導します。問題は中高年以降です。うまく成熟が進むと、「意」が優位となり、「正しい・正しくない」や「泰《やす》い・意味のある」が行動選択に大きな影響力をもってくるようになります。いわゆる思慮ある落ち着いた大人ができあがるわけです。私自身も多少このように順調に成熟できたのかなと思います。

ところが、中高年になってキャリアで悩んでいる、仕事生活でモヤモヤ感に覆われている人をみると、依然、「情」ベースで仕事に向き合っている場合が多いように見受けられます。命じられた仕事が好きになれるかどうか、自分の仕事ぶりはまっとうに評価されているかどうか、会社や上司のやり方が気に入るか気に入らないか、など。もちろんこうした感情的な悩みや不満はあって当然ですが、その次元に留まっているかぎり、キャリアは開けてきません。

「情」ベースの生き方は、基本的に受動的で反応的にならざるをえません。会社員として振られる仕事や立場は、ほとんどが経営側からの意思のもので、自分の「楽しい」にかなったものに当たることはきわめて稀です。また人間関係においても、多様な人が集まる職場において、「楽しく」付き合える人はそう多くありません。感情的に反応しているかぎり、「快」を得られないことばかりなのは当然です。

情的に熱くエネルギー溢れる人はそこから自分なりに「成功のキャリア」を上がっていき、独自に「快」を獲得していきますが、そうでない人は「自己防衛のキャリア」に逃避することになります。そして仕事以外のところで小さな「快」を見つけて、しのいでいくしかない。

すると、「いや人生、仕事がすべてじゃないだろう。自分は仕事以外で大きな快を見つけてやる！」という人もいるかもしれません。その意気込みでいっこうにかまわないのですが、「快」は本質的に持続しない喜びということを知る必要があります。人生一〇〇年間を「快」で埋め尽くすのは難しいことのように思えます。「快」は人生の目的としてあるというより、何か主たる目的成就の奮闘があり、そこに至るまでのところどころに、よきスパイスとして、よき薬として、よき花としてあるもの、あるいは手段・ごほうびとしてあるものととらえたほうがいいでしょう。

「快」追求から「泰」志向への「マインド・シフト」を

私が本書で提唱する「健やかさのキャリア」は、角度を変えて言えば、「意の楽しい」を基軸にする働き方です。刹那に消費される「快」を追うのではなく、持続的に自分がはつらつとできる「泰」を志向する。生産年齢者として五〇年、人間として一〇〇年生きるとき、この「情」ベースから「意」ベースへ、「快」の追求から「泰」の志向への「マインド・シフト」ともいうべき意識転換が重要だと思います。

人は決意のもとに活動するとき、最も元気になります。だから「決意」をしないといけないのです。キャリアがつくれないとか、キャリアが不安だと言う人は、実は決意をしていない場合がほとんどです。決意から逃げて、あわよくば外部環境が都合よく転んでくれないかなと願うのです。能力が足りていないから決意できないというのも言い訳です。

意をベースにする「健やかさのキャリア」はそういった面で、やさしくはありません。しかし、堅固な「意」が主導して、そこに熱き「情」が伴ってくる。さらには、ここでは詳しく触れませんが三つめの要素である「知」が、やっていることの正しさを検証する。こうなれば最強のキャリア推進力が生まれます。

健康を損なう就労環境への改善取り組み

働く人の仕事生活を健やかにしていくことは、働く本人の問題であるのと同時に、雇用する側の問題でもあります。健やかさを保っていく基盤には、どうしても就労環境や労働条件・待遇などが整っていなくてはならないからです。しかし残念ながら、必要十分な環境を与えず、労働者の心身を害してまで経営数値を上げたい経営者はいつの時代にもどこにも現れます。

国際的には、ＩＬＯ（国際労働機関）が一九九九年に「ディーセント・ワーク（Decent Work)」を提言しました。この言葉は「働きがいのある人間らしい仕事」と訳されています。すべての働く人に権利が保障され、十分な収入を生み出し、適切な社会的保護のもとで生産的な仕事が与えられるべきとの意味が込められています。これがＩＬＯの活動の中心的な標語になるほど、いまも世界中には労働者の尊厳を軽んじる労働環境が多いということです。

この「ディーセント・ワーク」はさらに、二〇一五年の国連サミットで採択された「SDGs（持続可能な開発目標）」につながっていきます。「SDGs」は全部で一七のゴール・一六九のターゲットから構成されていますが、その八番目の目標テーマが「働きがい」です。その目標を示す条文には、「すべての人々のための持続的、包括的かつ持続可能な経済成長、生産的な完全雇用およびディーセント・ワークを推進する」とあります。

また、「QWL（クオリティ・オブ・ワーキングライフ＝労働生活の質）」という概念も広く知られるようになってきました。これまで労働者が送る労働生活というものは、とかく外形的な量で計られ評価されることが多いものでした。労働時間がどれくらいとか、年間の収入がどれくらいとか。そうではなく、労働生活の中身がどうなっているのか、どれくらい人間的なのか、仕事を通じて働くことの意味や希望を感じられているのか、何が喜びなのか、こうした質的な状態に眼目を移し、改善に取り組もうという流れです。

国策として動き出した「健康経営」の普及

もう一つキーワードをあげておくと、「健康経営」です。国内では、二〇一三年に閣議決定した日本再興戦略の一つとして「国民の健康寿命の延伸」があります。その取り組み施策として、経済産業省がこの「健康経営」という考え方を企業に対し普及を始めました。

経済産業省のウェブサイトをみると、この「健康経営」に関わるここ何年かの取り組みの様子が情報発信されています。同省が企業にはたらきかけるのは、従業員の健康を増進・管理するための経営理念の策定、組織体制づくり、制度づくり、具体的施策の実施です。具体的施策は、保健指導にはじまり生活習慣病予防対策、感染症予防対策、過重労働対策、メンタルヘルス対策、受動喫煙対策などに至ります。そしてこれらの取り組みを堅実に行っている法人・自治体に対し、「健康経営優良法人」などの認定を与えるというものです。

同省が推し進める「健康経営」は国策としてあります。少子高齢化が急速に進むわが国において、国民が健康であるか、とりわけ中高年が健康で働いているか、さらには生産年齢の終わりとなる六五歳を超えてもなお健康で生産活動に取り組めるかは、きわめて重要な課題です。国としては、生産年齢にある国民が職場で疲弊して不健康になってもらっては困りますし、できれば、六五歳を超えても企業の中で雇用され、働き続けてほしいわけです。

さて、はたしてこの「健康経営」は企業の中で受け入れられ定着するでしょうか――?

一般人の立場からすれば、従業員が健康に働ける環境づくりをするのは企業として当然の務めであるように思います。が、残念ながら現実は、性善説や人道主義に基づく心優しい経営者ばかりではありません。また、中小企業の中には事業自体を回し、雇用を守るだけで精一杯の会社もたくさんありますから、実際は「健康経営」がすんなり普及するとは言い難いでしょう。

ただ現在、経済産業省と先進の取り組みを見せている模範企業が、「健康経営」はきちんと経済的合理性にかなうものであることを証明できればよい材料になります。すなわち、従業員を健康に保つための手間と費用はコストではなく、投資である。中長期的には利益となって返ってくるという成功実例を見せられるかどうかです。そのあたりの展開に期待したいところです。

いずれにせよ、事業が「ヒト・モノ・カネ・情報」で回っていく中で、最も大事に扱われるべきはヒトです。ヒトは資源というより資産です。そしてそれ以上に、知恵と意志を無限に生み出す事業の主体者なのです。使われるだけの資源ではなく、育んでいくべき財《たから》です。そういう思いを込めて、「ジンザイ」を「人財」と表記する企業も増えてきました。

健やかさを守り促す「外的な手立て」と「内的な手立て」

さて、ここからは働くことの真の「健やかさ」がどこにあるかを考察していきます。ヒト資源をぞんざいに扱い、劣悪な環境を強いる事業現場に対し、人間らしく働ける施設を整え、処遇を改善せよ、そして労働者に尊厳ある労働を与えよ、というのが「ディーセント・ワーク」の考え方でした。これは労働の尊厳がひどく害されているネガティブな状態から、ともかく必要最低限のレベルにまで引き上げなくてはならないという段階です。ここをフェーズIとしましょう（図表1－A）。フェーズIでは、人間が人間らしくまともに働ける就労環境の整備が最大の課題です。そうした物質面での整備がなされることで、労働者の心理面にも安心感が出てきます。

［図表 1-A］

健やかさを守るためにまずは「外的な手立て」から

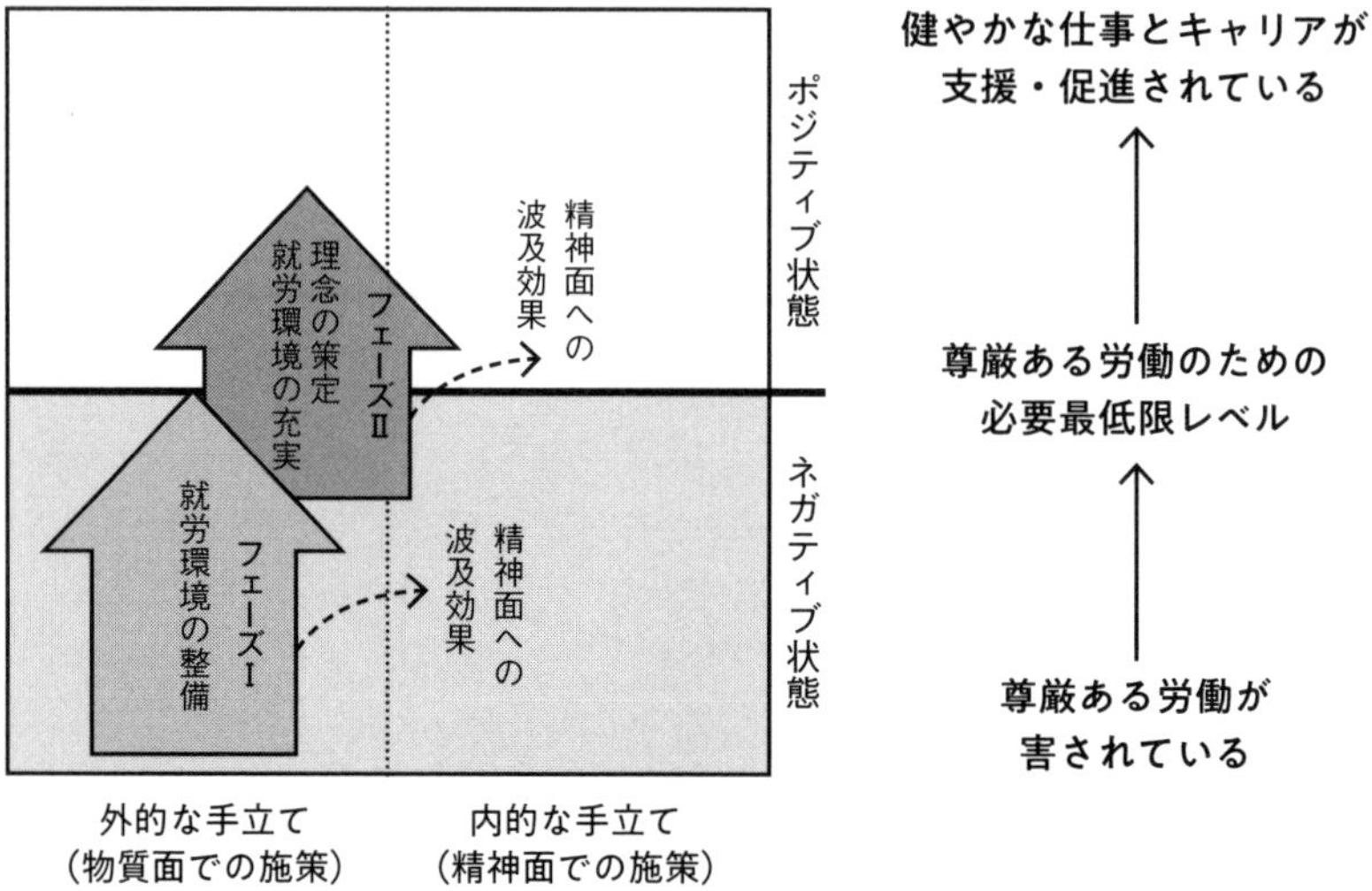

ポジティブ状態
ネガティブ状態
フェーズⅡ
理念の策定
就労環境の充実
フェーズⅠ
就労環境の整備
精神面への波及効果
精神面への波及効果
外的な手立て（物質面での施策）
内的な手立て（精神面での施策）
健やかな仕事とキャリアが支援・促進されている
尊厳ある労働のための必要最低限レベル
尊厳ある労働が害されている

しかし、就労環境が最低限レベルで整うだけでは不十分です。より充実した環境を与え、働く人が勤労意欲を増すようにする、それがフェーズⅡです。このフェーズでは依然、物質面の施策がメインになるものの、経営側からの健康を重んじるメッセージが発せられ、従業員に安心感とともに信頼感が生まれます。いま国内で取り組みが始まった「健康経営」はこのフェーズⅡといえるでしょう。

基本的に、働くことの健やかさをつくる土台は物質面での整備です。すなわち、職場の施設を整える、労働時間を適正なものにする、処遇や制度を整える、組織体制をつくるなど。それが精神面によい波及効果をもたらします。こうした「外的な手立て」は、国や自治体などが法を整備することで、いろいろな事業所に一斉に呼びかけができ、強制もできます。二〇一八年の第4次安倍内閣で成立したいわゆる「働き方改革」も、基本的には外側から形を変えて、そこから人びとの意識が変わることを狙ったものです。

働きがい創出のためには哲学的な対話の場が要る

フェーズⅡまでの取り組みは、直接的に内側に、すなわち精神面に手を打つものではありません。しかし、それはそれで正しいアプローチであるともいえます。というのは、精神面のことは個別のことであり、国が施策として一律にこうせよと強制をかけるのは不適切ですし、無理が生じる次元のことだからです。では、最終のフェーズⅢともいうべき「内的な手立て」とはどういうものでしょうか。

それは、働く意味を見出したり、実現したい価値のために献身したりする「働きがいの創出」です。個々の働く人がそれぞれの働きがいをつくりだすためには、哲学的な対話の場、観を醸成する教育機会、相互に精神面を磨き合う組織文化などが必要です。これはそれぞれの組織・職場が個別に考え実行するものです。経営者やHR部門がこういったところに着目し手を打つかどうか、ここがフェーズⅡ止まりか、フェーズⅢに上がっていくかの分岐点になります（図表1－B）。

フェーズⅡまでを熱心にやっている企業は少なからずあります。産休・育児休暇制度が充実している、メンタルヘルスのサポートなどEAP（従業員支援プログラム）が充実している。ある

［図表 1-B］

「内的な手立て」なしに真の健やかさはない

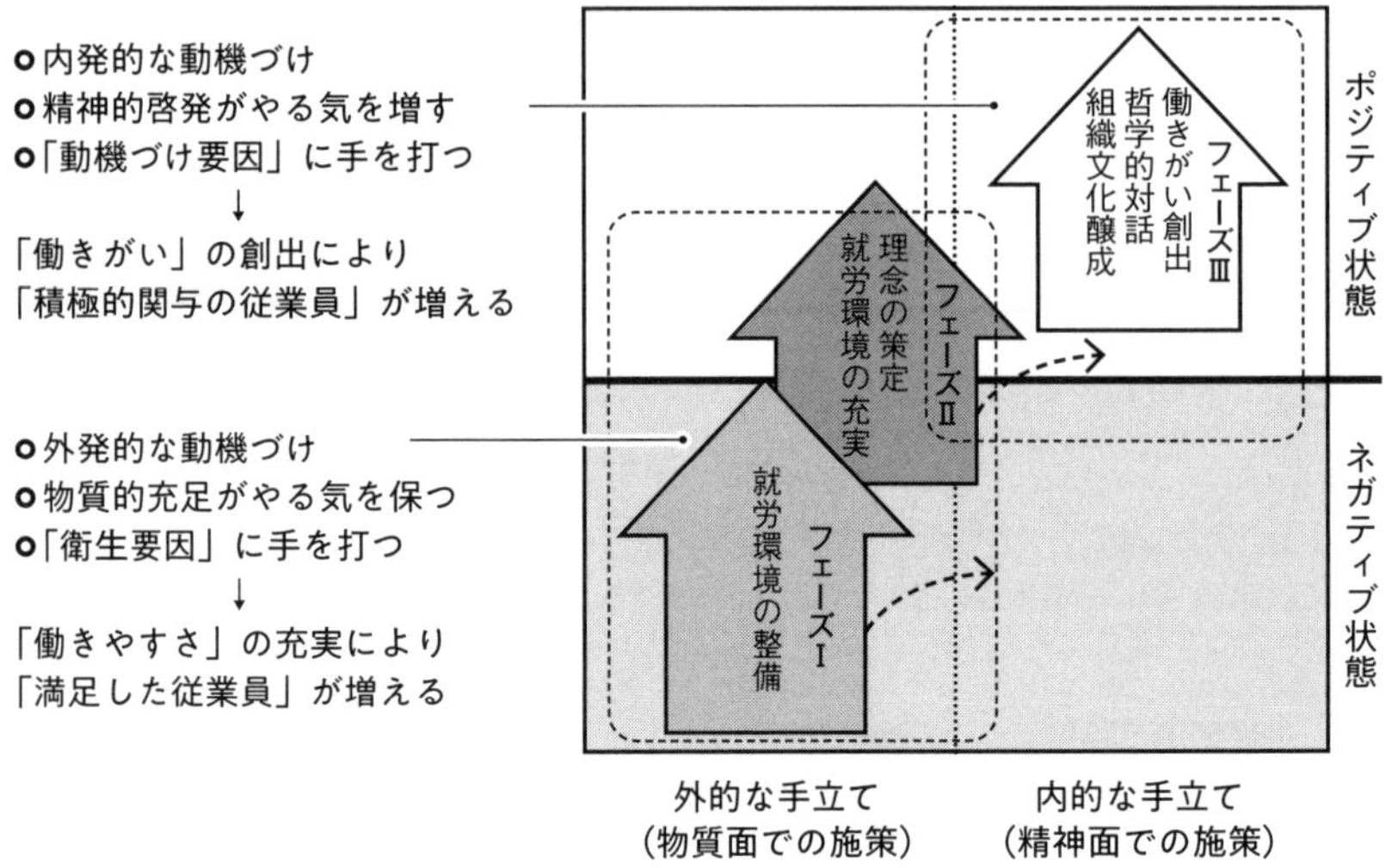

○内発的な動機づけ
○精神的啓発がやる気を増す
○「動機づけ要因」に手を打つ
↓
「働きがい」の創出により
「積極的関与の従業員」が増える
○外発的な動機づけ
○物質的充足がやる気を保つ
○「衛生要因」に手を打つ
↓
「働きやすさ」の充実により
「満足した従業員」が増える
フェーズⅢ
働きがい創出
哲学的対話
組織文化醸成
フェーズⅡ
理念の策定
就労環境の充実
フェーズⅠ
就労環境の整備
ポジティブ状態
ネガティブ状態
外的な手立て
（物質面での施策）
内的な手立て
（精神面での施策）

いは、メディアでよく話題に上がるのは、社内レストランが豪華でランチが無料だとか、保養所が立派だとか。これらの充実は「働きやすさ」が向上することであり、大切なことは言うまでもありません。しかし、これらは心理学者フレデリック・ハーズバーグが指摘した「衛生要因」に関わる施策です。衛生要因とは、それが不十分であれば、人は不満を覚えやる気をなくす要因です。が、それを無限に向上させていけば、人の意欲も比例的に無限に伸びていくものではありません。結局、「外的な手立て」は「満足した従業員」を増やすに留まるのです。

「満足した《サティスファイド》従業員」は必ずしも「積極的関与《エンゲージド》の従業員」ではない

「満足した」というのは、ある種、受け身の姿勢です。就労環境に満足する人が増えるのは歓迎すべきことではあるものの、企業がフェーズⅡの施策だけで安心していると、組織の中に悪い面での「満足した従業員」が増えてしまい、大企業病のような保身体質が蔓延することになりかねません。

私がかつて会社員として勤めていた企業は、福利厚生がかなり充実していることで有名で就活生の間で超人気の企業でした。就活シーズンになると中間管理職に学生のエントリーシートの束が配られ、私も評価をしたのですが、志望動機の欄の一番上に「御社は福利厚生が充実していて働きやすそうだから」と書いてあるシートがたくさん出てくるのでした。「自分の特性・強みを生かしてこの会社で何をしたいか、どう貢献できそうか」が最上位にくるのではなく、「まず就労環境がよいから」を優先に考える人が会社にどんどん入ってきたらどうなるか、それは自明のことです。

また同じく会社員時代、労働組合活動に参加する中で会議に何度か出席しました。そこで感じたことは、組合の交渉は常に物質的な次元の要求に終始し、決して働く意義や価値といった次元に上がっていかなかったことです。毎年毎年の春闘で、経営側の回答に「満足するか／不満か」の繰り返しだったように思います。私は「満足／不満足」を超えたところにこそ、ほんとうの働くことに対する戦いがあることをそのとき以来考え続け、それを教育プログラムとして具現化しようと今日の独立につながっています。

いずれにせよ、「満足状態にあって元気にしている」を「健やか」と本書では考えません。「健やか」とは本章の前半で述べたとおり、ある〈意味〉のもと、その実現に向かって〈負荷〉をはつらつと乗り越え、〈動く〉ことによって強く安定している状態ととらえるからです。

ＨＲの世界で最近よく話題に上がる言葉として「エンゲージメント（engagement）」がありま す。従業員が組織と協調して仕事に積極的に関与することをいいます。エンゲージメントの状態にある人は「負荷・動き・意味」の中で力強く仕事に関わっており、「満足した、受け身の状態」を超えています。また、いわゆる「働き中毒《ワーカホリック》」でもありません。その観点で健やかに働く人と言ってよいでしょう。

個々の従業員がそれぞれに就労環境の満足を超えて働きがいを創出しようとし、組織もそれを支援する土壌をつくること。そのときにはじめて「健やかさのキャリア」を志向する個と組織が誕生します。

経営者や管理職者・ＨＲ担当者に確固とした「観」があるか

企業にとってフェーズⅡを充実させるだけでもかなりの意識構えと努力が必要となりますが、それが真に報われるためにも、ぜひフェーズⅢに向かってほしいものです。企業がフェーズⅢの取り組みをするためには、まず経営者やＨＲ担当者がそれなりに哲学を持たねばなりません。個々の従業員の内面にはたらきかけていくわけですから、実施する側の内面がふらついていては啓発豊かな職場をつくりえません。経営者や管理職者、ＨＲ担当者には確固とした観が必要です。観とは「キャリア観」「仕事の幸福観」「人財観」「組織観」「事業観」などです。

これらの観については第3章以降で詳しく触れますが、いったいいまの仕事現場でどれほど観レベルでの対話が行われているでしょう。経営者の発信、ＨＲ部門からの発信、上司と部下のやりとりは、ほとんどが業務処理に関わること、経営数値の達成に関わること、就労上の雑多な問題で埋め尽くされています。「なぜ働くのか？」「この担当事業の意義は何か？」「自分は何の価値を提供する職業人でありたいのか？」「自立とはどういうことか？　では自律は？」……といった働くことの根源的な問いや答えが対話されることは皆無といっていいでしょう。この観レベルでの対話こそフェーズⅢの「内的な手立て」の中核です。

しかし、多くの経営者やＨＲ担当者、管理職者はこうした手立てに関心がないか、逃げているように見受けられます。みずからに分厚い観がないから自信がないのかもしれません。それよりも数値目標達成への発破をかけたり、生産性を上げるためのテクニカルな指示をしたりするほうが、もろもろの観を深く持たずとも明快に発言できるので、そちらで存在感を示したいのでしょう。私は七年間ビジネス雑誌の記者をやり、数多くのビジネスパーソンにインタビューをしましたが、技術や情報、戦略を鋭く語る人は多いですが、哲学あるビジョンを深く豊かに語る人はほんとうに少ないものです。

組織論の分野を見渡すと、『学習する組織』（ピーター・センゲ著）、『ビジョナリー・カンパニー』（ジム・コリンズ著）、『ティール組織』（フレデリック・ラルー著）など多くの名著があります。そこで語られる「真に強い組織・強い事業」の共通点は、技術や情報、戦略がもたらす優位性ではなく、ましてやカネの量ではありません。端的に言えば、「想いとその想いを中心として自律的に創発が起こる」という組織特性です。その観点からするなら、HR部門の組織開発・人材育成の課題としては、従業員のアタマと手のみを尖らせる教育だけでなく、想いを中心とした自律創発的な組織特性・企業文化を醸成する仕掛けづくりに着手することではないでしょうか。それがまさにフェーズⅢの取り組みとなります。

さて以上のように、本章では「健やかさ」をめぐり、その定義と、いかに昨今の仕事・キャリアが健やかな状態から遠くなっているかをみてまいりました。次章では「働くこと・仕事」自体に焦点を当て、人間が労働をどうとらえてきたかについて理解を深めていきたいと思います。

第2章
労働観の変遷

人びとは「働くこと」をどうとらえてきたか

人間は古来、営々と労働してきました。「労働」というものをどうとらえるか。これは人により、国により、時代によりさまざまです。労働は当初、生命維持のためにやらねばならない苦役という否定的な見方が主流でした。時代が進むにつれ、骨折りとしての労働は次第に多様なとらえ方をされはじめます。そんな労働観の変遷をかいつまんでながめてみましょう。

【古代ギリシャ〜労働は奴隷が行う苦役】

古代ギリシャのポリス（都市国家）では社会的慣習として身分制度があり、食物を作る農耕作業は奴隷が行います。その労働は自然に支配され、身体を酷使し、人間の生理的な欲求を満たすだけの目的であることから軽蔑されました。また、奴隷とともに、生活用具を作る職人やそれを売買する商人も否定的なまなざしで見られました。

【古代・中世のキリスト教世界〜神は労働を罰として課した】

キリスト教において労働はまず、聖書の一節「お前は顔に汗を流してパンを得る。土に帰るときまで」（「創世記」第3章）がベースにあります。神に背いて木の実を食べてしまったアダム。

そのとき以来、人間には罰として労働が課せられたのでした。

しかし、罰という否定的な烙印を押された労働も、一方では人間の怠惰を防ぐ営みとして肯定的にとらえられる部分もありました。それは使徒パウロの新約聖書の言葉「働きたくない者は、食べてはならない」に表れています。

そしてアウグスティヌス（三五四－四三〇年）やベネディクト（四八〇－五五〇年ころ）の時代になると、労働は修道制度の中に組み込まれていきます。そして中世の時代、労働は祈りや冥想とともに重要な行いの一つになったのでした。

【近世のキリスト教世界～労働を通して神の偉大さを証明する】

一六世紀、ルターの宗教改革によって、教会や司祭は否定され、個々の信徒は神と直接向き合うようになりました。信徒たちは魂の救済の確証を仕事に求めます。すなわち、この信仰に励む者は神から選ばれた者であり、必ずよい仕事が与えられる。そしてその与えられた仕事を成功させることによって神の偉大さを証明することが宗教的使命である。こうとらえていく流れができてきます。これが「vocation」（召命《しょうめい》）、「calling」（天職）という概念の起こりです。どちらも「（神の）呼ぶ声」という意味合いです。

さらには、禁欲と勤勉な労働によってもたらされる富の増大をも積極的に肯定する考え方がプロテスタント（特にカルヴァン派）の中から盛り上がりをみせます。ドイツの社会学者マックス・

ヴェーバーが、資本主義の精神の萌芽がこのあたりにあると考察したことは有名です。かつては祈りのもとに労働があったものが、その重心は次第に入れ替わり、「働け・成功せよ、かつ祈れ」となっていく時代です。

【近代❶〜職業倫理の世俗化が進む】

フランス革命（一七八九年）をはじめとする市民革命により、人びとは政治的平等や経済的自由を手にします。そこでは職業倫理が宗教から切り離され、労働の意義づけが一気に世俗化していきます。

個々の人間にとって、もはや仕事・事業は成功者になるための手段としておおいに称揚されるものとなります。特に希望の新大陸アメリカでは、「アメリカン・ドリーム」という立身出世の概念が人びとを経済的成功へと駆り立てました。マックス・ヴェーバーはいまから約一〇〇年も前の著書『プロテスタンティズムの倫理と資本主義の精神』で、その点を「営利のもっとも自由な地域であるアメリカ合衆国では、営利活動は宗教的・倫理的な意味を取り去られていて、今では純粋な競争に結びつく傾向があり、その結果、スポーツの性格をおびることさえ稀ではない」と指摘しています。この流れは今日もなお強力に、むしろ主流になったと言っていいほどに続いています。

【近代❷〜工場労働者の人間疎外問題】

また、産業革命による大量生産技術と勃興する資本主義とが結びついて、一方に少数の資本家、他方に多数の賃金労働者が生まれたのも近代の特徴です。封建制度から解放された市民の多くは企業に雇われ、工場で働くことで生活を維持する存在になりました。資本家から搾取され、機械のリズムに合わせて単調に反復する労働は、人間の疎外化をまねいているのではないか。労働に対する、新しい否定的な見方が社会全体に広がってくるのでした。

そんなころ、労働価値説を唱えたのがアダム・スミス（一七二三－一七九〇年）です。スミスは国家の富の源泉は、貿易によって得た金銀などの財貨ではなく、国民の労働であると考えました。「労働を尺度にした価格こそが真の価格であり、通貨を尺度にした価格は名目上の価格にすぎない」（『国富論』）と主張しました。こうした労働価値説に大きく影響を受けたのが、カール・マルクス（一八一八－一八八三年）です。彼は、疎外化された労働や資本主義を超克した先に共産主義社会が現われるという一大理論を書き上げることになります。

またこの時代、手工業職人らの間では、ものづくりを一つの道として、製造物を作品として高めようとする精神が次第に醸成されていきます。産業革命によって安価で粗悪な日用品が大量に製造される中、イギリスの工芸家ウィリアム・モリス（一八三四－一八九六年）は、芸術と工芸を融合させる「アーツ・アンド・クラフツ運動」を主導しました。モリスは『ユートピアだより』の中で、「仕事そのものの中に自覚された感覚的な喜びがあるからです。つまり、芸術家として仕事をしているのですね」と書いています。職人の仕事はもはや苦役的な「labor＝労働」などではなく、自負を伴った「work＝作品づくり」であることを主張しています。古代ギリシャの時代からものづくり職人は社会の下層に位置づけられていました。しかし、職人たちの中には工芸家や芸術家として優れた作品を生み出し、社会的な認識を変えていく人も現れてきました。

【現代〜多様化する個々の労働観】

第二次世界大戦後の先進諸国において、労働者の多くは、企業や官庁など組織に雇われるサラリーパーソンになっていきます。彼らの就労意識は、「悪くない給料とまずまずの年金、そして自分と限りなくよく似た人達の住む快適な地域社会に、そこそこの家を与えてくれる仕事に就こうとする」（ウィリアム・H・ホワイト『組織の中の人間－オーガニゼーション・マン』一九五六年）ものとなります。「生業としてのサラリーパーソン」をまっとうするために必要なことは、組織から言い渡される大小の無理難題を忍耐強くこなし、担当業務に勤勉であること。戦後の日本もこの会社員の勤勉さによって支えられてきました。

ところが今日では、仕事が自己実現や社会貢献の機会であってほしいと願う人たちが増えています。それは忠誠心の向け先が組織から、仕事そのものへ変わってきたともいえます。こうした流れにあって組織は、従業員に対し、いかにやりがいのある仕事や有意義な仕事動機を与えられるかが重要な課題となってきています。

とはいえ、組織側が働き手を酷使する流れも依然としてあります。不当な低賃金、悪質な労働環境で従業員を働かせるいわゆる「ブラック企業」の存在は、いまも頻繁にメディアで報じられています。現代版『蟹工船』物語と言っていいかもしれません。また、企業に勤める従業員が、みずからを「社畜」と呼ぶこともあります。組織の都合のいいように飼い慣らされた自分を自嘲的に揶揄する言葉です。その意味では、古代から延々と続く苦役としての労働の姿がいまだそこにあります。

【ポスト現代～食うための労働から解放されても人は働くか？】

これから先、人びとの労働観はどう変わっていくでしょうか。社会生活を支える3K（汚い・きつい・危険）的な労働が世の中からなくならないとすれば、低賃金で働かされる「苦役としての労働」もなくならないのでしょうか。

もし、ある国がベーシックインカム制度を導入して、全国民に最低限度の収入保障を与えるようにすれば、人びとはいわゆる「食うための仕事」から解放され、自己実現や社会貢献につながる仕事に勤しむようになるでしょうか。あるいは、いっそ働くこと自体をやめてしまうでしょうか。

ちなみにこの問いに対し、マルクスは共産主義による理想国家が実現した暁には、人びとはもはや一つの分業に縛られない状態を想像しました。つまり、朝には狩りをして、昼過ぎには魚を獲り、夕方には家畜を飼い、食後には批評をする生活の可能性です。「能力に応じて働き、必要に応じて取る」という理想的社会を描いたわけです。

一方、イギリスの経済学者ジョン・メイナード・ケインズは少し違った想像をしたようです。彼は一九三〇年に書いた小稿「孫の世代の経済的可能性」の中で、これから一〇〇年後には食うために働くという経済的な問題は解決され、人類は初めて、その自由になった状態をいかに使うかという問題に向き合うだろうと予測しています。

そしてこう書いています——「経済的な必要から自由になったとき、豊かさを楽しむことができるのは、生活を楽しむ術を維持し洗練させて、完璧に近づけていく人、そして、生活の手段にすぎないものに自分を売りわたさない人だろう」。しかしこういった人は世の中にごくわずかであり、大多数は目的を喪失し、暇を持て余してノイローゼになってしまうと想像しています。そのためケインズは、皆で仕事を分け合って、1日3時間、週一五時間程度働くようにすれば、問題の解決をとりあえず先延ばしできるとも書いています。現在で言うワークシェアリングの発想です。

さて今後、社会の高齢化が進み、リタイヤする人たちが増えていきます。年金で十分に生活ができる彼らの中でも、まだ働き続けたいと思う人が多く出てくるでしょう。人間は社会的動物であり、誰しもなんらかの形で社会に帰属し、他者と交流していたいと欲するからです。ボランティア活動含め社会参加としての仕事は今後ますます広がってくると思われます。

また、趣味やゲームを仕事にしてしまうことがまったく普通になってくるでしょう。いまや動画サイトに趣味的な映像を制作公開して金を稼ぎ出す人、趣味的な物品を買い付けて通信販売する人、一日中パソコン画面上の取引数値を見つめ、ゲーム感覚で株や外貨をトレードする人……そんな活動で人生を送っている人たちが増えています。手軽で安価なテクノロジーが普及することにより、今後は誰もが遊びを職業化できるチャンスを持てるようになりました。会社員が副業として、遊び感覚の仕事を持つケースも増えてくるでしょう。

「労働」から「仕事」へ

以上のように人間の労働観はどんどん移り変わってきました。近世までの「働くこと」は衣食住に関わる生産活動は当然のこととして、地域や領国の保全・軍事に関わる諸活動にも直接的に駆り出されていましたから、ほとんどが苦役であり、労働と呼ぶべきものでした。労働の「労」という字は「苦しむ、疲れる、肉体的にしんどい」などの意味です。

そして市民革命、産業革命が起こった近代以降、少しずつではありますがその労働の中に自己実現的な要素が生まれてきます。食うためだけではない目的、創意工夫する喜び、技能が深まっていく面白さ、自分の表現に対する自負など。「働くこと」が「労働（labor）」一色であった状態から、次第に「仕事（work）」的要素が混ざり込んできたわけです。私はこの労働から仕事への移行がとても重要な流れだと考えています。

今日、私たちは科学技術をうまく使い、肉体的負担を軽減させながら働くようになりました。また、労働法や求職／雇用の仕組み、保険制度などのインフラも整えてきました。まだまだそれらには改善の余地があるにせよ、過去の人類に比べ、はるかに自由に「働くこと」に対し個人の意志を込めることができ、かつ選択の幅が広がったのが現代です。「働くこと」はどこまでいっても「労働」の部分が残りますが、「仕事」の部分をいかに発展拡大させていくかは、これからの個人、事業組織、人類の大きな課題といってもいいでしょう。

現代におけるさまざまな仕事観

さて、労働観の歴史を振り返ったところで、ここからは現代における仕事観の広がりに目を転じたいと思います。本書なりの見立てで八つの仕事観——「稼業としての仕事」「ゲームとしての仕事」「アートとしての仕事」「ケアリングとしての仕事」「学びとしての仕事」「道としての仕事」「社会参加としての仕事」「自然共生としての仕事」——を紹介します。世の中にはいろいろな職業・職種があり、それに紐付いていろいろな労働・仕事があります。それらを外形的に分類するのではなく、本質的にながめることによって、根源にある性質のようなものがみえてきます。そんな洞察の目から仕事をながめてみましょう。

1【稼業としての仕事】

生計を立てるための仕事は、「稼業」「生業《なりわい》」「ライスワーク(主食のコメを得るための仕事、後出)」などの言葉で語られます。そこには「食っていくためには、しんどいけどやらねばならない」という悲哀あるいは自嘲をにじませることが多いものです。おおかたの人にとって仕事のある程度が稼業的であるというのは否めない事実でしょう。

ただ、「稼業としての仕事」が悪いことであるとか、恥ずかしいことであるとか、ではありません。人がこの社会で自立して生活していくために、何かしら職を見つけ、歯を食いしばって生きていく。その営みはむしろ尊いものです。

私個人のことを少し書かせていただくと、私の両親は片田舎でやっと高校を上がるくらいの者でした。特別な能力があるわけでもなく、満足な就職先もなく、父は自営業を転々と変え、母は内職を細々とやりながら家計を回していく日々でした。時代は昭和の高度成長期、しかし我が家は一貫して貧乏でした。父の商売のやり方は子どもの私から見ても無茶苦茶な感じでしたが、現金を稼いでくるという姿勢には学ぶべき点がありました(しかし、ギャンブルで浪費もしました)。母は家で内職をやることが多く、あるときアルミ缶容器の組み立ての賃仕事を請け負っていて、「この金具をここに付けると2円もらえるんだよ」と教えてくれました。当時、公立の小学校で月に数千円程度の給食費を持参して収めていたと思います。ですから、そのとき「あぁ、自分の給食代を稼ぐために母はどれだけの回数こうして一枚一枚金具をくっ付けなきゃいけないんだろう」と、部品の山を見つめたものです。コンピュータマウスのクリックひとつで何万円、何十万円もの利益が獲れるマネー投資教育よりも、よほど人生の大事なことを感じさせる教育でした。

世の中には「稼業としての仕事」の谷底から出られない人たちが大勢います。環境や運命の仕打ちからやむなくそうなった人もいるでしょうし、みずからそこにはまってしまう人もいるでしょう。いずれにせよこれらの人は今日、「弱者」として固定される危険性が高くなっています。昭和五〇年代までは中産階級層が厚くあり、我が家もその中産階級の一番下のところにかろうじてぶら下がっていました。私は親からの懸命な仕送りや奨学金を受けるなどして、ぎりぎり大学進学ができました。しかし、現在ではこの中産階級層が溶解を始め、富める者とそうでない者の二分化が顕著になっています。

みずから選ぶ仕事を、生活維持のためだけの賃労働とあきらめる就労意識をつくるのか、それとも、仕事を大きな目的につなげ、希望的、挑戦的な活動にできるという就労意識を育むのか、子どもたちのその意識をつくる最大の影響者は保護者であり、学校であり、社会です。私は幸いにも、母がたくましき心の教育をしてくれたおかげで、健やかな就労意識を持つことができ、今日があります。それがなければ、弱者がより弱者になる回路にはまり込み、「しょせん、仕事は食うためのもの」と冷笑的な人生態度を取って、自分の可能性を殺していたかもしれません。

それほどに就労意識をどう育むかは、人の一生にとって一大事なのです。そうした意味で経営者やHR担当者は、従業員の仕事観を「稼業」に留めてしまうのか、それとも「稼業」を超えたものにしていく促しをやるのか、これは大きな点です。

2【ゲームとしての仕事】

先に紹介したマックス・ヴェーバーの約一〇〇年も前の指摘――新大陸アメリカでの営利活動はますますスポーツの性格を帯びている――は、今日ごく普通の認識となりました。経営学の教科書を見ても、戦略、戦術、競争的優位、リスクマネジメント、リーダーシップ、データ分析、収益モデルなど、いかに利益という得点を多く上げ、競合との戦いに勝っていくかに関わる言葉が並んでいます。組織全体が行う事業も、そこから分割される個人の業務も、どんどんゲーム化・スポーツ化する時代です。

ゲームやスポーツの本質は、決められたルールの中で、獲得する数値を競い合ったり、ある評価基準を超えることに挑んだりすることです。私たちは好むと好まざるとに関わらず働いていくうえで、この「競争」と「数値評価」を受け入れざるをえません。しかし他と競い合ったり、数値で評価されたりすることで、ある部分面白さも出てきます。仕事もただ繰り返しやっているだけでは飽きがきてしまうし、成長がありません。そこに、例えば技能コンテストとか等級試験とかがあれば、目標ができてやる気が増します。他者に勝ったり負けたりしてそこからいろいろな心理的変化が起こりますし、ある等級をクリアすればもっと上をという次の意欲が生まれます。また、コンテストに優勝したり、等級試験に合格したりすることで、自分の実力を明確に示すことができます。それは自信にもなり、周囲からの信頼を得ることにもつながってくるでしょう。

このように仕事をゲームやスポーツに見立てることは、仕事のマンネリ化を防ぎ、取り組み意欲を刺激するメリットがあります。しかし一方で、競争に勝つことや数値を達成することが目的化するとデメリットも生じてきます。

組織が行う事業にせよ、個人が行う仕事にせよ、その健全な目的は、他者・社会に対して便益・善となる価値を生み出すことにあります。それは「利他に開いた意識」によってなされます。しかしゲーム熱が高じてくると、あるいはゲームに縛られすぎると、世の中に役立っていくという開いた目的ではなく、競争に勝って自己顕示すること、手段を選ばず与えられた数値をクリアして保身すること、富と称賛を得て満悦することなどに執心しはじめます。「利己に閉じた意識」

がそうさせるのでしょう。

　また、ゲームは敗者を生み、勝者との分断を生みます。特に、利己に閉じた意識で、かつゲームに長ける人は、敗者を見下すようにもなってきます。巨視的にながめれば、資本主義というのは大きな経済ゲームといえます。その中で、マネーの獲得に長けたいわば「ゲーム・マッチョ」――マッチョとは、たくましさを顕示したがる好戦的な人――が増え、ゲーム全体を支配するようになればどうなるでしょう。そこでは貧富の分断が起き、差別意識が生じ、経済の語源である「経世済民」が持っている「民《たみ》を済《すく》う」ことから完全に離れてしまいます。

「ゲームとしての仕事」という観を持つことは、仕事に遊び感覚やよい意味での競争原理を取り込むことができ、仕事を意欲的な活動にすることができます。しかし、目的がどこにあるかの目線が狂うとおかしな方向に行ってしまいます。

3【アートとしての仕事】

　仕事は、数値を増やすゲームではなく、創ったり描いたりする表現活動だ、というのが「アートとしての仕事」観です。「アート（art）」という語は芸術や美術と訳され、何か美の世界の専門家たちに関わる言葉のように思えますが、この語はもともと「経験や知識、研究、観察を総合してなされる技」という意味であり、広い分野における修練された技術をいいます。ここでの「アート」もそうした広い意味でお考えください。

仕事を「アート」としてとらえる人の関心は何かを創り出すこと。さらにはその創り出すものと、創り出すやり方をできるだけ独自のものにすることです。したがって、意識を凝らす先にあるのは創作物や表現技術です。それらはおおかた自己内対話によって事が進んでいきます。目線の先には他者がいて、比較競争を常に気に留める「ゲームとしての仕事」とは実に対照的です。

私は仕事柄、さまざまな人のキャリアチェンジを観察していますが、会社員をやめて自営業で独立する人の中に、この「アートとしての仕事」観に導かれている人が多くなっているように思います。例えば、大手広告代理店でグラフィックデザイナーをやっていたSさん。大手の代理店ということもあり、顧客は名だたる企業ばかりで制作案件はどれも有名ブランドのものばかり。しかし、求められる創造性はともかく他社との差別化であったり、奇抜性であったり、マス（大衆）にウケそうな流行狙いのものであったりと、それは必ずしも自分のやりたい創造の方向性とは合致していませんでした。また、創造の現場に生産性や効率を求められることが多く、制作の佳境でも残業は許されませんでした。

そんな彼は独立してフリーのデザイナーに。勤め人としてのデザイナーの枠から出たおかげで、真に表現を楽しめるようになったと言います。競争上の差別化ありき、奇抜性ありきではなく、自分がいいと思える表現を世の中に発信し、それがいいと言ってきてくれるお客さんを一社一社引き寄せていく、その過程がとても充実しているそうです。以前から比べれば制作案件はかなり小規模になりましたが、むしろ全責任を自分で負う身の丈の案件の方が成長できることを知りました。

もう一人、大手菓子メーカーをやめてパン職人として自分の店を持ったNさん。企業に勤めていたころは常にコストダウンのプレッシャーがきつく、納得のいかない原材料であってもコストに見合えば使わざるをえません。また、時間を十分かけてパン生地を発酵させることも許されません。生産の回転数を上げること、効率化を目指すことが次々と課せられます。そうした大量生産・効率主義のもと、彼女は買ってくださる人にどこか罪悪感に似たものを抱いていました。仮に担当した新製品がヒットしたとしても、心の底では喜べない自分がいたと言います。

しかし企業が追求する経済合理性の鎖から解き放たれ、今では彼女はのびのびとパン作りができるようになりました。ときに儲けを度外視しても、納得のいく材料を使い、納得のいくパンを作品として仕上げる。店全体としてお金が回っていけばよく、事業をやる目的は利益や効率的生産ではなく、自分のパンを通してお客さんとつながること。そしてパンづくりの奥深い世界に没頭すること。

私も一七年間の会社勤めから自営独立したので、この二人の気持ちはとてもよくわかります。

前項で触れたとおり、会社組織の中での仕事はいやおうなしに厳しい経済原理、競争原理に引っ張られていきます。その観点から、会社員として長く働いていくために重要な資質の一つは、「仕事がゲーム化することを許容するマインド」です。この許容マインドが太ければ、仕事をゲームとして受け入れ、楽しむことさえできるでしょう。しかし、世の中にはゲーム化への許容マインドが細い人も多いのです。絵を描くこと自体が好き、楽器を奏でて人を喜ばせるのがうれしい、食べ物を作り合って皆で一緒に食べるのが楽しい……こうした人たちにとって、自分のやることがいたずらにゲームシステムに乗せられることは苦手です。それをやることの喜びはそれ自体であり、他者を負かすことではないからです。美術や工作が好きな子どもが、毎時間、毎時間、体育の授業で五〇メートル競走をやらされ、勝て、勝てと言われる学校に閉じ込められたらどうでしょう。逃げ出したくなるのが当然です。

世の中の「働くこと」が豊かになっていくためには、こうした「アートとしての仕事」をはじめ、以降に述べる「ケアリングとしての仕事」や「道としての仕事」などがどんどんふくらみ、それを行う人が多様な労働価値観を推し進めることが大事になってくると思います。「ゲームとしての仕事」への傾斜が一方的に強まり、すべての「働くこと」が経済原理、競争原理の支配下に置かれてしまうことは危うい流れです。

その流れを是正する一大勢力が、私は仕事の喜びを創造や表現に見出す人たちだと考えています。米国の経済学者リチャード・フロリダは二〇〇二年、『The Rise of the Creative Class.』を著しました（邦訳本は『クリエイティブ資本論』ダイヤモンド社）。フロリダはそこで、これからの脱工業化社会をリードするのは「クリエイティブ・クラス」と呼ぶべき新しい階級層であろうと主張しています。「クリエイティブ・クラス」とは具体的に、科学者、エンジニア、芸術家、音楽家、建築家、大学教授、執筆家、編集者、デザイナー、イラストレーター、エンターテイナー、俳優、文化人などをいいます。著者によれば現在の米国において、労働力の約三割がこのクラスに属すると言います。

フロリダの着想を借りて述べるなら、私は「働くこと」の一番の目的を創造・表現に置く人たちの層を「クリエイティブ・マインド・クラス」と呼びたいと思います。この層が社会や組織のそこかしこで事業の中核者あるいは主導者となっていけば状況はずいぶん変わるのではないでしょうか。すなわち、経営ゲームに長けた人間が事業を主導し、戦いとしてのビジネスを繰り広げるのではなく、クリエイティブ・マインドを持った人間が主導者となり、職場を創造の場とし、そのもとで競争や数値管理を適当に用いることによって、結果的に独自で強い事業を実現するような世界です。

4【ケアリングとしての仕事】

人間とは「人と人の間」と書きます。この「間」では、実にいろいろなものがやりとりされます。その中で最も人間的なものが、思いやりや気遣い、(肉体的・物理的・精神的な)世話ではないでしょうか。これらをひっくるめて、ここでは「ケアリング(caring)」と呼ぶことにします。

働くことの喜びも目的も、結局のところ人のお世話にある。そしてケアする側とケアされる側の関係性の中で自分というものを確かめる――これが「ケアリングとしての仕事」観を持つ人のとらえ方です。医師や看護師、介護士、教師、カウンセラーをはじめ、コンシェルジュやドアマンなどホテル従業員、飲食業や冠婚葬祭業に関わる人などが、ケアリングを基盤にした仕事をします。彼らは専門分野の知識・技能とヒューマンスキルを組み合わせて、人の世話にあたります。この本を手に取っていただいている方々の中には人事担当者やキャリアコンサルタントが多いと思いますが、みなさんもまた人の職業生活をお世話する仕事になるわけです。

他者の生老病死や冠婚葬祭、喜怒哀楽と付き合い、寄り添う仕事は、いつの時代にも人間社会の根幹をなす重要なものです。みずからの仕事の本質がケアリングにあるととらえ、それを誇りに他者に献身する人が分厚く層を成している社会は、健全な社会であると思います。

5【学びとしての仕事】

どんな仕事にせよ、それを成就する過程にはさまざまな学びがあります。知識や技能を習うこと、モノとお金の流れを実感すること、会社や世の中の仕組みを知ること。さらには、対人関係をつくる力、協働を促進する力、お客様の満足を獲得する力、不測の状況に対応する力、理不尽な圧力に対処する力などを養うこと。そのように仕事をする現場には、数え切れないほどの学びがあります。働くことをやめることは、このような学びの機会をほとんど放棄することに等しいといってもいいでしょう。

私はよく研修の中で、受講者に向けて冗談交じりに次のような問いを投げかけます――「もし、宝くじで一〇億円当たったら、あなたは働くことをやめますか？」と。

おそらく学ぶことの喜びを知っている人なら、働くことをやめないでしょう。学びとは換言すれば、古い自分を脱ぎ捨てていくことであり、未知の自分を開拓していくことです。学び続ける人にはそうした新陳代謝があり、健やかさを保てる人です。

6【道としての仕事】

いまではすっかり過去の相撲界の話になってしまいますが、二〇〇三年から七年間、横綱として数々のエキサイティングな勝負を残した力士として朝青龍がいます。能力・成績においては大横綱といってよいほどの存在でしたが、引退の引き金となった横綱品格問題は、世間を二分するほどの話題となりました。角界のしきたりを守らない奔放な言動に、街の声は「真剣に反省していないんじゃないの。横綱として問題あり」というものと、「やっぱり強い横綱がいればこそ場所が盛り上がる」というものとで、良くも悪くも相撲への注目は高まりました。

私個人の中でも、やはり横綱たる者、相応の品格を備えてほしいという思いと、多少破天荒で逸脱したキャラクターであっても、強くて魅力的な取組を観せてくれるならそれでよし、という思いが微妙に交錯していました。これら二つの相反する思いにかられるのはなぜでしょう。それは、相撲という日本の伝統競技を「ゲーム・スポーツ」とみるか、「道」とみるかで評価が違ってくるからではないでしょうか。

「ゲーム・スポーツ」とは――

●他者と勝敗を決するための能力的（知能・技能）活動であり、
●そこには競争・比較・優劣がある
●最上の価値は「勝つこと・覇権を取ること」にある
　そして勝つことによる称賛と利得を期待する＝成功の喜び
●ルールのもとで合理的、技巧的、戦略的なやり方を用い、
　客観的に定量化された得点を他者よりも多く取ったほうが勝者となる
　そのときの優越感、征服感がプレイヤーを満足させる

他方、「道」とは――

●真理会得のための全人的活動であり、
●ここには修養・鍛錬・覚知がある

●最上の価値は「技と観を究める」ことにある
それは自分の内での喜びである（称賛や利得を必ずしも欲しない）＝求道の喜び
●しきたりや慣わし・型・格・美を重んじ、
真理を探求する過程における世俗超越性・深遠性が行者を引き込んでいく

このように、ゲームと道とはどこか似通っていながら、実は両極のものであるようにも思えます。朝青龍をめぐる二分する思いも、「ゲームとしての相撲」からすると、強いプレイヤーの存在→ガンバレ！となるし、「道としての相撲」観点からすると、横綱失格→残念・けしからんとなるわけでしょう。

ところでその一方、朝青龍と並んで、当時毎度の場所で人気を集めていたのは魁皇でした。「角番大関」が代名詞になるほどいつも崖っぷちで踏ん張っていました。相撲ファンが彼を応援するのは、もう勝ち負けということより、年齢が三〇代後半になって体がボロボロになってもひたむきに相撲「道」を求めようとするその姿でした。関取として地味なキャラクターでしたが、終わってみれば魁皇の生涯成績は、一〇四七勝七〇〇敗（一四〇場所）。一〇四七勝は当時の幕内最多勝利数（その後、横綱・白鵬がそれを超える）でした。

ボロぞうきんになるまで現役にこだわり続ける。それはプロサッカーで言えば三浦知良、プロ野球では村田兆治、野茂英雄などもそうでした。彼らはすでに肉体的なピークを過ぎ、ゲームプレイヤーとしての最上価値である「勝つこと」からはどんどん遠ざかりつつも、サッカー道、野球道を求めてやまない。そんな姿は多くの日本人の心のヒダに染み入ってくるものがありました。

取り組んでいる仕事が、単にお金を得ること、競争に勝ってうれしいこと、能力を身につけることを超えて、一つの道として究めたいもの、そしてその過程で人格陶冶されるものに昇華されたとき、それが「道としての仕事」になるときです。これまで紹介してきた「ゲームとしての仕事」も「アートとしての仕事」「ケアリングとしての仕事」も、その仕事世界に真摯に向き合い、開かれた意識で自分の欲求が祈りや誓いに変わっていくと、必然的にこの「道としての仕事」へ移行します。私は仕事をこの「道」という次元で取り組めるようになれば、それが最も健やかな就労状態だと思います。

「道」をいくことは、第1章で述べた健やかさの三条件——負荷・動き・意味——を十分に含んでいます。また同じ「道」をいく師と弟子の絆、同志との連帯もさらにその仕事人生を豊かなものにするでしょう。

魁皇はその後、親方となって浅香山部屋を開き、後進の育成に励んでいます。彼の相撲「道」は今後も長く続きます。一方、朝青龍は母国モンゴルに帰って、ビジネスマンやタレントとして活動しているとも報じられています。彼の性分からすると、次から次へと「ゲームとしての仕事」を渡り歩いているのかもしれません。しかしどこかの時点で、何か「道としての仕事」に入っていくことになるでしょうか……？

7【社会参加としての仕事】

古人の言葉に次のようなものがあります――「毎日が休日というのは、地獄のもうひとつの定義である」。私たちにとって休日は確かに必要なものです。が、それは何か主として取り組むものがあり、そのときどきの休息として、あるいは再創造（英語のレクリエーションは、re＝再＋creation＝創造と書きます）のためのきっかけづくりとして有益なものです。主たる取り組みもなく、毎日が休日であるとしたら、まさにそれは、負荷がなく、動きもなく、意味も持たず生きる状態となり、健やかさから遠い生活です。

人間は社会的動物であり、他者と交流することが自然であるように進化してきました。ですから、働ける身体を持っている間は、社会と何か接点を持って仕事をするというのが健やかな生き方につながっていきます。

会社をリタイヤ後に地域住民のための仕事に就く人。子育てに追われる中でも隙間時間を見つけてネット上で仕事を請け負う人。大企業の会社員で副業として中小企業の支援業務をする人。休日に災害ボランティアや傾聴ボランティアをする人など……これらは生活費を稼ぐというよりも、社会参加・社会貢献としての色合いが濃いものです。

生活費を稼ぐための本業は何かとストレスや制約が多いものですが、こうした「社会参加としての仕事」はそうした気負いをはずしてできるものです。自分の能力を再発見したり、社会の別の景色を見たりする意味でも、この種類の仕事は人生に不可欠のものでしょう。ましてや本業をなくしたリタイヤ後の人生は、心の張りを保つうえでも、自分の能力を社会に生かす接点を持ち続けることが重要です。

8【自然共生としての仕事】

先進諸国における産業はどんどん第2次へ、第3次へとシフトが進み、それに伴って私たちの仕事も知識化、デジタル化、ネット化、グローバル化していきます。そんな中で、農業をはじめとする第1次産業も新たな意味合いを持ち始めています。

第1次産業とは学校で習ったとおり、自然界にはたらきかけて作物を育てたり、採取したりする産業をいいます。発展途上国ではこの第1次産業は依然、国民が食べるための作物を労働集約的な方法で必死になって供給する基盤産業になっています。他方、先進諸国では農業の第2次化、第3次化が進み、多様に加工食品が開発されたり、バイオテクノロジーなどを用いて品種改良や水耕栽培工場で大量生産するシステムの構築が行われたりしています。もはや国民が消費する以上の量を生産し、戦略的輸出品になっているものもあります。そのように第1次産業は、一方に昔からの労働集約的な姿があり、もう一方に工業化・知識化された姿――これを「第6次産業化」とも呼ぶ――があります。

そんな中、先進諸国において、農業を志す人が増えています。彼らの具体的な動機としては、おいしいコメを作りたい、無農薬でレモンを栽培したい、世界一のオリーブ油を採りたい、といったことになりますが、その奥にあるのは自然と共生するライフスタイルを実現したいという信条・思想です。

地球環境へのインパクト（影響）という観点からながめると、今日の仕事というものはそれがどんどん増しています。製品にせよサービスにせよそれらを生み出すために使う直接的な物資やエネルギー、また工場やオフィスの操業・維持をはじめ通勤や出張に関わる間接的な物資やエネルギー、そして廃棄物はいったいどれほどのものか。そして自分たちはそれに見合う価値を事業・仕事を通してつくり出しているのか。そんな疑問がわいてきます。

そこで、地球環境や生態系にできるだけ小さな負荷で暮らしていこうというのが、「ローインパクトなライフスタイル」です。「エコロジーな生活」と言ってもいいでしょう。農業という仕事はその成果物が食物ですから、お金による売買を経由せず直接的にそれを自分が食べ、生きることができます。その意味で、小規模の自営農業という仕事は最も生態系にやさしく、かつ、自分を生きさせる仕事といえます。

また、今日の農業は科学的知見を取り込むことで、いかようにでも滋養豊かでおいしいものが追究でき、奥の深い世界になっています。であるからこそ、農業を志す人たちが増えているのではないでしょうか。理想の作物をつくりあげる楽しさと、大自然が内包する生命の環の一部になる敬虔な心持ち、そしてローインパクトな生活。「自然共生としての仕事」は、そんな信条・思想を持つ人がたどり着く境地です。

私は、農業に従事するしないに関わらず、すべての人がみずからの仕事観の中に多少でも自然との共生意識を持ち、かつ、実際に自然と触れ合う機会を恒常的に持つことが大切だと感じています。なぜなら、人間の営みはすべて自然をベースとしており、個々の身体をベースにしています。みずからの仕事と自然と身体とが一つの大きな生命環でつながっている感覚を失わないためにです。

私の体験をお話ししますと、私は知人に誘われて年に何回か東京から山梨県に向かい、稲作の手伝いやワイン製造用のブドウの栽培の手伝いをしています。農作業は実に豊かな身体的、精神的な刺激を与えてくれます。土を起こし、陽に当たり、空気を嗅ぎ、汗をかく。葉に触れ、種に触れ、虫に触れる。五感・六感が蘇り、原初のヒトが持っていた「センス・オブ・ワンダー（sense of wonder）＝自然への不思議・畏敬の感覚」が呼び覚まされます。そして空腹を満たし、ぐっすり眠る。そういった体験が、根底のところで私の仕事・キャリアの在り方に影響を与えていることは確かです。

塩見直紀さんは「半農半X」（はんのう・はんエックス）というライフスタイルを提唱しています。

すなわち、エコロジカルな農的生活がベースとして半分あり、残り半分は天職や生きがいを満たす仕事に使うという生き方です。私もいまは本業の企業向け研修の仕事が九割以上で、農作業は一割にもいきませんが、いずれにせよ、そういった複数の仕事がハイブリッド（異種融合）となる生き方は広がってくるでしょう。

以上、八つの仕事観をみてきました。働くことの目的意識が、お金に向かうのか、競争に向かうのか、表現に向かうのか、人の世話に向かうのか、学びに向かうのか、真理に向かうのか、社会に向かうのか、自然に向かうのか、さまざまあります。人の働く心は単純に一色ではないので、これらの目的意識が複雑に混ざり合いながら仕事に向き合っていくことになります。いずれにせよ、ただ漠然と、忙しい忙しいと言って働くのではなく、自分は仕事を通してどんな本質的なことに向かおうとしているのかに目を澄ますことが大事です。そしてその作業自体がすでに健やかさへのプロセスであるといえます。

ライスワーク／ライフワーク／ソウルワーク

さて、私がもう一つ研修で使っている仕事の分類フレームを紹介しておきましょう。それが「ライスワーク／ライフワーク／ソウルワーク」です。働く動機の質で仕事を三つに分けるものです。

簡単に説明すると――

［ライスワーク］ricework
生計を立てるためにやらねばならない仕事
（ライス＝主食となる米を得る仕事という意味で）

［ライフワーク］lifework
生涯の長きにわたってやっていきたいと思える自分を開発してくれる仕事

［ソウルワーク］soulwork
魂の叫びとしてやらずにはいられない使命的な仕事

この三種の仕事をどのような文脈で研修で扱っているか、再度「キャリア・ウェルネス・ワークショップ」での講義スライドをご覧ください。

講義スライド2-01

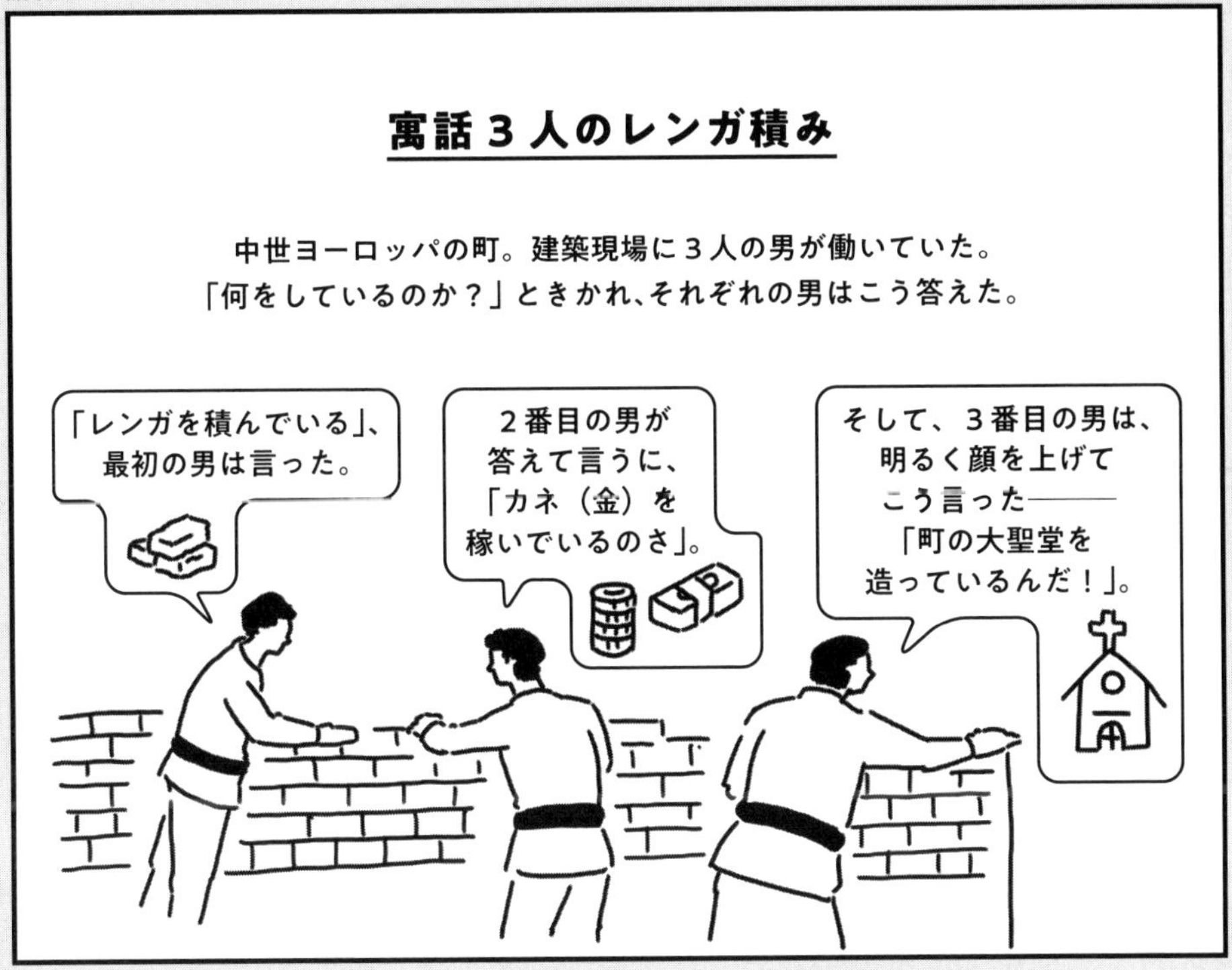
寓話３人のレンガ積み
中世ヨーロッパの町。建築現場に３人の男が働いていた。
「何をしているのか？」ときかれ、それぞれの男はこう答えた。
「レンガを積んでいる」、最初の男は言った。
２番目の男が答えて言うに、「カネ（金）を稼いでいるのさ」。
そして、３番目の男は、明るく顔を上げてこう言った――「町の大聖堂を造っているんだ！」。

まず、寓話『三人のレンガ積み』を紹介しましょう。

中世ヨーロッパの町を想像してください。そこのある建築現場で三人の男が働いていました。「何をしているのか?」ときかれ、それぞれの男はこう答えたと言います――

最初の男は、「レンガを積んでいる」と。

二番目の男は、「カネ(金)を稼いでいるのさ」。

そして三番目の男は、明るく顔を上げて「町の大聖堂を造っているんだ!」と言った。

三人とも外見は同じレンガを積む仕事をしていても、心の中はこれだけ違っていたという話です。

講義スライド2-02

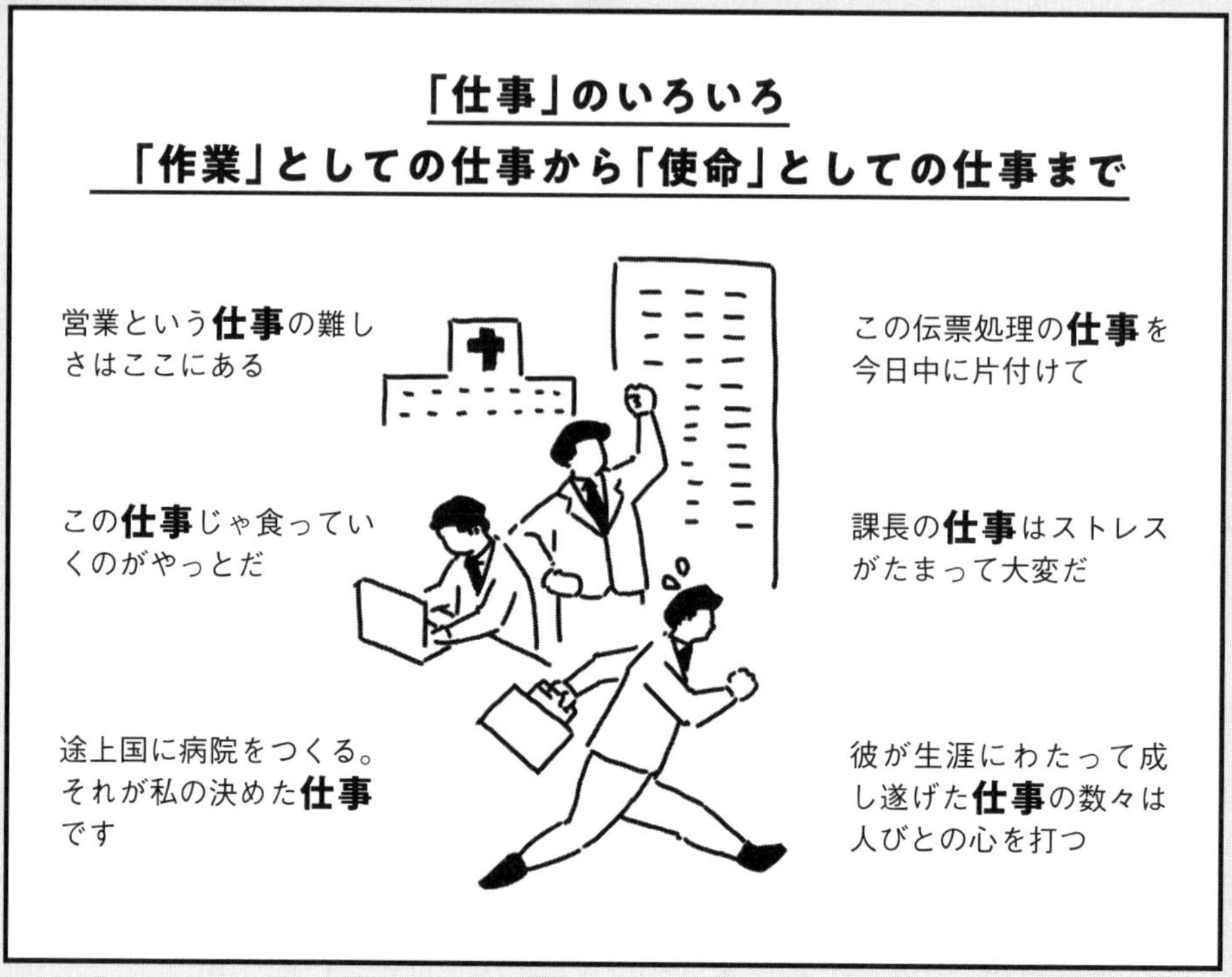
「仕事」のいろいろ
「作業」としての仕事から「使命」としての仕事まで
営業という仕事の難しさはここにある
この仕事じゃ食っていくのがやっとだ
途上国に病院をつくる。それが私の決めた仕事です
この伝票処理の仕事を今日中に片付けて
課長の仕事はストレスがたまって大変だ
彼が生涯にわたって成し遂げた仕事の数々は人びとの心を打つ

私たちが「仕事」と呼んでやっているものは、いろいろなものがあります。

例えば、「この伝票処理の仕事を今日中に片付けて」といったような軽めの作業仕事もありますし、「営業という仕事の難しさはここにある」という場合の職種的な仕事もあります。さらには、「途上国に病院をつくる。それが私の決めた仕事です」のような重い使命感を帯びた仕事もあります。

講義スライド2-03

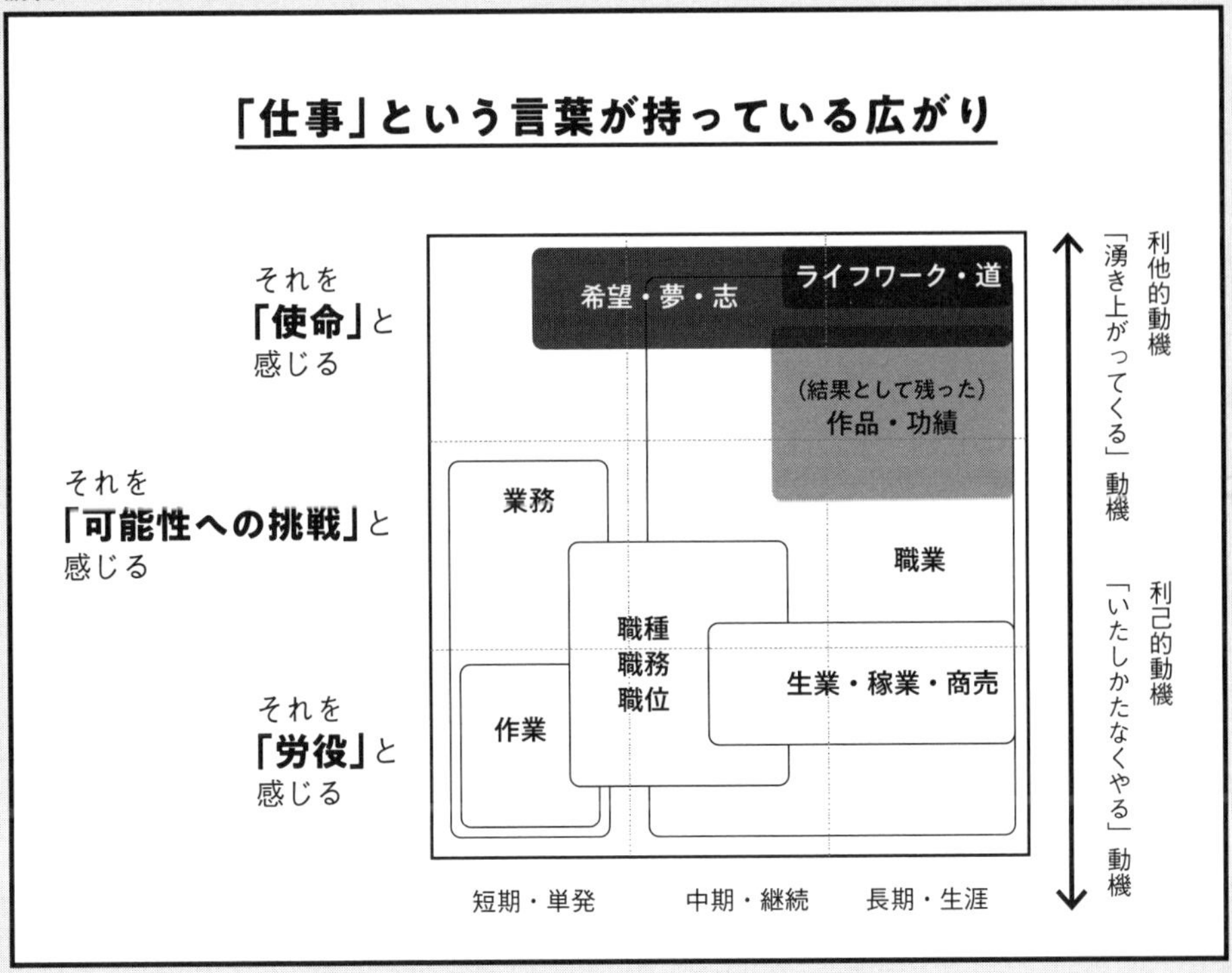

そのような意味的な広がりを持つ仕事について、ヨコ軸に仕事がなされる時間の長さ、タテ軸に仕事をやる動機の質の違いを置き、平面的に並べてみたのが上の図です。

伝票処理の単発的な仕事は、言ってみれば「業務」「作業」です。たいていの場合、伝票処理の作業には特別の動機はないので、図の中では左下に置かれることになります。また、一般的に中長期にわたってやり続け、生計を立てるためから可能性や夢を実現するためまでの幅広い目的を持つ仕事を「職業」と呼びます。

さらには仕事の中でも、内面から湧き上がる情熱と中長期の努力によってなされるものは、「夢／志」や「ライフワーク」「使命」あるいは「道」と呼ばれるものになります。そして、そこから形づくられてくるものを「作品」とか「功績」と呼びます。

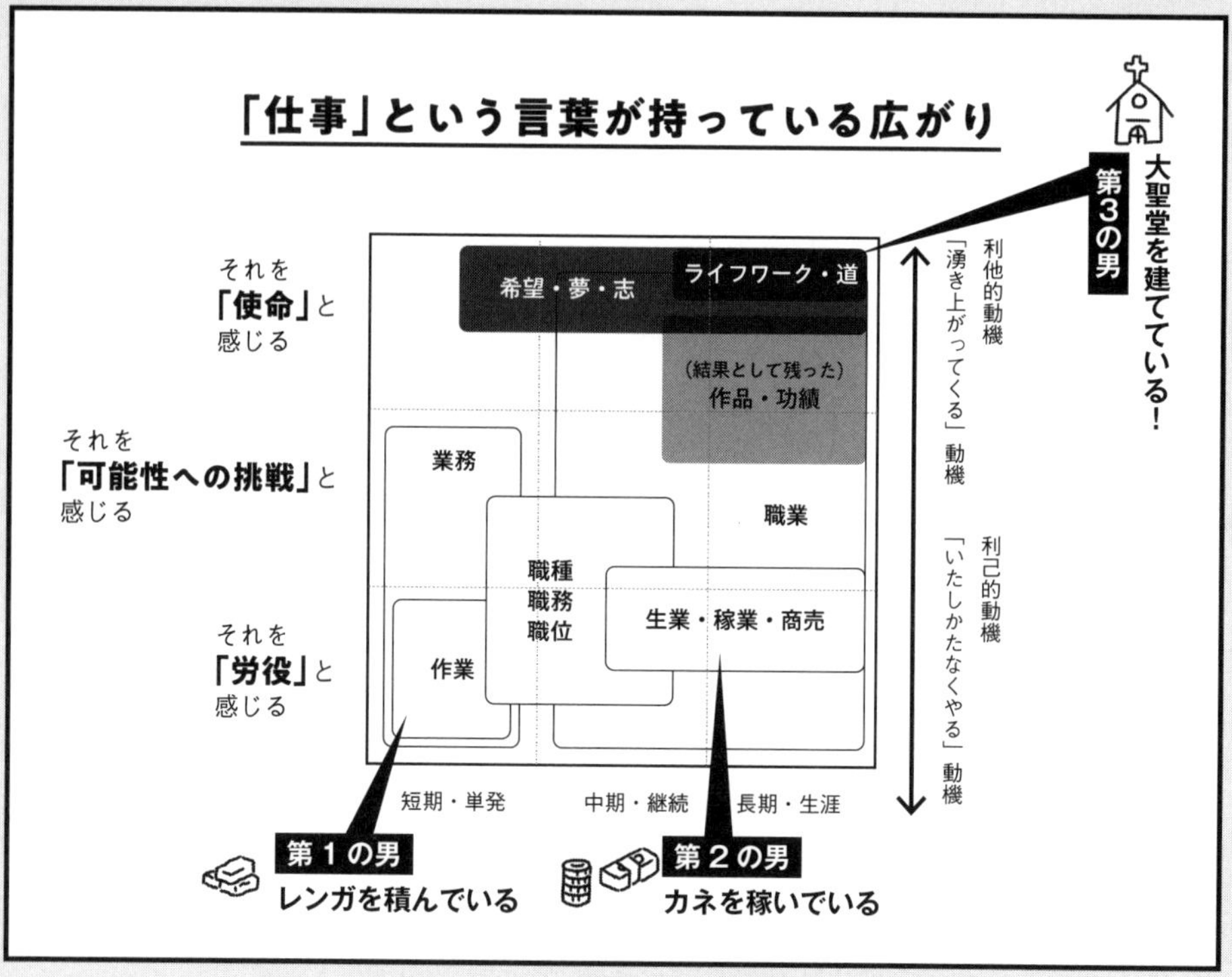

そこで先ほどの三人のレンガ積みの男たちをこの図に配置するとどうなるか——一番目の男の仕事意識は「作業」のところでしょうし、二番目の男は「生業・稼業」のところでしょう。そして三番目の男は「志」とか「ライフワーク」的で、右上の場所になります。

講義スライド2-05

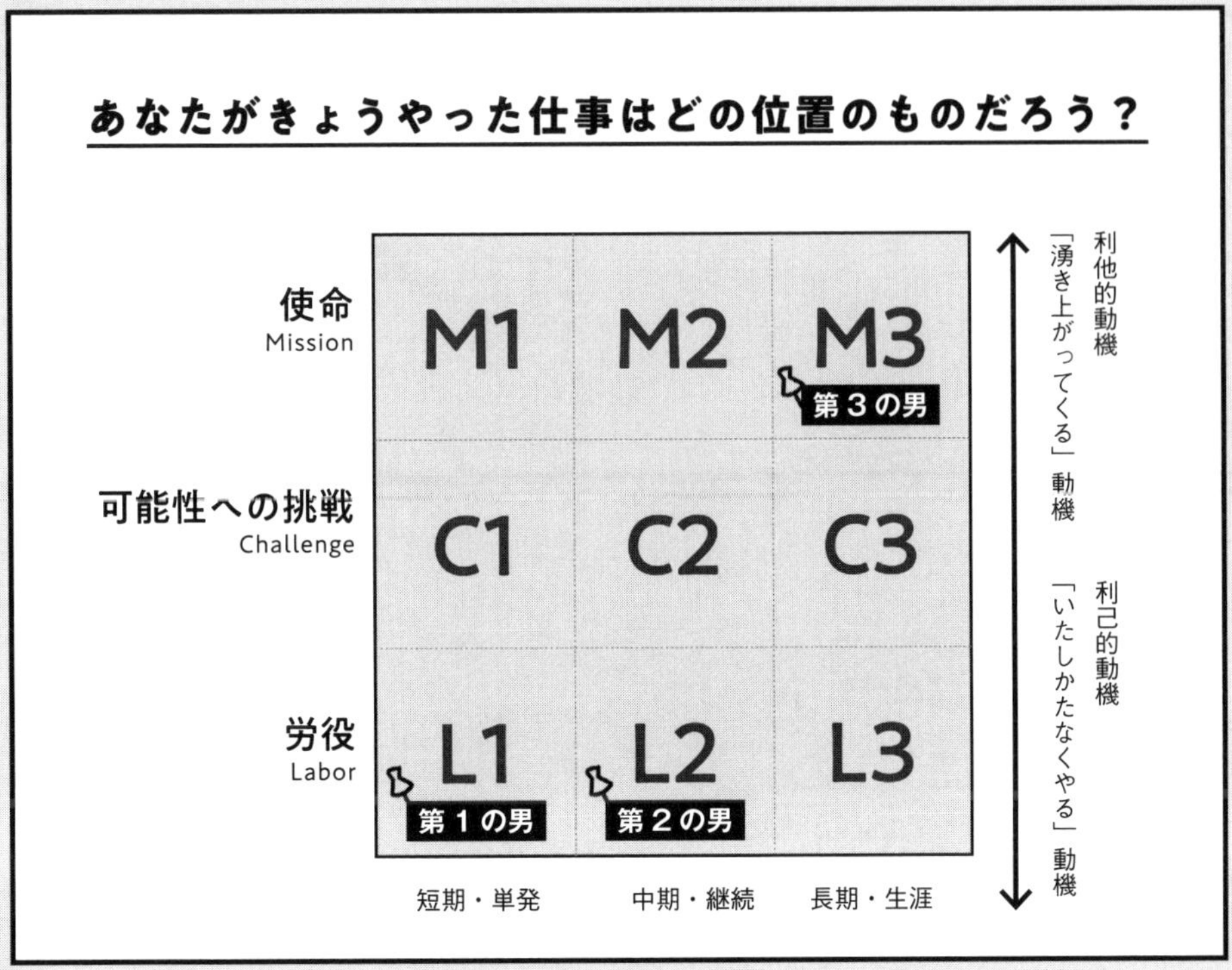
あなたがきょうやった仕事はどの位置のものだろう？
使命
Mission
可能性への挑戦
Challenge
労役
Labor
M1
M2
M3
C1
C2
C3
L1
L2
L3
第３の男
第１の男
第２の男
短期・単発
中期・継続
長期・生涯
利他的動機
「湧き上がってくる」動機
利己的動機
「いたしかたなくやる」動機

さあ、では、あなたがきょうやった仕事はこの図でどこに位置するものでしょうか？　心の中で考えてみてください。

一番下は仕事を「労役」ととらえる「L層」としましょう。真ん中は仕事を「可能性への挑戦」ととらえる「C層」、一番上が「使命」ととらえる「M層」です。

講義スライド2-06

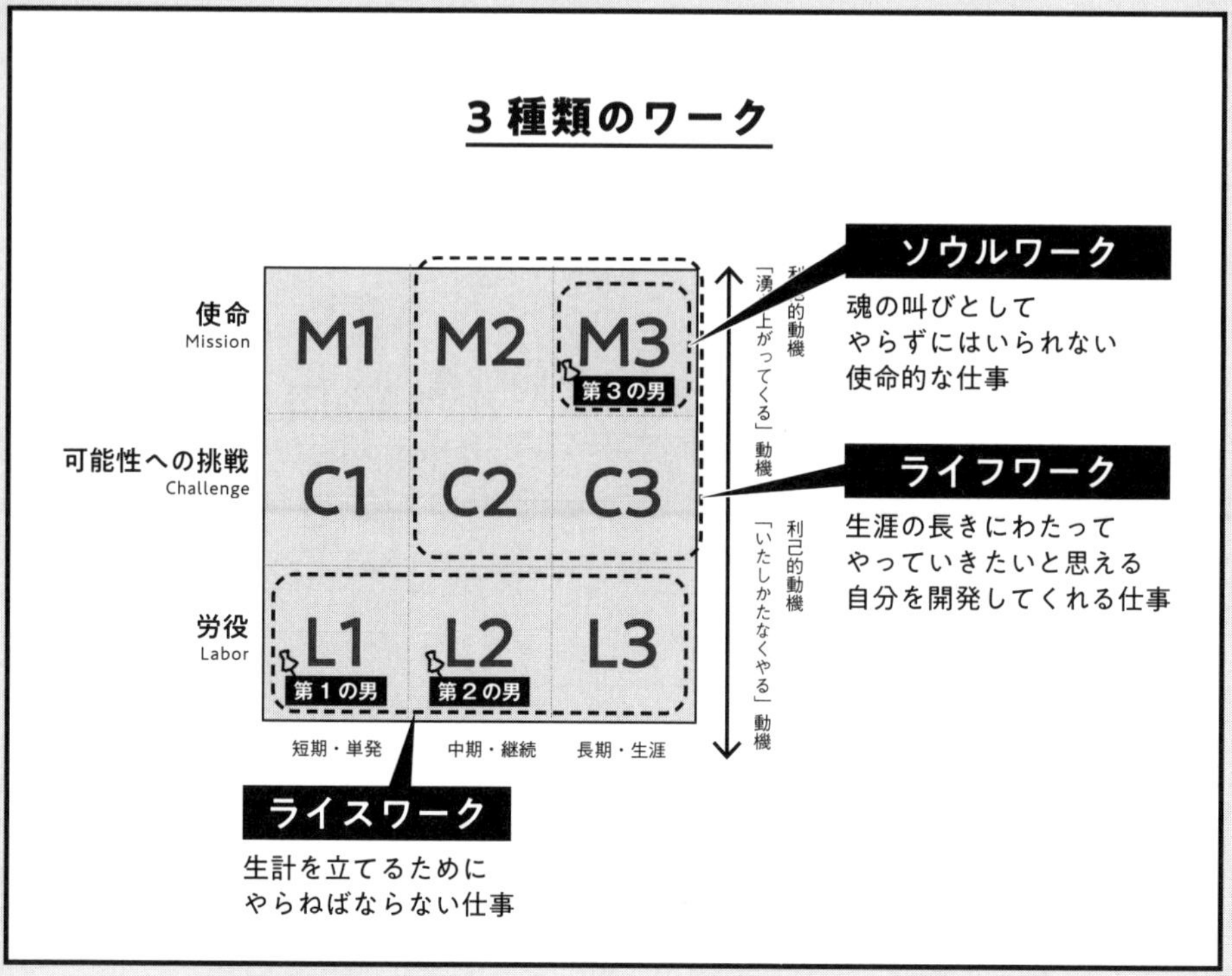
3種類のワーク
使命
Mission
可能性への挑戦
Challenge
労役
Labor
M1
M2
M3
第3の男
C1
C2
C3
L1
第1の男
L2
第2の男
L3
短期・単発
中期・継続
長期・生涯
利己的動機
「いたしかたなくやる」動機
ソウルワーク
魂の叫びとして
やらずにはいられない
使命的な仕事
ライフワーク
生涯の長きにわたって
やっていきたいと思える
自分を開発してくれる仕事
ライスワーク
生計を立てるために
やらねばならない仕事

L層の仕事は「ライスワーク」というべきものでしょう。生きていくためのコメを得る仕事、すなわち生計を立てるためにやらねばならない仕事です。誰しも莫大な資産を持っていないかぎり、お金を稼ぎ続ける必要がありますから、仕事のある部分は「ライスワーク」的でいたしかたないといえます。

しかし、仕事の全部が「ライスワーク」だとつらい。だから仕事のある部分は、C2、C3、M2、M3あたりでありたい。すなわち「ライフワーク」。生涯の長きにわたってやっていきたいと思える自分を開発してくれる仕事です。

さらには、もっと強く深い動機であるM3レベルの仕事と出合えれば幸いです。つまり「ソウルワーク」とも呼ぶべき、魂の叫びとしてやらずにはいられない使命的な仕事です。

講義スライド2-07

［ワークシート］　ライスワーク／ライフワーク／ソウルワークの構成具合を見つめる

自己開発・
志の営み
〈大聖堂を建てる〉

生活維持の
営み
〈地盤を整える〉

では、ここで一つワークをやってみましょう。

これがワークシートです。

ヨコに線が一本引かれています。これは仕事というものを大きく二分する線と考えてください。線の上部は「自己開発・志」としての仕事です。比喩的に言うと、自分が地面の上にどんな大聖堂を建てるか、ということです。

一方、線の下部は「生活維持の営み」としての仕事です。比喩的には、何か建造物をこしらえようと思えば、その地盤をしっかりと整えなくてはならない。そんなイメージです。

それで、このワークには「ライスワーク／ライフワーク／ソウルワークの構成具合を見つめる」と表記していますが、シートにどんな描き方をするかと言いますと……

講義スライド2-08

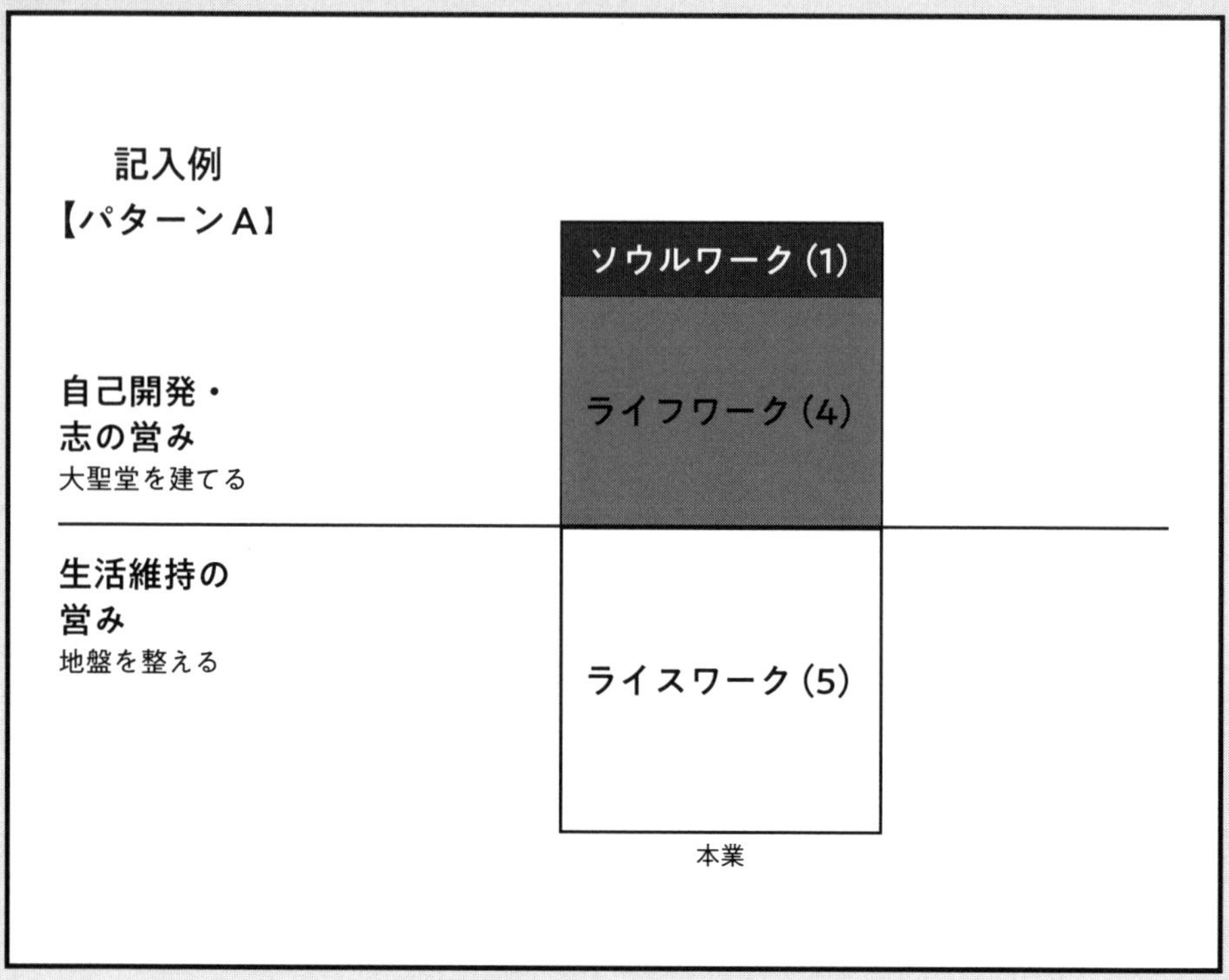

例えば、パターンAとしてこんな感じです。

いまみなさんが本業としてやっている仕事を思い浮かべてください。

ざっくりとした感覚値でよいです。自分の仕事のうち、どれくらいの割合が「ライスワーク」としてやっているかな、そして「ライフワーク」的な割合はどれくらいかな、と考えてみてください。図ではそれが5割、4割、「ソウルワーク」が1割になっています。合計で10割になるようにしてください。

講義スライド2-09

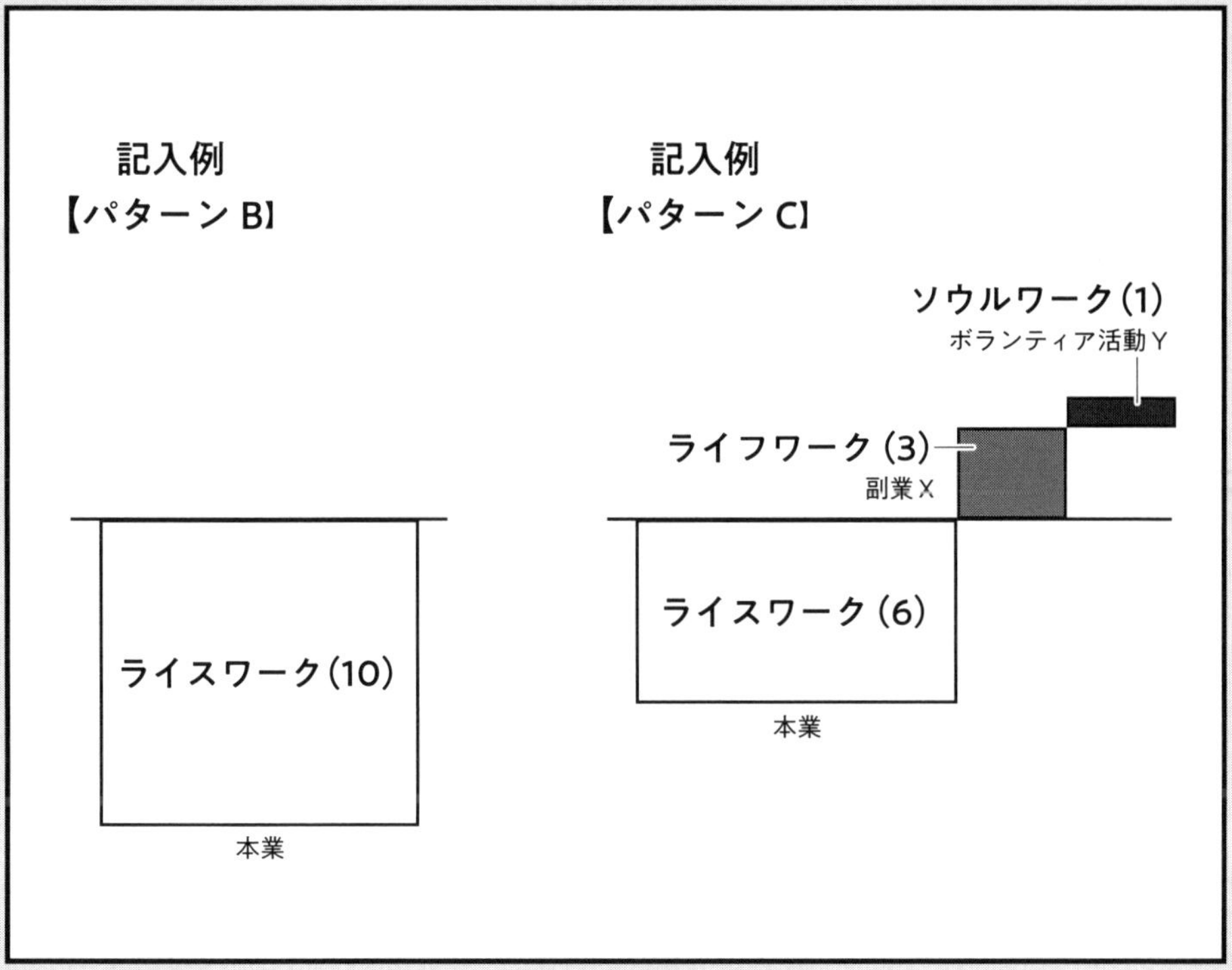
記入例
【パターンB】
ライスワーク（10）
本業
記入例
【パターンC】
ソウルワーク（1）
ボランティア活動Y
ライフワーク（3）
副業X
ライスワーク（6）
本業

中には、いまの仕事は生活のためのお金を得るだけのものだという人がいるかもしれません。そんな人の図はパターンBのようになるでしょう。「ライスワーク」が10割です。

あるいは、パターンCのような人もいるかもしれません。すなわち、本業は「ライスワーク」的な意味合いしか感じられていないが、副業Xを持っていて、それが「ライフワーク」になっている。さらには時折やるボランティア活動Yが「ソウルワーク」になっている、というケースです。図では、それらの活動の構成比率を6、3、1くらいでながめています。

では、ワークを始めてください。

（各自がワークシートを記入し、それをグループで共有する）

講義スライド2-10

続 寓話３人のレンガ積み
１番目の男は
違う建設現場で相変わらず
レンガを積んでいた。
２番目の男は
木材切りの現場でノコギリ
を手にして働いていた。
「こっちのほうが日当がいい
からね。
でも、ノルマがきついよ」。
３番目の男は
その真摯な働きぶりから町役
場に職を得て、働いていた。
「いま、水道計画を練ってい
る。あの山に水道橋を造って、
町が水で困らないようにした
い！」。

（グループ共有後）さて、先ほどの寓話『三人のレンガ積み』の続編を勝手に作ってみました。

（スライドを読み上げる）

この社会で、仕事を見つけ食っていくというだけ、すなわち「ライスワーク」を回していくだけでも大変であることは確かです。しかし、「しょうがない」「やりたいことも特別ないし」とその次元に自分を留めてしまうことは、健やかな生き方に反します。結局、行く末は一番目、二番目の男のようになってしまう危険性があります。

ライフワーク、ソウルワークに出合おうとする意志を持つことに何かコストがかかるわけでもありません。いまのこの瞬間からタダでできます。それを求めるか、求めないか、この紙一重の心の持ち方が決定的に重要な分岐点です。

内省の声のやりとりが豊かな啓発を生む

この「ライスワーク／ライフワーク／ソウルワーク」の三種で仕事を内省するのも、ワークショップの中で盛り上がる箇所の一つです。ワークでは三種の構成具合を感覚値でざっくりやる方法をとっていますが、そんないい加減なものでいいのか、もっと科学的な設問で心理分析しなくていいのかといった見方もあるかもしれません。私はこうした内省ワークについては、むしろ粗い問いを投げかけ、それに対し、本人が自由に豊かに語り出す、あるいは絵や図にして描き出すほうが結果的に自分の内面の発見につながりやすいと考えています。そして各自が語り出したこと、描き出したことが、グループ内の他の人に豊かな影響も与えます。何十個の質問に答えて、科学的統計データに基づいて、「あなたは〇〇型」ですと判定されるやり方はそれこそ機械的で、内省にふくらみが出ません。

実際に企業内研修でやってみると、現在の本業に対し、意外に「ライフワーク」に数字を割り振る人が多いことに気がつきます。長く携わっていたいと思う対象は職種の場合もありますし、業界、会社ということもあります。それは人それぞれですが、少なからずの人は現行の仕事に何らかのやりがいや意義を見出そう、見出したいと思っています。

もちろん「自分はどっぷり一〇〇％ライスワークだ」と仕事に冷めた人もけっこういます。しかしそういった人たちは、このワークの答えをグループで共有することにより、同じ会社の中でも、日々の仕事の中から「ライフワーク」「ソウルワーク」的な要素を発見している人がいるんだという事実に驚かされます。さらには、そのやりがいや意義の具体的内容を聞くことで、心によい意味での揺らぎが起こります。私はこうしたグループ共有における受講者同士の啓発のし合いがマインド醸成系研修の最上の学びだと思っています。講師はその材料ときっかけを与えるにすぎません。まさに醸造でいう杜氏の役割です。酵母菌をまくくらいが仕事で、発酵という変化を起こすのはあくまで受講者自身です。

キャリア研修は「寝た子を起こす」のではないかというHR担当者の怖がり

ここでついでながら書き添えておきたいことがあります。それは、ある大企業へのキャリア研修の提案時に、この「ライスワーク／ライフワーク／ソウルワーク」の三種の構成具合を見つめさせるワークをプログラムの中の一つとして含め紹介しました。ところがお客様の反応は、「こういうワークをやるとうちではライスワークという答えに偏って、愚痴とか不満が一気に吹き出す場になりかねないので、やりたい内容ではない」というものでした。結局、研修の提案全体が不採用となりました。

この企業のＨＲ部門の反応には残念な点がいくつもあります。一つには、無難志向であること。おそらくこういう内面を揺さぶる内容によって離職率が上がってしまうのではないかと恐怖心があるのでしょう。研修をやった後に「会社やめます」という人が何人も出ればＨＲ部門としては都合の悪いことになります。だからあまり受講者をけしかけない範囲でおだやかにやってほしいのだと思います。

この企業に限らず、キャリア研修は〝寝た子を起こす〟ことにつながるので敬遠するというところは依然あります。しかし、そういう観念を持っている担当者は、いったい「自律」というものをどう考えているのでしょう。自律を強めるとは、みずからの価値軸をはっきりさせ、選択力・実行力を強めることです。そこには当然、物事を大所高所から吟味、検討する態度が出てきます。その流れで転職という一大テーマも心の内に起こってくるでしょう。それをよけて自律マインドを鍛えてくださいというのは勝手がよすぎます。

ただ、そういった場合に私がＨＲ部門に申しあげているのは、こういったマインド醸成研修をしっかりやることで、むしろ「安易な転職をする人は減る」ということです。私が研修時に受講者に発するメッセージは次のようなものです——

いまは転職のための職業紹介サービスも多様になってきて、登録さえすれば転職が意外と簡単にできてしまうかもしれません。しかし、表面的・短期的な違和感とか不満だけで居場所を変えてしまう態度は、長期的には自分をよくない方向へ進めていきます。働くとは何か、自分はどういう価値や動機を根底に抱いているのか、そしてどんな仕事人になれば最も精神的な安泰を得られるのか。こうしたマインド次元のこと、意識の在り方を見つめずにほかの会社に移っても、またそこで、業務がどうだこうだ、人間関係がどうだこうだ、組織がどうだこうだと不満が出てきて、また居場所を変えようか、ということになってくる。それだと漂流癖がつき、根無し草のキャリアになってしまう。

転職が悪いということではありません。私自身も一七年間の会社員時代に四つの会社を渡りました。ここで伝えたいことは、マインド次元で自分なりの構えをしっかりつくって転職をするのと、軽はずみの姿勢で転職するのとでは大きな違いがあるということです。会社組織というものは所詮、不完全な人間同士が集まってつくるものですから欠陥だらけです。会社は入ってみなければ分からないもので、どこの会社に移っても問題はさまざまあり、現場での違和感や不満はなくなりません。自分に一〇〇％フィットする仕事や組織などないと考えるべきでしょう。夢の「適職探し」は「青い鳥探し」に終わる危険性が大きい。

大事なのは、自分の根底にあるマインドをしっかり見つめ、一度じっくりと与えられた

仕事や環境と向き合い、意図する成果を出すまで粘ってみること。そのときに自分を柔軟的に変える必要があるかもしれないし、組織や環境を主体的に変えていく努力も必要かもしれない。そうした低重心に構えて岩を動かしていくような姿勢がなければ、永遠に納得のいく仕事・キャリアはできません。

このような働くことの根源的なテーマを考え、語り合う機会というのは日ごろの職場ではめったにありません。管理職者も仕事を哲学的側面から語れる人はきわめて少なくなりました。だからこそ、研修という場でそれをどっしりとやることが必要なのです。それなのに、その場を波風の立たない凡庸なプログラムですませたいとするなら、HR部門としてあまりに事なかれ主義ではないでしょうか。

また先ほども書いたように、実際こういった懐に直球を投げる問いをすれば、ある割合の受講者は率直なよい答えを書きます。そしてそれは他者に必ずよい啓発を生むものです。内省系の研修はそうした「ピア・ラーニング＝仲間同士の学び合い」にこそ醍醐味があります。確かに、ある社員は辛辣で愚痴交じりの答えを書くかもしれません。しかしそれ以上に、真摯で啓発的な答えを書く人も出てきます。そこをHR部門が信頼しないでどうしようというのでしょう。

対話がなくなった組織は、雰囲気が必ずネガティブな方向に流れていきます。そしてやがて悪い組織風土として固まってきます。そうさせないためにも、肯定的な声を発する場の一つとして研修は活かされなければなりません。その観点で、ＨＲ部門は内省系研修の実施をいたずらに怖がってはいけないと思います。そしてやるからには、深いところへ直球を投げるべきです。

第3章

研修の現場から

「健やかな仕事観」をつくる
講義スライド&ワーク紹介

年代別キャリア意識の傾向性・課題点・動機づけのポイント

働くことに向き合う意識や仕事観は一人一人に固有のもので、実に多様です。また、一人の人間の中でも、人生ステージの進行によって移り変わる部分があります。そんな仕事・キャリアへの意識を十把一絡げにして語るのは難しいわけですが、年代別にながめると共通した傾向性もあります。本章では私が長年、主に大企業の総合職向け研修の現場で感じ取ってきたことを概括してお伝えし、いかに受講者の方々にはたらきかけてきたかの講義スライドと内省ワークを紹介したいと思います。

[20代] 成長体験を成長観に変え肚に落とす

私がキャリア開発研修をやっていて一番楽しいのが二〇代向けです。二〇代はまだ初《うぶ》な心を十分に残していて強がりや反抗心をみせますが、きちんとメッセージを発すれば、きちんと響いてくれます。その意味で、就労マインドを醸成するキャリア研修で最も効果が上がるのが二〇代です。

さて、研修で二〇代に考えさせたい最も重要なテーマの一つは「成長」でしょう。昨今は新卒で就職した後、数年のうちに転職を考える「第二新卒者」と呼ばれる層に向けた職業紹介が盛んになっています。彼らの転職理由の上位には「人間関係がつらい」「待遇・環境に不満がある」「成長機会に乏しい」といったことが並びます。三番目の理由は具体的には、やりがいのある仕事をやらせてもらえない、担当業務が能力とミスマッチ、この会社に居続けてもキャリアの発展がなさそう、などです。

二〇代は成長意欲が旺盛です。しかしそれが過度・過敏になると、「成長欠乏不安症」になります。ネットに溢れる転職の成功話や知人の自慢話を聞くにつけ、「隣の芝生はよく見える」的な誤解がふくらんでいき、「自分だけ出遅れている」「成長しなければ」というあせりが増大していきます。そういった血気にはやる心をきちんと収めてやることが研修の大事な役割だと私は感じます。「キャリア・ウェルネス・ワークショップ」では成長について多面的に考える材料を揃えていますが、ここでは特に、感情的に「成長せねば」というあせりを抑えるために、成長というものの本質をしっかり肚に落とす「成長観」づくりの箇所を紹介します。

前半は、成長を「広げる・高める・深める」の三方向に分けてとらえ、具体的な成長体験をあげてもらうものです。そこから成長する種は職場・生活のそこかしこにあり、いたずらにあせる必要はないことを伝えていきます。また、華々しく成功や成果が出ることだけが成長につながるのではなく、むしろ失敗や停滞のときこそ「深まる」という成長もあることに気づけるよう促していきます。

後半は、成長とは何かを定義するワークの紹介です。若いうちはともかく行動量が大事だとよく言われますが、私はがむしゃらに行動を繰り返すだけでは成長に結びつかないと考えています。行動のしっぱなしではなく、いったん抽象次元に上がって本質や原理をつかむプロセスを経ないかぎり、次からの行動が真に生きてきません。そこをきちんと肚に落とすのがこの箇所の狙いです。では、講義スライドをご覧ください。

講義スライド3-01

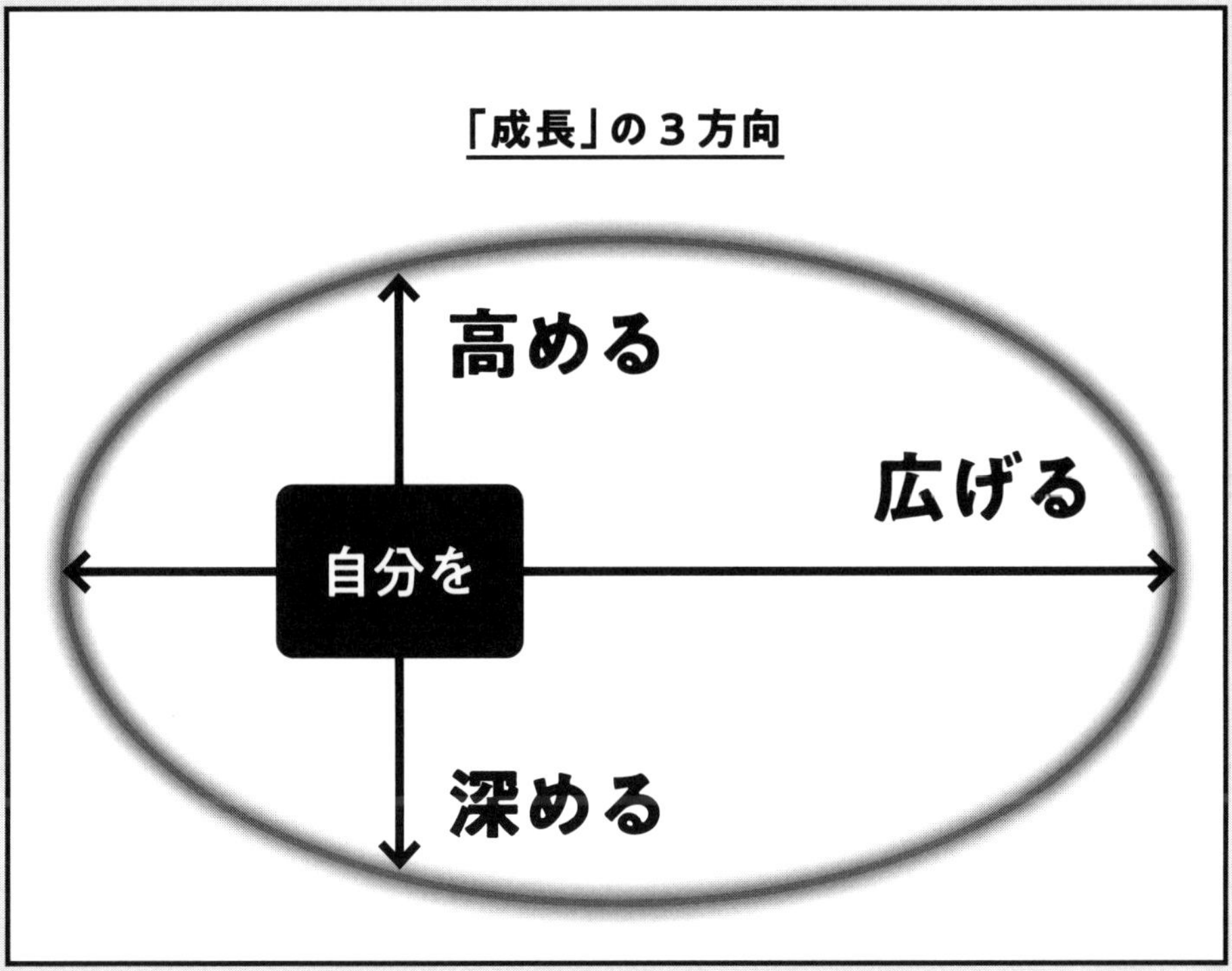

「成長」はいろいろな切り口から考えることができます。例えば、「技術的な成長と精神的な成長」「連続的な成長と非連続的な成長」「成長と成熟」など。ここでは、「成長の三方向」という切り口で考えてみましょう。

すなわち、自分を器のように見立てたとき、成長する方向として三つあります。一つはヨコ方向に「広げる」。もう一つはタテ方向の「高める」と「深める」です。さまざまな行動や体験、出来事を通して、自分という器を大きくしていく、それが成長です。

［ワークシート］　成長の３方向〈広げる・高める・深める〉の体験書き出し

成長方向	体験談メモ	
	行動・出来事	成長内容
⟷ 広げる	・何をすることによって ・何を経ることによって	・●●●を広げることができた。 ・●●●が広がった。
↑ 高める	・何をすることによって ・何を経ることによって	・●●●を高めることができた。 ・●●●が高まった。
↓ 深める	・何をすることによって ・何を経ることによって	・●●●を深めることができた。 ・●●●が深まった。

ではさっそく、ワークをやってみましょう。

これまでに（仕事や仕事以外で）チャレンジしたこと、試してみたこと、自己研鑽・自己啓発として取り組んだこと、習慣として始めたこと、たまたま遭遇したことで、自分に何かよい変化があり、成長を実感できたことを思い出してください。

それらのうち、「広げる（広がった）」成長体験、「高める（高まった）」成長体験、「深める（深まった）」成長体験を1つずつ、このシートに書き出してください。この後のグループ共有するときのメモ書き程度でけっこうです。

講義スライド3-03

[ワークシート]　成長の3方向〈広げる・高める・深める〉の体験書き出し 記入例

成長方向	体験談メモ	
	行動・出来事	成長内容
⟷ 広げる	・何をすることによって ・何を経ることによって 災害ボランティア	・●●●を広げることができた。 ・●●●が広がった。 人間はたくましく、社会は多様であることの認識が広がった
↑ 高める	・何をすることによって ・何を経ることによって ●●(歴史上の偉人)の自伝を読書した	・●●●を高めることができた。 ・●●●が高まった。 生きることに対する視座を高めてくれた
↓ 深める	・何をすることによって ・何を経ることによって ブログを1年間書き続けたが無反応にさらされた	・●●●を深めることができた。 ・●●●が深まった。 自分の能力・存在意義についてより深く考えることができた

グループ共有　記入後、グループで各自の書いた成長体験を共有します。
時間が残ったグループは、自分を「広げる」「高める」「深める」ためにどんな意識・心構えが必要かを話し合ってみてください。

記入例をスライドに示しましたので参考にしてください。記入時間は12分です。

（記入後）

では、これからグループ（四名）で各自の書いた成長体験を共有します。時間が残ったグループは、自分を「広げる」「高める」「深める」ためにどんな意識・心構えが必要かを話し合ってみてください。

講義スライド3-04

「成長体験」について整理しておきたいこと

□ 成長の種はそこかしこにある

□ どんなことも、とらえ方と取り組み方しだいで
成長機会になりうる
→次スライド「日本一の下足番になれ」

□ 自分を「広げる」ために
好奇心を持ち、常に殻を破っていく

□ 自分を「高める」ために
向上心を持ち、いまのレベルで満足しない

□ 自分を「深める」ために
忍耐する心を持ち、粘り強く事に当たる
（そこから突破の道すじが見えてくる）

□ 成長は目的というより、何かに奮闘したり、
何かに悩んで乗り越えた後に結果として訪れる

（グループ共有・全体講評を終え）

個人とグループのワークによって、成長というものがかなり立体的に見えてきたと思います。ここで補足的に、「成長体験」について整理しておきたいことをお伝えします。

（スライドの項目を一つずつ説明する）

講義スライド 3-05

深める言葉

下足番を命じられたら、日本一の下足番になってみろ。
そうしたら、誰も君を下足番にしておかぬ。
――― 小林一三（阪急グループ創業者）

小さな役はない。小さな役者がいるだけだ。
――演劇の世界の言葉

最初の仕事はくじ引きである。最初から適した仕事につく確率は高くない。しかも、得るべきところを知り、向いた仕事に移れるようになるには数年を要する。

―――ピーター・ドラッカー（経営学者）

理解を深めるための名言をあげておきます。

［ワークシート］ 成長の定義＋持続的成長のための行動習慣

作業2 「成長」の定義

「成長とは何か」「成長についての解釈」を自分なりの言葉で表すとどうなりますか

成長とは

である。

〈記入例〉
成長とは、
○できなかったことができるようになることである。
○振り返ったときに「自分は子どもだったな」と思えることである。
○挑戦の後に得るごほうびである。
○殻を破り、新しいものの見方ができることである。

作業1 「成長体験」を書き出す

⟷ 広げる　↑ 高める　↓ 深める

作業3 「成長」を持続的に起こすための行動習慣

成長を今後も持続的に起こしていくためにどんな行動習慣を身につけたらいいでしょう。3つあげてください。

①

②

③

では次のワークに進みます。シートには作業1から作業3までありますが、作業1は先ほどやった成長体験の書き出しです。

成長体験がどんなものか、自分のものやほかの人のものを具体的にいろいろ知りました。それを踏まえて、「成長とは何か」「成長についての解釈」を自分なりの言葉で表すとどうなるでしょう。端的に定義してください。これが作業2です。

それを終えたら作業3です。成長を今後も持続的に起こしていくためにどんな行動習慣を身につけたらいいでしょう。3つあげてください。

講義スライド3-07

［ワークシート］ 成長の定義＋持続的成長のための行動習慣 記入例

作業2「成長」の定義

「成長とは何か」「成長についての解釈」を自分なりの言葉で表すとどうなりますか

成長とは
既存の殻を破って、
殻の外にあるものを自分に取り込んだり、
許容できたりすること
である。

〈記入例〉
成長とは、
○できなかったことができるようになることである。
○振り返ったときに「自分は子どもだったな」と思えることである。
○挑戦の後に得るごほうびである。
○殻を破り、新しいものの見方ができることである。

作業1「成長体験」を書き出す

広げる　高める　深める

作業3「成長」を持続的に起こすための行動習慣

成長を今後も持続的に起こしていくためにどんな行動習慣を身につけたらいいでしょう。3つあげてください。

① 社外・仕事外の人的交流を増やす
② 主催者側・運営側で動く体験を増やす
③ 気づき日記（週記）をつける

記入例をスライドに示しておきました。記入時間は10分です。その後に各自の答えをグループで共有します。

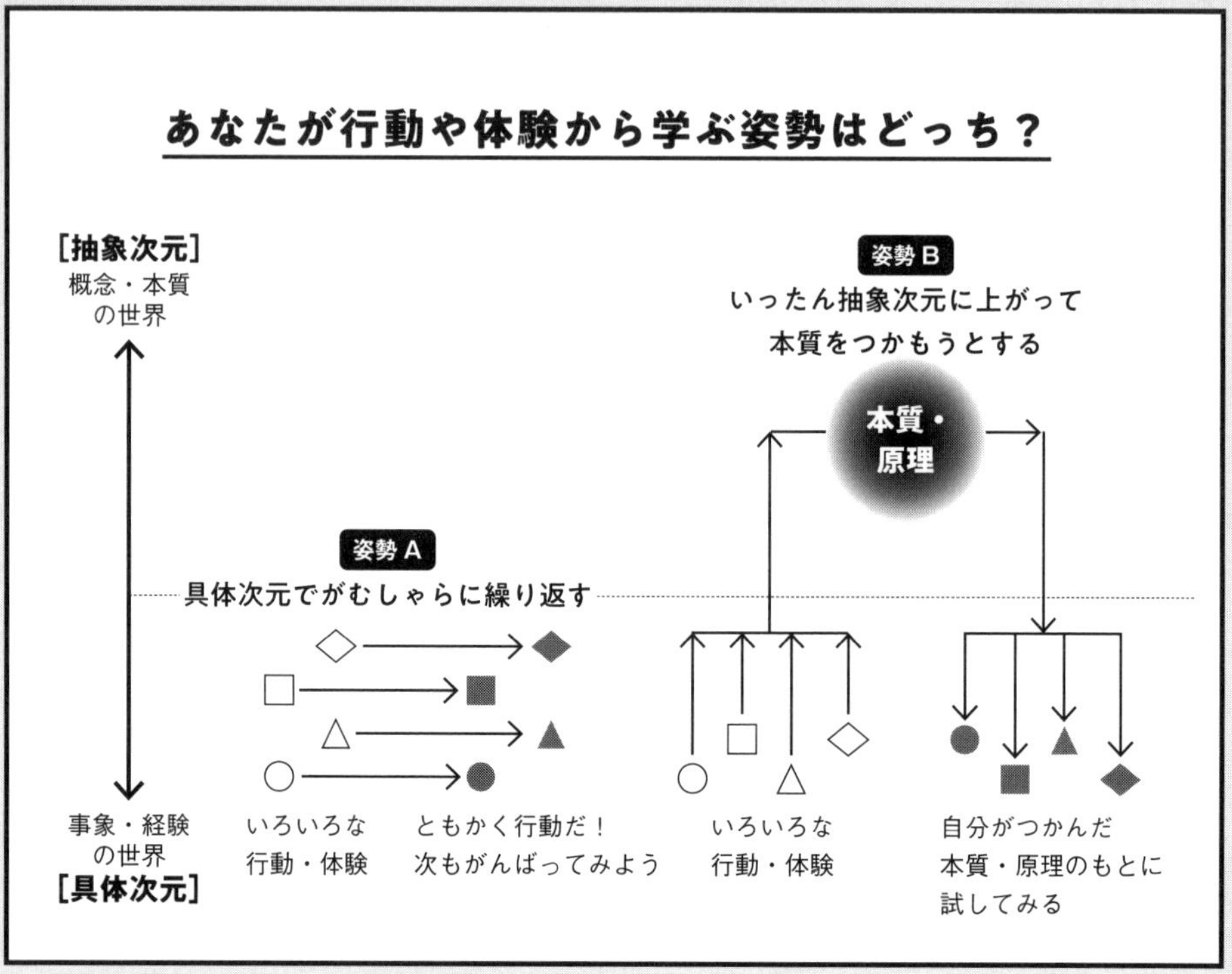

（グループ共有・全体講評を終え）

若いみなさんはよく先輩や上司から「ともかく量をやれ」と言われませんか。量をやっていればそれが質に変わるぞ、というアドバイスですね。これはおおむね真実ではありますが、個人差が出るものなんです。つまり、同じ量をやっていても、それが質に変わって能力ながうまく向上する人とそうでない人の差があるということです。そのからくりを理解したいと思います。

スライドをみてください。結論から言うと、姿勢Bが量がきちんと質に変わっていく正しいプロセスです。まずは具体次元でいろいろと行動したり、いろいろな出来事を観察したりします。で、そこからいったん抽象次元に上がって、そこにある本質や原理は何だろうかと考える。これがいわゆる「コツをつかむ」とか「成功法

講義スライド3-09

守株《しゅしゅ》

中国『韓非子』にある故事

その昔、中国の宋の農夫が、兎が走ってきて、偶然木の切り株に当たって死んだのを見た。

労せずして兎を得た農夫は、次の日から働くのをやめて、次の兎が切り株に当たるのをずっと見張ることにした。

その間、畑は荒れ放題になってしまったが、結局、兎を捕ることはできなかった。

↑

たまたまの成功体験を（考察なしで）信じ込み、捨てられない姿

則を見出す」といったことです。そして再度具体次元に下り、この本質・原理のもとでまたいろいろと試す。こういう具体と抽象を往復する人がよく伸びていく人です。

姿勢Aは、具体次元に留まって、がむしゃらに行動を繰り返すというもので、無駄骨の多いものです。

姿勢Aの人は、ややもすると中国の故事成語「守株」に陥らないともかぎりません。たまたまの成功体験を考察や分析なしで信じ込み、そこに執着する。そんな状態でどれだけ運動量と時間をつぎ込んでも結果はついてきません。

講義スライド3-10

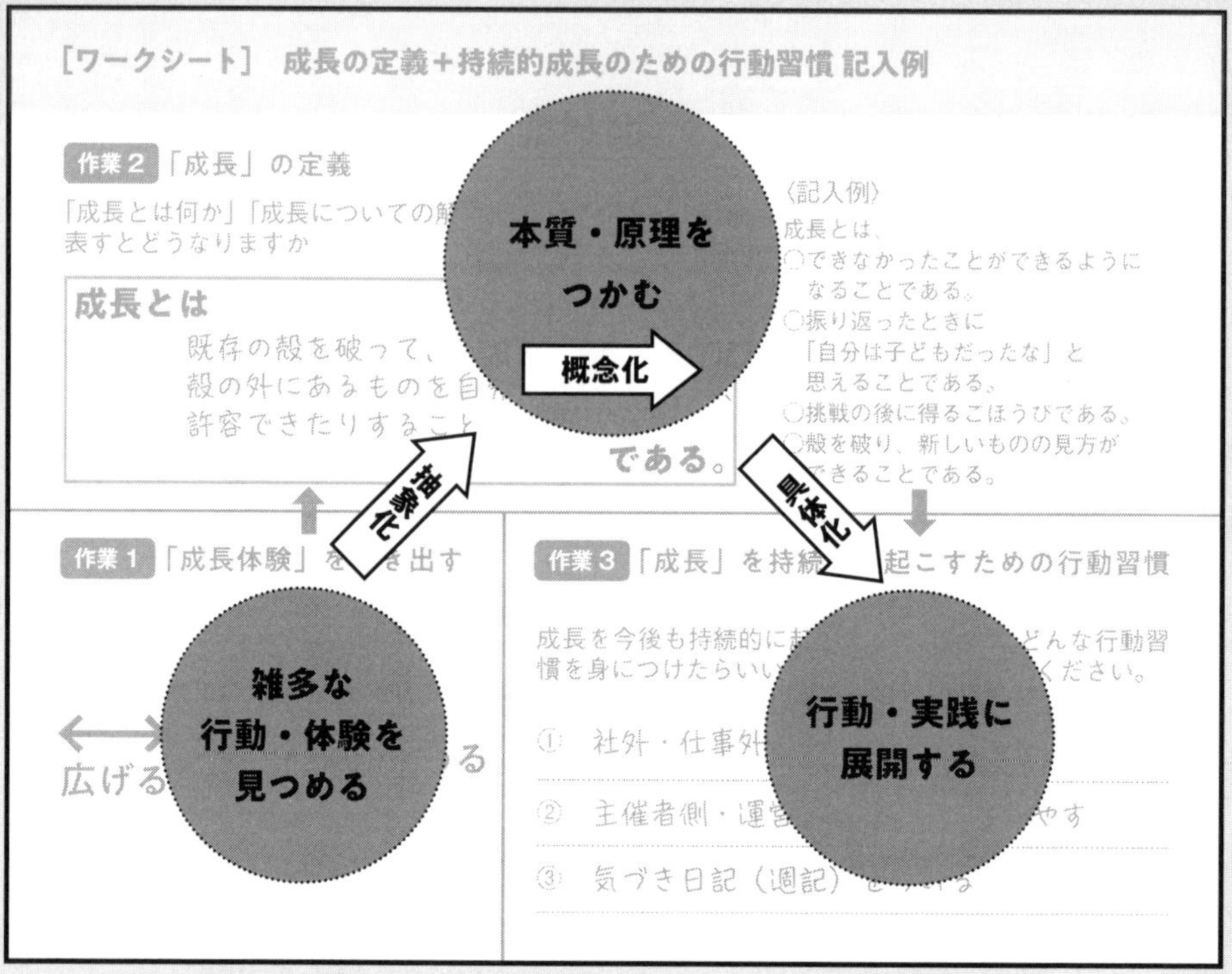
[ワークシート]　成長の定義＋持続的成長のための行動習慣 記入例
作業2「成長」の定義
「成長とは何か」「成長についての
表すとどうなりますか
成長とは
既存の殻を破って、
殻の外にあるものを自
許容できたりすること
である。
〈記入例〉
成長とは、
○できなかったことができるようになることである。
○振り返ったときに「自分は子どもだったな」と思えることである。
○挑戦の後に得るごほうびである。
○殻を破り、新しいものの見方ができることである。
本質・原理をつかむ
概念化
抽象化
具体化
作業1「成長体験」を
き出す
雑多な行動・体験を見つめる
広げる
作業3「成長」を持続
起こすための行動習慣
成長を今後も持続的に
どんな行動習慣を身につけたらいい
ください。
行動・実践に展開する
① 社外・仕事外
② 主催者側・運営
やす
③ 気づき日記（週記）を

「成長する」ということも同じです。がむしゃらに仕事をしていれば、必然的に成長するというものではありません。幸いなことに、まだ二〇代は仕事量に応じて成長はついてくるほうですが、三〇代以降は仕事が惰性となる部分も多く、むしろ忙しく働いていても停滞するという状況が出てきます。

忙しさがきちんと成長につながるためにも、このワークでやったようないったん抽象次元に上がって「成長の本質が何か」を押さえる、すなわち「成長観」を持つことが大事です。成長観を持って入れば、次に起こす行動をどう工夫すればよいか、どんなことを習慣化すればよいかが見えてきます。伸びていく人は、そうやってやみくもに行動せず、意図をもって仕掛けていくわけです。

観をつくるためには抽象化・概念化の能力が要る

エネルギーに満ちた二〇代は感情レベルで扇動されることも多く、自分の内にしっかりと本質や原理をつかみとる力がないと、あちこちに突っ走ってしまい道を見失うことになりかねません。ですから私は二〇代にこそ、このワークで行っている物事を定義する力をきちんと養うべきだと思っています。物事を定義するためには抽象化と概念化の能力が必要になります。いわゆる「コンセプチュアル思考」です。この思考については、私が主宰するウェブサイト『コンセプチュアル思考の教室』(https://www.conceptualthink.com/)を参照いただければ幸いです。

結局、自律的に働くとは、自分の基軸にしたがって働くということです。この基軸が自分の内面の深いところで確固としていればいるほど、人生を泰然と構えられ、健やかに働いていくことができます。その基軸をつくる力のおおもとが、抽象化・概念化であり、すなわちコンセプチュアル思考です。

私は研修でいろいろな定義ワークを出します――「成長とは何か」「仕事とは何か」「仕事の幸福とは何か」「自律とは何か。自立とどう違うのか」「創造とは何か」など。こうした問いには唯一無二の正解がなく、個々それぞれの答えになります。知識を積んで、論理的に処理すれば科学的真理に到達するというものでもありません。そこがロジカル思考と異なる点です。コンセプチュアル思考は個々の「観」を打ち立てる思考といえます。未熟ながらでも、ひとたび自分の内に「成長とは何か」の本質がつかめれば、そこから具体と抽象の往復回路が開き、そこをぐるぐると回ることでどんどん成長観ができてきます。二〇代にそうした思考地盤をつくっておくかどうかはとても重要な点であると思います。

［30代］守・破・離の「破」を起こす

三〇代向けのキャリア研修も企業からの需要が多い年代です。二〇代は新入社員研修に始まり、入社三年目の節目研修など同期が集って刺激しあえる機会があるのですが、三〇代に入るとそういうヨコのつながりの機会もしだいになくなってきます。また、転職で途中から入社した人などは組織で孤立しがちになります。ですから近い年齢が集い、あらためて仕事って何だろうと語り合うキャリア研修は、ヨコ同士の連帯をつくるうえでも、仕事に対する構えを仕切りなおすうえでも有意義な場になります。

気がつかない間に進行する「怠惰な多忙」状態

三〇代におけるキャリア形成上の最も大きな問題は、保身化・安住意識といっていいかもしれません。二〇代は与えられた仕事を一人前にこなせるようになるための技能的な奮闘があります。また、社会というものを知り、組織というものを知り、そこでの処世術をいろいろ経験で覚えていく期間でもあります。あまり脇目を振っている余裕がなかったでしょう。ところが三〇代に入ると、ひととおりのことができるようになり、また社会や組織のこともわかってきて、多少心に余裕ができてきます。そのときに次の挑戦を見つけて行動を起こしていけば、さらにキャリアは展開を始めるわけですが、人間はついついラクをしたがる傾向があります。プライベート生活でのやりたいことも増えてくるでしょうから、仕事のほうを惰性でやりすごすこともあります。そしてその惰性の状態から抜け出られなくなるのです。

それは気づかない間に進行していく惰性で、この後の講義スライドでも出てくる「怠惰な多忙」と名づける状態です。漫然と忙しいことで、何か仕事をやっている気になっている。しかし、実質は同じレベルの作業の繰り返しで成長が止まっており、キャリアの停滞が起きている。何かの機会で後輩社員が自分より優れた成果を出したときに、自分の成長止まりに気づく。そのときにはもう三〇代も半ばを過ぎていた。そこから焦りが始まる……そんなような症状です。

日本の伝統芸能や武術の世界でよく使われる「守・破・離」という概念があります。いわば成長フェーズの三段階です。「守」は基本の型を身につける第一段階。これは二〇代でやるべきことです。そしてその基本型を文字どおり破っていくのが「破」の第二段階。この「破」が三〇代キャリア形成における最重要の鍵であると私は考えています。惰性を破る習慣、保身を破る勇気を持てるかどうかで、その後の四〇代、五〇代が決まるといっても過言ではありません。では、「キャリア・ウェルネス・ワークショップ」の講義をご覧いただきましょう。

守《しゅ》・破《は》・離《り》

守 師からの教えを忠実に学び、型や作法、知識の基本を習得する第一段階。「修」の字を置く場合もある。

破 経験と鍛錬を重ね、師の教えを土台としながらも、それを打ち破るように自分なりの真意を会得する第二段階。

離 これまで教わった型や知識にいっさいとらわれることなく、思うがままに至芸の境地に飛躍する第三段階。

日本の伝統芸能や武術の世界でよく使われる「守・破・離」という言葉をご存じでしょうか。
その道を究めていく、いわば成長フェーズの三段階といったものです。

会社員としての守・破・離

守 上司や組織から実務を学び、経験知を積んでいくフェーズ。「この仕事はあの人に任せれば大丈夫」と言われるような信頼を得る。

破 組織の既存の考え方・やり方に対し、積極的に改革提案ができ、かつ実行できる。現状の自分に満足せず、自己の殻を恒常的に破っていくことができる。

離 どんなミッションを受けても、どんな環境を与えられても、組織と協調しながら、悠然と自分の世界観で仕事・事業を起こせる。また、リタイヤ後の人生も自在に切り拓いていける。

会社員のみなさんにもこの三つの成長フェーズは当てはまると思います。

「守」は、上司や組織から実務を学び、経験知を積んでいく段階です。「この仕事はあの人に任せれば大丈夫」と言われるような信頼を得る。これは二〇代でクリアすべき段階です。

次に「破」は、組織の既存の考え方・やり方に対し、積極的に改革提案ができ、実行できる段階。また現状の自分に満足せず、自己の殻を恒常的に破っていくことができる状態です。三〇代、四〇代はこうしたフェーズで常に仕事・キャリアに向き合いたいものです。

そして最後に「離」。もはや何事にも縛られることなく、とは言っても組織と協調していくことは前提ですが、自在に自分の世界観で仕事や事業を起こせる段階です。五〇代、そしてリタイヤ後はこうした境地で働きたいものです。

講義スライド 3-13

守・破・離～3つのフェーズ遷移

	能力	価値軸	目的・意味	キャリア形成観
守 20 代	・職業人能力の基礎を固める ・学び方の原則を身につける	軸や価値を模索する	意味や目的地がまだぼんやりしている	・キャリアの方向性は必ずしも見えてこない ・キャリアパスは会社が用意してくれるものと期待する
破 30 代～ 40 代	状況にあわせて能力を習得・更新していく 人を巻き込むことによって不足能力を補う	・職業人としての軸、ゆずれない価値を見出し ・自律的精神性を成熟させる ・状況を創造する力を発揮する	軸や価値の向こうに見え始める	・自分の軸が見えてくることで、キャリア形成への自信ができてくる ・キャリアパスは自分で切り拓くものと悟る（会社は舞台として活用するという意識）
離 50 代以降		より強める	・能力的／精神的に自由の境地に立つ ・職業人としての最終目的地を見出す ・リタイヤ後を含め人生の目的のもとに泰然自若と生きる	・自分が描くキャリア進路に向かって邁進している ・世の中は不確実だが、それを超越した安定感を心に抱く

三つのフェーズをもう少し詳しくみたのがこのスライドです。守→破→離と、能力の観点ではどう遷移していくか、価値軸の観点ではどうか、目的・意味の観点ではどうか、そしてキャリア形成観の観点ではどうかをまとめてあります。

キャリア形成において、みなさんは能力が重要だと思っているかもしれません。能力がなければ仕事が片づけられない、職にありつけないという点で重要であることはまちがいありません。が、「守・破・離」の発展プロセスからみるならば、能力はあくまで一部の要素でしかなく、その他の要素のほうがむしろ重要であると言えます。

特に「破・離」へ上がっていくためには、価値軸や目的・意味が主導しなければなりません。

講義スライド3-14

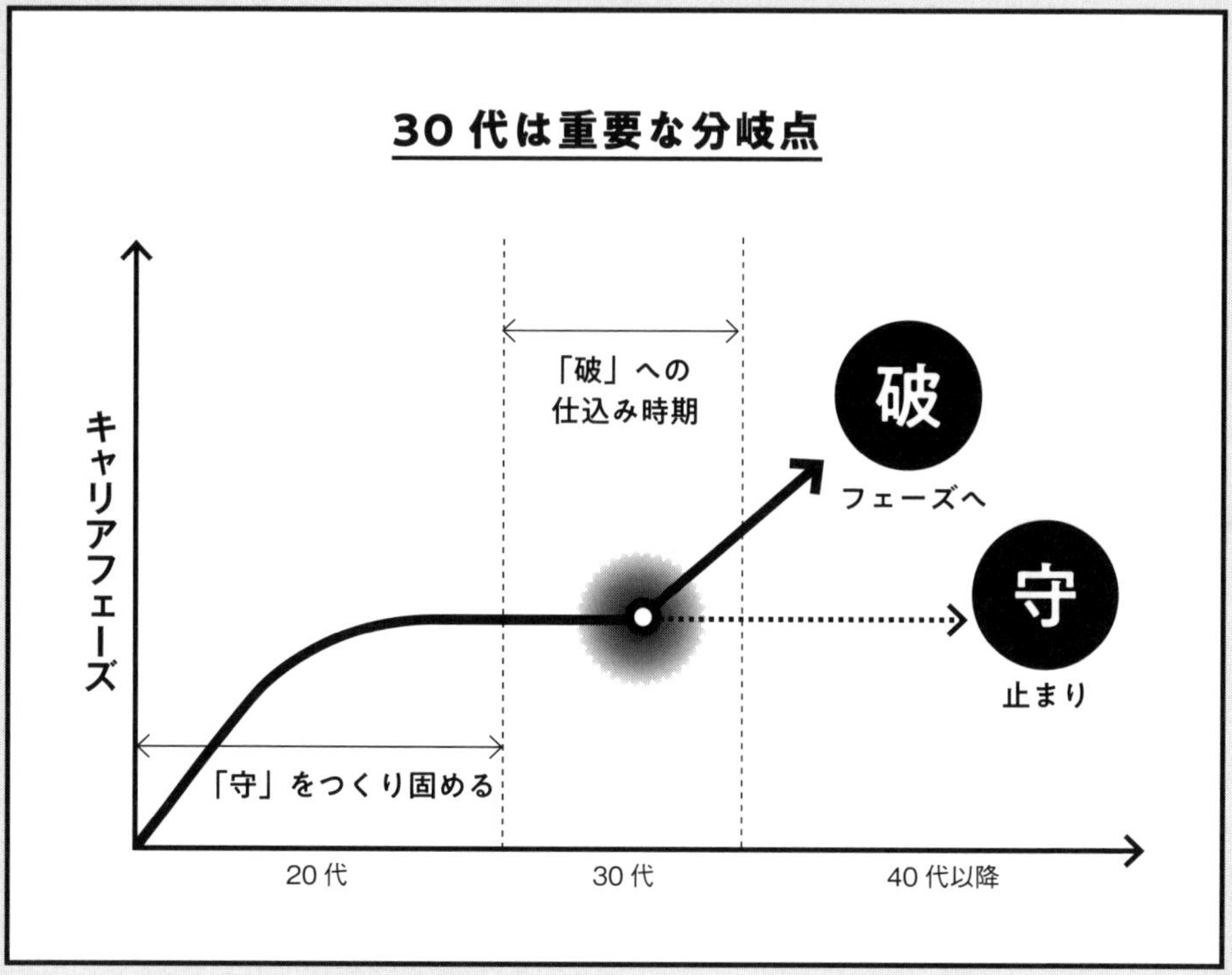
30代は重要な分岐点
キャリアフェーズ
「破」への
仕込み時期
破
フェーズへ
守
止まり
「守」をつくり固める
20代
30代
40代以降

誰しも真面目に仕事に取り組んで、量をこなしていけば仕事の基本の型は身についてきます。その意味で「守」のフェーズは二〇代から三〇代初めにかけて固まってくるでしょう。問題はその後です。はたして「破」フェーズに上がっていけるか、それとも「守」止まりになってしまうか。三〇代はその重要な分岐点になります。

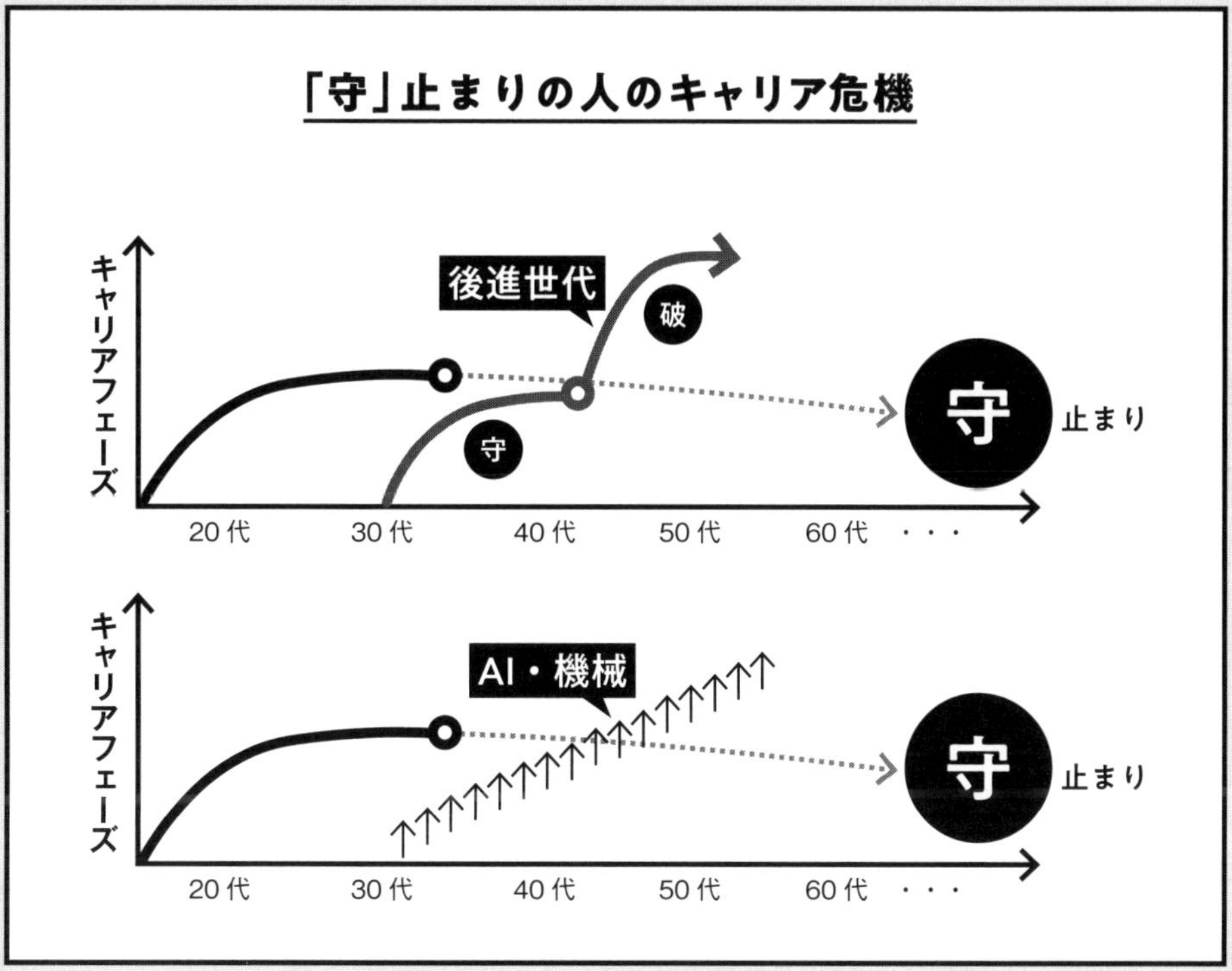

「守」止まりの人には、キャリア危機が訪れる可能性が大きい。例えば、後進世代に追い抜かれてしまい、自信をなくし、モチベーションを喪失すること。

あるいは、AI（人工知能）や先端の機械に自分の仕事が取って代わられること。

講義スライド3-16

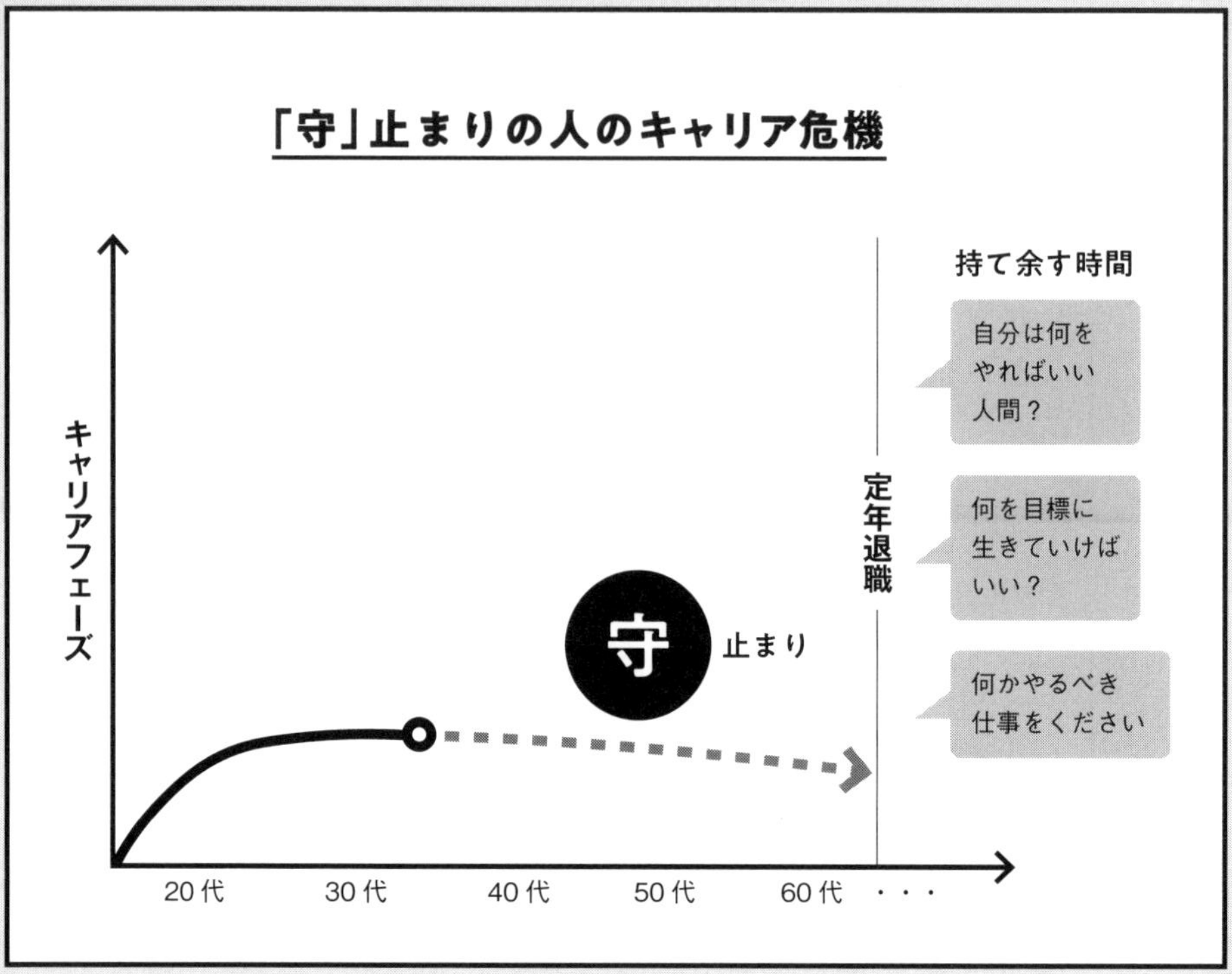
「守」止まりの人のキャリア危機
キャリアフェーズ
守
止まり
定年退職
持て余す時間
自分は何をやればいい人間？
何を目標に生きていけばいい？
何かやるべき仕事をください
20代
30代
40代
50代
60代
・・・

もっと長い目でみると、定年退職後に自己喪失が待ち受けているかもしれません。「守」止まりの人というのは、言い換えれば、与えられたことを及第点で行うことで満足した人です。それを超えることは自分に課さなかったし、そういう意思も持たずにきた人です。そんな心の姿勢で過ごしてきた人が、定年後、急に主体的に何か目標を見つけて生きるということができるでしょうか。

もちろん、定年後に退職金や年金などを使って、ゆっくり趣味などをして過ごすことは全然悪くない生活です。しかし、それが「健やかな」余生なんだろうか……？　そんな問いをいまから投げかけておくのも大事ではないでしょうか。

講義スライド 3-17

私たちは日々忙しい。
PDCA を回すのでアタマとカラダがいっぱい。

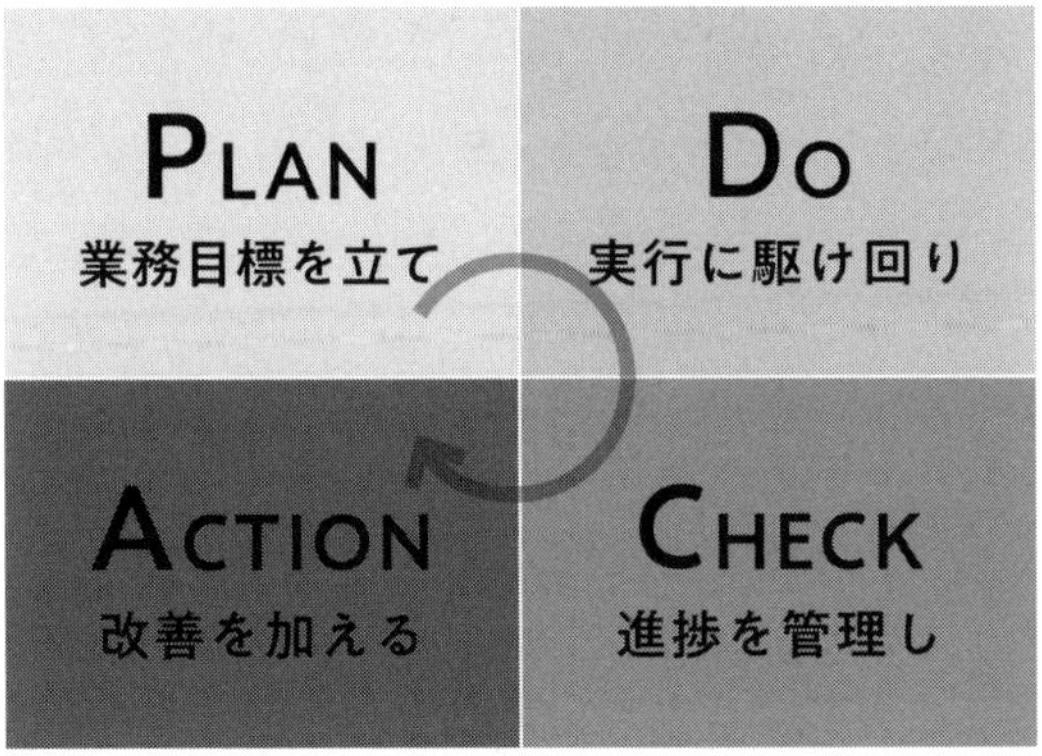
PLAN
業務目標を立て
DO
実行に駆け回り
CHECK
進捗を管理し
ACTION
改善を加える

だが、そうして忙しく働いているだけでは、
キャリアフェーズは上がっていかない。

さて、なぜ少なからずの人が「守」止まりになってしまうのかを考えたいと思います。

私たちはみな日々忙しく働いています。ＰＤＣＡを常にぐるぐる回すのにアタマとカラダがいっぱいです。

しかし、忙しく働いていることは、必ずしも成長を約束しません。キャリアのフェーズも自動的に上がっていきません。それはなぜか……？

講義スライド 3-18

漫然と忙しく働いているだけでは
「怠惰な多忙」にとらわれる

＝

忙しく動き回って
仕事をやった気になっているが
実際は何の成長もしていない状態

古代ギリシャの哲学者セネカは、すでに 2000 年以上も前にこの人間の「怠惰な多忙」問題を指摘しています。

それは「怠惰な多忙」状態に陥っているからです。

私たちは忙しく動き回って、それで何か仕事をやった気になっています。そうして一年、三年、五年がすぐに経つ。あるときふと振り返ってみると、自分がさしたる成長もしていないことに気づき、がく然とする。込み入った仕事をしていたようにみえて、実質は同じレベルの作業を繰り返していただけだった。また、ほんとうに自分の殻を破るような挑戦は避けていた……。これが「怠惰な多忙」です。

この人間の「怠惰な多忙」問題は現代社会に限ったことではなく、実は古代ギリシャの哲学者セネカが二〇〇〇年以上も前に指摘していたことなんです。人間にとっての一大テーマといえます。

講義スライド3-19

グレシャムの法則

悪貨は良貨を駆逐する。

↓

〈計画のグレシャムの法則〉
定型の処理的な仕事は、
非定型の創造的な仕事を駆逐する。

ノーベル経済学者　ハーバード・A・サイモン

「怠惰な多忙」がどうして起こるのか、そのからくりを少し考えてみましょう。

みなさん、「悪貨は良貨を駆逐する」というグレシャムの法則をご存じですか。ハーバード・A・サイモンという経済学者はこれをもじって、「定型の処理的な仕事は、非定型の創造的な仕事を駆逐する」と言いました。まさに膝を打つ指摘ではないでしょうか。

人間はともかく新規のことを考え、リスクを負い、議論し、判断し、全体を調整し、批判を受け、創造して進むことが面倒なんです。定型の処理的な仕事は、その点ラクですね。考えなくてすみますから。単に運動量をこなしていればいい。忙しくしていればしかられないし、給料も出る。だから、みなこっちに流れる。そうして惰性の毎日を送る。

講義スライド 3-20

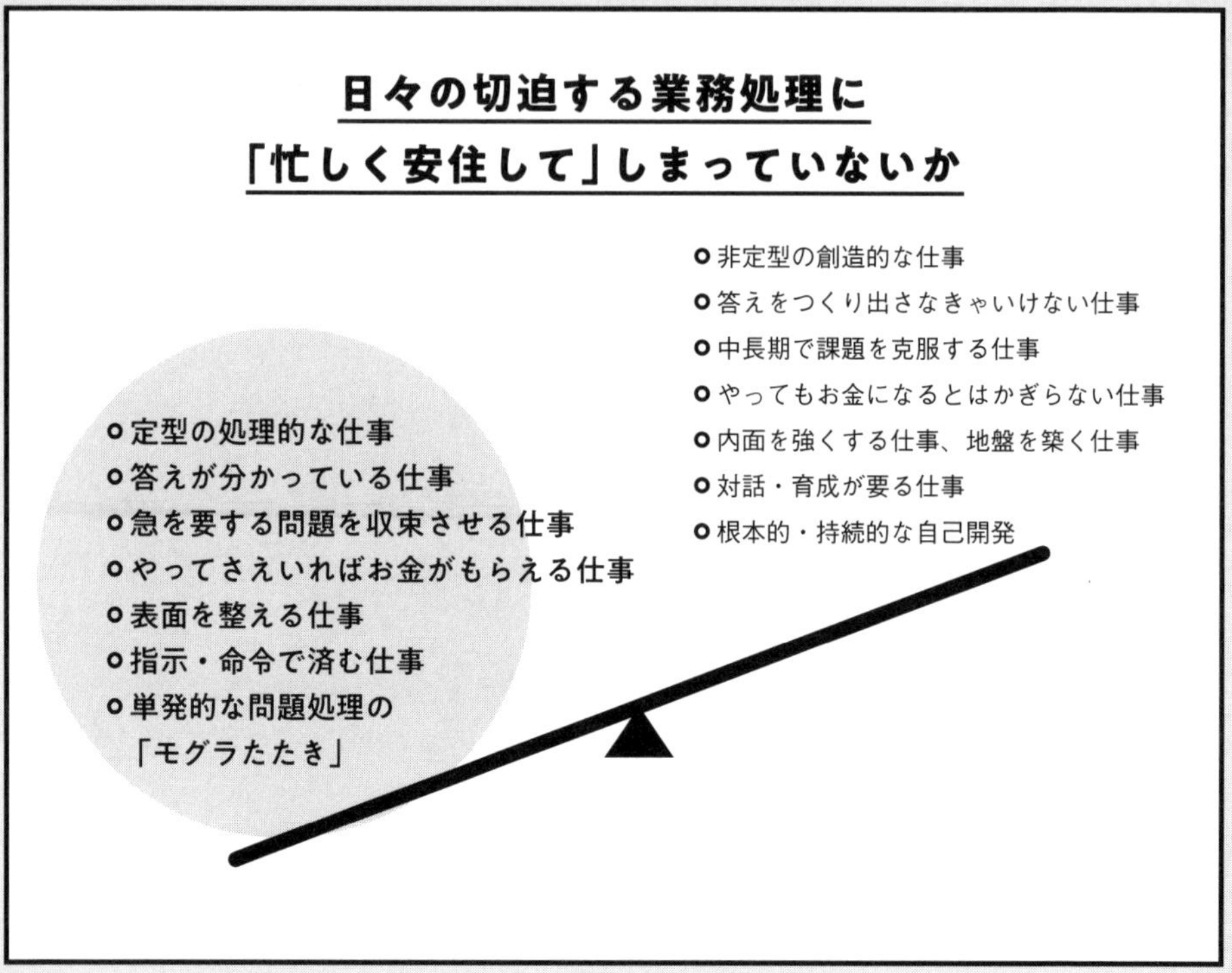
日々の切迫する業務処理に
「忙しく安住して」しまっていないか
非定型の創造的な仕事
答えをつくり出さなきゃいけない仕事
中長期で課題を克服する仕事
やってもお金になるとはかぎらない仕事
内面を強くする仕事、地盤を築く仕事
対話・育成が要る仕事
根本的・持続的な自己開発
定型の処理的な仕事
答えが分かっている仕事
急を要する問題を収束させる仕事
やってさえいればお金がもらえる仕事
表面を整える仕事
指示・命令で済む仕事
単発的な問題処理の
「モグラたたき」

確かに、いまの職場ではせっぱ詰まった仕事がどんどん湧いてきます。そして既存のやり方でともかく事を収める。その「モグラたたき」状態です。しかしその忙しさを言い訳にして、根本的・持続的なテーマを深く考えることから逃げて過ごす、その姿勢が怠惰ということなんです。いつまで経っても根本的な手を打たないから、日々の「モグラたたき」が解消されないともいえます。

個人のキャリアも同じです。根本的・持続的な自己開発から逃げて、既存の能力で仕事を回していくことの一年一年では、五年経っても、十年経っても、フェーズは上がっていきません。

『落とした鍵』

ある夜遅くに、家に帰る途中の男が、
街灯の下で四つんばいになっているナスルディンに出くわした。
「何か探し物ですか？」と男が尋ねたところ
「家の鍵を探しているんです」とナスルディンが答えた。

一緒に探しましょうということで、二人が四つんばいで探すのだが、
見つからない。そこで、男は再び尋ねる。

「ナスルディン、鍵を落とした正確な場所がわかりますか？」

ナスルディンは、後ろの暗い道を指し示した。

「向こうです。私の家の中」。

「じゃあ一体なんでこんなところで探しているんです？」

と男は信じられないといった口調で尋ねた。

「だって、家の中よりここのほうが明るいじゃありませんか」。

M. パーキン『人を動かす50の物語』より

『落とした鍵』という示唆に富む寓話を紹介します。スライドをじっくり読んでください。（しばらく時間を置いた後で）いかがですか、ナスルディンは何ともトンチンカンな人間だと思いませんか。しかし、これは会社員の一つの姿をよく表していると思います。

自分が求める解はたぶん向こうの「暗い・未知の・想定外の展開を覚悟しなければならない・リスクのある所」にあるかもしれない——こう思いつつも、会社組織にいると、「適当に見えている範囲で・既知の・想定の範囲内で済む（予定調和の）・リスクのない所」で、仕事をやろう（やり過ごそう）とします。

しかし、永遠に真に自分が求めているものを見出すことはない……。

［ワークシート］ 7つの要素によるキャリア意識セルフチェックシート

		守の人のネガティブ状況に陥りがちな意識	破 離の人のポジティブ状況を生み出す意識
【外的ファクター】	❼ マクロ環境 社会状況・景気など	□世の中の変化についていくのが疲れる □景気や株価指数の変動に一喜一憂し、悪い数値になると悲観的になる	□世の中の変化は当然のこととしてながめられる □景気を長期の視点からとらえ、好景気 / 不景気にかかわらず、事業・仕事のチャンスはあると考える
【外的ファクター】	❹ 就労環境 働く場（職場、立場、職種、業界など） 働く形（雇用形態、勤務形態など）	□会社の制度や環境に納得がいかず、やる気をそがれる環境がダメだから自分は「～できない」と考える □自分にフィットする働く形・働き方がわからない／選べない □自分の働く場・働く形はこれしかないと固執する	□働く場の制度・環境面の問題は認識しつつ、それを変えたり、活用したりする主導権は自分にあるととらえる □自分にフィットする働く形・働き方がイメージできる／選べる □自分の働く場・働く形は状況に応じて変えていけばいい
【外的ファクター】	❶ 能力資産 知識・技能・人脈など	□人脈が狭く固定化している／広げる努力をしていない □その人脈は会社をやめたら継続しなさそう □社内外の人づてに仕事の案件や情報をあまりもらわない □職場の人間関係で問題・ストレスがあり、対応できていない	□人脈が広くつねに出会いがある／広げる努力をしている □その人脈は会社をやめても一職業人として継続できる □社内外の人づてに仕事の案件や情報をよくもらう □職場の人間関係を良好に保つことができている
【内的ファクター】	行動特性・態度・習慣など	□業務関連以外の能力で何を身につけたらいいかわからない □自己研鑽という習慣はない □業務をこなしていれば適当に能力がついていくと思う □技術の変化に振り回されている／更新維持に疲弊している	□業務の関連にかかわりなく知識や技術に幅広く関心がある □自己研鑽で社内外のセミナーや学びの場に出かける □社内で通用するだけの能力習得では満足しない □想いを実現する手段として技術をながめ活用している
【内的ファクター】	❷ 志向性 目標・理想像・夢・志 成長観	□仕事や自己において、方向性・理想像を描かない／描けない □目標は組織から与えられたもので働かされ感が濃い □模範的存在がいない／見つけられない／必要性を感じない □自分の想いを結実させた成果・実績がない	□仕事や自己において、つねに方向性・理想像を描こうとする □目標は一職業人としての想いの発露として決めている □模範的存在がいる／自分が先例・模範になろうと思う □自分の情熱物語として語れる成果・実績がある
【内的ファクター】	❸ 観・マインド 動機・意味・目的 価値観	□仕事の意味や担当事業の意義をあまり考えない □日々の業務は何か義務感でやっている感覚 □「給料をもらうため」以上のモチベーションがわかない □組織の目的に違和・疑問を感じる／批評的にながめるだけ	□仕事の意味や担当事業の意義を折に触れ自問する □「何のため」という目的にひもづいて日々の業務を考える □意味からモチベーションをわかせている □自分の働く目的と組織の事業目的を調和させようとする
【私的ファクター】	❺ 私的生活・人生全般	□「私生活がこうだから、仕事は～できない」「私生活をこうしたいから、仕事は～するだけでいい」という割り切り □「もう歳だから」とか「守るべきものがあるから」という理由でリスクや挑戦を避ける	□一家庭人としても活動を充実させたいし、一職業人としても活動を充実させたい □常に何かを学び挑戦する態度を保つ。その姿勢が家族にもよい影響を与えると信じる
【私的ファクター】	❻ 健康	□日々の仕事をこなすのが精一杯。心と体に余裕がない。休日は何もしたくない □健康を害したくないのでこれ以上の仕事負荷は無理	□忙しい日々だが、自分の可能性を試したいことがわいてくるので行動的になれる。心にも張りがある □意味ある仕事をやり抜くためにも健康を保つ努力をする

では、七つの要素（＊本書では説明を省いていますが、実際のワークショップでは各要素を一つ一つみていきます）によって、いまの自分のキャリア意識をチェックしてみましょう。ワークシートを広げてください。

上から順に一行一行下りていく形になります。例えば一行目。「世の中の変化についていくのが疲れる」と「世の中の変化は当然のこととしてながめられる」。自分の意識はこのどちらに近いでしょう。近いほうにチェック印を入れてください。その要領でずっと下りていってください。全体的に「守」寄りの意識なのか、「破・離」寄りの意識なのかをチェックしてみてください。

＊拡大シート↓本書195ページ

「生産性を上げよ」の号令は「怠惰な多忙」を助長する危険性

このように三〇代で最も留意しなければならないのが、仕事に向き合う姿勢のマンネリズムです。それを一言で表したのが「怠惰な多忙」です。人間は生きていくうえで、一方に安定が必要であり、同時に一方で変化をしていかねばなりません。この二つのことは一見矛盾することのように思えます。が、刻々と移り変わっていく世界でじっとしていることほど無防備なことはありません。だからこそ、進んで変化していき安定を得る。この動的安定が「健やかさ」に通じることとは第1章でも説明しました。安定を望む気持ちが保身となり、静的安定に縮こまることが、逆に中長期的に自分を危うくしてしまう。これが「怠惰な多忙」の裏に潜んでいるからくりです。

従業員を「怠惰な多忙」状態にしないためにも、組織・上司側は業務設計（ジョブ・デザイン）のうえで、従業員・部下が不断に殻を破れるよう工夫を凝らさなければなりません。その工夫は、未開拓のところへ能力を広げる促進であったり、リスクを取って何かを獲得する後押しであったり、創造性を発揮する刺激であったりすることが肝要です。ところが組織・上司側は、安易にそれを数値目標（ノルマ）の強化や生産性向上の号令に置き換えてしまうところがあります。それは筋違いな方途で、さらなる多忙を呼び、ますます従業員・部下は自己の殻を破ることから怠惰になってしまうでしょう。創造性を上げることと生産性を上げることは別の事柄です。それらを改善するためには、それぞれ別のアプローチが必要です。その違いについては次章で詳しく触れます。

自己啓発を行う労働者は約三割

また、企業においては従業員に自己啓発費を補助する制度を設けるところがあります。私などは会社員時代、この制度がありがたく、毎年予算枠いっぱいまで使って社外でいろいろと学んだものです。ところが当時、周囲の社員たちの中には「そんなの忙しくてやってられない」とこぼす人が少なからずいました。

現状はどうなっているのでしょう。厚生労働省が行った令和元年度「能力開発基本調査」によれば、自己啓発を行った者は、労働者全体で二九・八％。その内訳として、正社員が三九・二％、正社員以外が一三・二％となっています。俗に「馬を水飲み場に連れて行くことはできるが、馬に水を飲ませることはできない」と言います。まさに自己啓発の予算を組んで従業員に自己啓発してくださいと呼びかけても、すんなりと多くが励んでくれるわけではないのは残念なことです。

結論的に言うと、「怠惰な多忙」を防ぐためには業務設計の工夫や育成制度という外側の設定だけでは十分に機能せず、同時に、自己変革を行っていくことの意識啓蒙とそれを促す組織文化の醸成が不可欠です。これについても次章で説明します。

【40代】職業人に立ち返り会社や仕事を見つめなおす

仕事・キャリアに向き合うマインドを醸成する研修で、受講者が四〇代以上になるととても苦労します。二〇代、三〇代に比べ、マインドが固まってしまっているからです。いい意味でも悪い意味でも就労観、処世観、諦観ができてしまっており、自分の意識の波長に合うものだけを聞き入れて、あとは受け流すという傾向が強くなります。

さらには、この年代では管理職者と非管理職者とで就労意識の差がかなり開いてしまっていることも特徴です。総じて言えば、大勢の部下を束ねて事業を動かしている管理職ほどモチベーションや責任感は強く、逃げ道がないという意味で仕事に厳しく取り組んでいます。他方、非管理職の人はいわゆる組織内での出世コースから外れたということでアイデンティティー喪失や居心地の悪さを感じ、モチベーションが低くなっています。事業環境があまりに速く変化をしていく昨今、会社もそういった人たちにうまく職務をつくり出したり、キャリアパスを用意したりすることが難しくなっています。

ただ、それは一般論的な状況で、一人一人のキャリアについての構え方をみていくと、そこにはまた個人差があります。例えば、管理職として仕事にどっぷり浸かっているからといって、自身のキャリアを深く考えているかといえばそれはまた別の話です。あなたは一職業人として何者ですかと問われれば答えに詰まってしまう管理職の方はたくさんいます。逆に、非管理職でありながら一職業人として自分に誇りを持ち、常に技術を磨き、後進の指導に陰で貢献する。しかもその技術をもとにリタイヤ後に実現したい夢まで語れる人もいます。

会社人の皮を剥ぎ、職業人として「自分ほぐし」をやる

いずれにせよ、企業内研修において「四〇代キャリア研修」を受講される方々の立場や職種、モチベーション度合いはかなりばらばらです。成果をあげている人／あげていない人、プライドを持っている人／捨てた人、オープンで柔軟な人／意固地な人……そんな方々が集う場で、講師としての私の接し方は、分け隔てなく一職業人として語りかけることです。一職業人としてどうありたいのかを考えるように仕向けます。

そのために必要なことは、「自分ほぐし・キャリアほぐし」だと考えています。四〇代まで会社員をやっていると、会社人間としての〝皮〟が厚くなります。会社名や役職といった肩書きに多分に寄りかかり、と同時に、縛られる。会社内でしか通用しないスキル・就労観を多分に信用し、と同時に、自分を狭める。そんな会社人間としての皮をいったん剥ぎ取り、一職業人に立ち返って自分やキャリアを考えてもらうのです。そうするといろいろなことがほぐれてきて、本来

の姿が見えてくることがあります。

雇われることが目的化すると「健やかさ」から遠ざかる

私はまもなく六〇歳を迎えます。二三歳で企業に新卒入社し、一七年間会社員をやりました。そして四一歳で独立、一八年が経ちました。私自身、会社員と個人事業を半々やってみて、さらには同い年の会社員たちの定年間際の姿をさまざま観察してわかることは、雇われることが目的化した会社人意識にどっぷり浸かると、健やかに働き続けるキャリアから遠ざかるということです。

もちろん会社に雇われ続ける生き方を否定するわけではありません。むしろ安定的に雇用される中で、自分のやりたいことに近い仕事をできるならそれは好ましい状況です。しかし、まるごとの自分を使って没頭したいと思える仕事に出合える会社員というのは少数ですし、その好きな仕事がずっと続くわけでもありません。おおかたは自分の手（スキル）とアタマ（専門知識）を切り売りしながら、経営側の意思に振り回されながら雇われ続ける生き方になります。こんな会社やめたいと思っても、四〇代以降ともなると「いまさらどこの会社も雇ってくれない」という現実がのしかかり、会社にしがみつくしかありません。そのストレスは相当なものです。メンタルを病むことにつながる場合もあります。

厳しい言い方に聞こえるかもしれませんが――奮起を促すという意図であえて研修でも言うのですが――「この会社に雇われるしか選択肢がない」という状況になった時点で、かなりキャリアの危険水域にあります。

雇用されうる力・起業しうる力を養うことが肝心

そうならないために、「エンプロイアビリティ」(employability =雇用されうる力)を磨き続けることが最低限必要です。が、私はさらに一歩踏み込んで、「アントレプレナビリティ」(entreprenability =起業しうる力、本書だけの造語)の意識と実力を持つよう勧めています。なぜなら「エンプロイアビリティ」は、雇われるということを前提にする考え方だからです。先にも述べたとおり、雇われる生き方はどこまでいっても雇用主の価値観・やり方に自分を紐づけなければなりません。それは自分の価値観・やり方との間の不整合問題の種を抱え続けることを意味します。だからこそ、起業しうる意識と実力を養っておくことが大事なわけです。そのために、どれだけ小さな規模でもいいので、自分でつくり出した商品・サービスをお客様に買っていただく経験をしたほうがいいと思っています。いまは副業・兼業が解禁になるところも多くなっているので、敷居は低くなりました。

もちろん「アントレプレナビリティ」を保ちつつ、ある会社組織の中で多少の愛社精神を持ち、結果的に定年まで過ごせればそれは幸せなことです。「雇われることにしがみつくのではなく、いつでも起業できる準備があるぞ」という状態をつくっておき、状況によってはほんとうに起業するかもしれないし、結果的に起業せずに終えるかもしれない。その両方の選択肢がとれるようにしておくことこそ、最大の防御にして、最大の攻撃になるということです。

いずれにせよ四〇代前半というのは、六五歳定年までのキャリアマラソンでいえば、やっと折り返し地点にきたところ。後半の半分を会社人としての悪い皮を厚くさせるのではなく、一職業人としての独立意識を育むことがマインド醸成上の肝だと考えます。では、そんなことを盛り込んだ実際のワークショップの一部をみていただきましょう。

講義スライド3-23

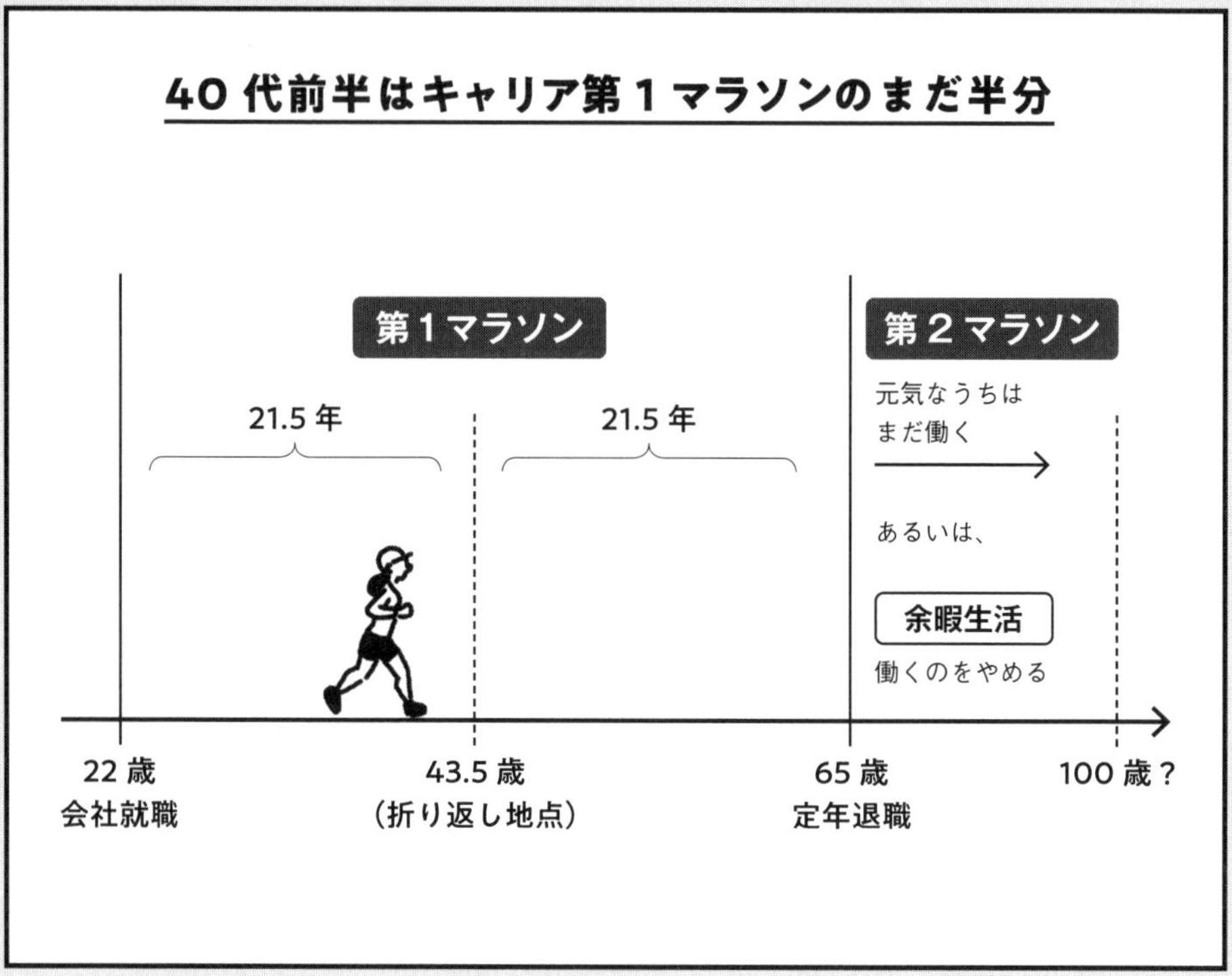

40代前半はキャリア第1マラソンのまだ半分
第1マラソン
第2マラソン
21.5年
21.5年
元気なうちは
まだ働く
あるいは、
余暇生活
働くのをやめる
22歳
会社就職
43.5歳
（折り返し地点）
65歳
定年退職
100歳？

まず、四〇代が長いキャリアの道のりにおいてどんな位置にあるか、それを再確認したいと思います。

一般的なモデルで考えますと、二二歳で大学を卒後し、会社に就職します。そこから例えば定年退職を六五歳と仮定すると、現役の会社員として働く期間は四三年。これが言ってみれば「キャリアの第一マラソン」です。で、四〇代のみなさんがいまどこにいるかといえば、そう、おおよそ折り返し地点なんです。これだけ働いてきて、まだ半分なんですよ。長い道のりですね。

四〇代以降の第一マラソン後半を健やかに完走し、そして第二マラソンも進んで参加したくなるための意識づくりとして、このワークショップでは「会社人《かいしゃじん》意識と職業人意識」の違いをみていきます。

講義スライド3-24

一人の働き人として自分をとらえるとき
あなたは下のどちらのニュアンスにより近いですか？

とらえ方〈X〉	とらえ方〈Y〉
私は ①雇用会社 に勤める会社員で、②職種・担当業務 を担当している。	私は ②職種・担当業務 を職業としており、（いまは、たまたま）①雇用会社 に勤める会社員である。

＊公務員・団体職員の方は、①「雇用会社」をそれぞれの公的機関、事業団体に置き換えてください

まず、質問です――一人の働き人として自分をとらえるとき、あなたはスライドのXとY、どちらのニュアンスにより近いですか？

（しばらく時間を置き）

とらえ方「X」――おそらくこちらのほうが多数だと思いますが――は、「会社人」的な意識の人ですね。もう一方の「Y」は、「職業人」的な意識の人といえます。

講義スライド3-25

会社員の中にある２つの意識

「会社人」的な意識

- 会社にコミットする（献身を誓う）
- 一社懸命／就社意識
- 会社に雇われ続けることが一つの目的
- 会社の名刺で仕事を取る
- 会社と個人はタテ（主従）の関係
- 会社の要求に応じた能力を身につける
- 会社内での評価を気にかける
- 会社ローカル的な世界観

「職業人」的な意識

- 職業にコミットする（献身を誓う）
- 一職懸命／就職意識
- 会社は働く舞台であり、手段の一つ
- 個人の実力で仕事を取る
- 会社と個人はヨコ（協働者）の関係
- 仕事の要求に応じた能力を身につける
- 業界で一目置かれる
- コスモポリタン（世界市民）的な世界観

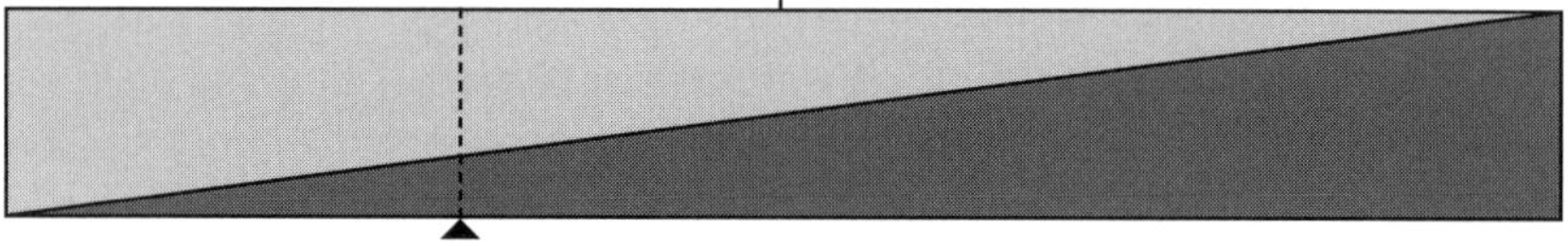

自分の意識比率はどれくらいだろう？

みなさんはいま会社から雇われていて会社員であるわけですが、心の中にはこうした二つの意識が同居しています。

一つはもちろん「会社人」的な意識。意識が向けられる先には会社があり、会社の意思に合わせて自分のキャリアや働き方を対応させていく形になります。

他方には、「職業人」的な意識があります。意識の主たる向け先は職業であり、その職業をまっとうしていく過程にキャリアや働き方の選択があります。職業人的な意識の典型はプロスポーツ選手です。雇用組織を所属チームと考えるとわかりやすいでしょう。

あなたの意識はこの二つがどんな割合で混合しているでしょう。「会社人意識：職業人意識」が「八：二」でしょうか、「四：六」くらいでしょうか。人それぞれにあると思います。

講義スライド 3-26

会社と個人の関係性をどうとらえるか

〈会社人的な意識の場合〉

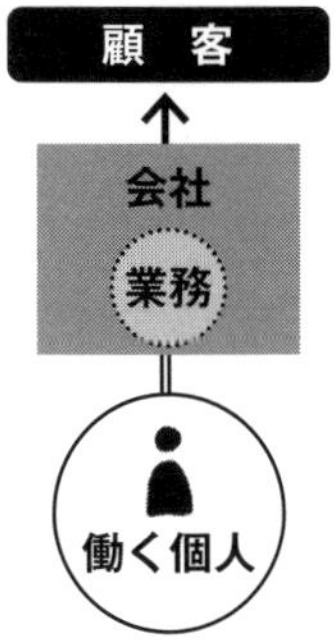

- ☐ 会社と個人はタテ（主従）関係
- ☐ 業務は会社が握っていて、個人は命じられた業務をやりきるという姿勢
- ☐ 個人は会社の中に居場所があるかぎりリスクを負って会社をやめようとは思わない
- ☐ 顧客への目線は会社都合になりがち

〈職業人的な意識の場合〉

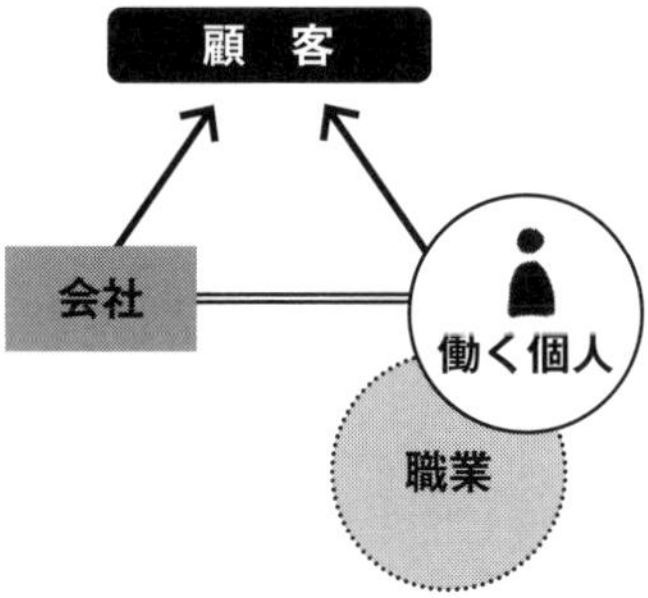

- ☐ 会社と個人はヨコ（協働者：パートナー）関係
- ☐ 職業が個人に紐づいており、個人はその職業をまっとうするという姿勢
- ☐ 会社は「働く舞台・プロジェクト」を提供する存在。適当な舞台がなくなれば、個人は会社を去ることもある
- ☐ 働く個人は顧客を直接見つめる

「会社と個人の関係性をどうとらえるか」でみたとき、会社人意識の人は、おそらく「タテの主従関係」でとらえるのではないでしょうか。他方、職業人意識の人は、「ヨコの協働者関係」でとらえます。

両者の関係性をタテでとらえるか、ヨコでとらえるかの違いによって、スライドにあるような仕事・キャリアに対する態度も違ってきます。これはよくよく考えると大きな違いです。

講義スライド3-27

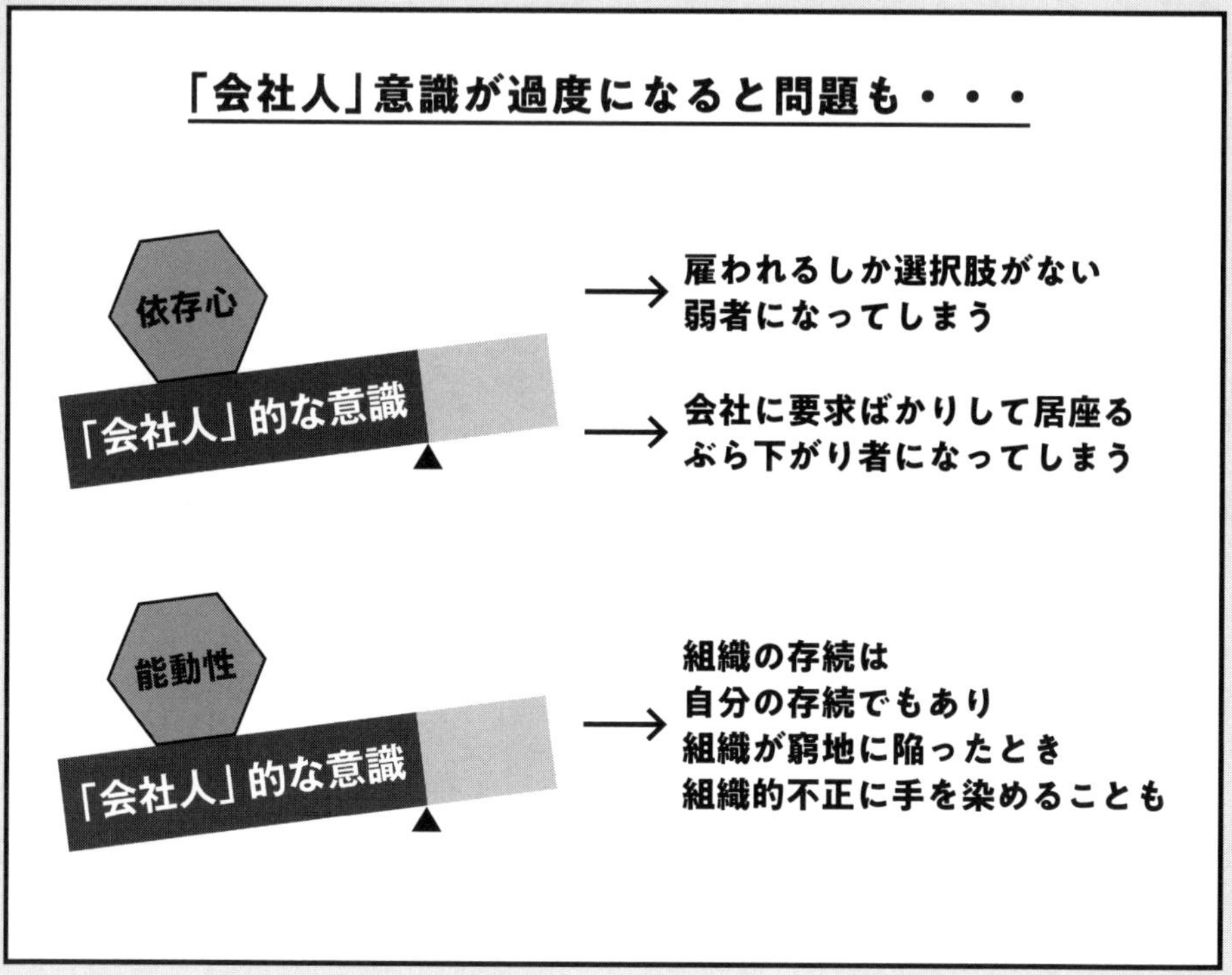
「会社人」意識が過度になると問題も・・・
依存心
「会社人」的な意識
雇われるしか選択肢がない
弱者になってしまう
会社に要求ばかりして居座る
ぶら下がり者になってしまう
能動性
「会社人」的な意識
組織の存続は
自分の存続でもあり
組織が窮地に陥ったとき
組織的不正に手を染めることも

会社人的な意識はそれ自体悪いものではありません。ただ、その意識は過度になると問題もあります。

一つには、会社人意識が依存心と結びついた場合です。「この会社に雇われるしか選択肢がない」といった状況にある人は、言わば「キャリアの弱者」です。不遇の境涯からそうなってしまった人は、もちろん社会的に保護されるべきですが、みずから進んでそういう状況に陥ることは避けねばなりません。依存心を排し、この後述べる「エンプロイアビリティ（雇用されうる力）」を磨くべきです。

また、依存心が悪くねじれてしまうと、会社に要求ばかりして居座る「ぶら下がり者」になってしまうでしょう。こうした人は、「しょせん業務は会社が与えるもの。自分たちはつらい仕事でも理不尽な配属でも実直にこなしてきたの

講義スライド3-28

野ガモを飼いならすな

IBM社の精神

ジーランドの海岸には毎年秋、南に渡る野ガモの巨大な群れがあった。
ある男は親切心から、野ガモたちに餌をやるようになった。
すると、一部のカモは南へ渡るのが面倒になり、
デンマークで冬を越すようになった。
3、4年も経つとそれらのカモたちは怠けて太ってしまい、
気づいたときにはまったく飛べなくなっていた。
ＩＢＭの伝説的な経営者であるトーマス・ワトソン・Jr.はこう言う――

「野ガモを飼いならすことはできるが、
飼いならされたカモを野生に戻すことは決してできない。
(中略) 私たちは、どんなビジネスにも野ガモが必要なことを確信している。
そのためにＩＢＭでは、野ガモを飼いならさないようにしている」と。

『ＩＢＭを世界的企業にしたワトソンJr.の言葉』

だから、主人である会社はいろいろと面倒をみるのが当然」という姿勢になります。

さらにもう一つ。会社人意識が能動性と結びついてもよからぬことが起こる危険性があります。メディアでは頻繁に企業や官公庁での不正・不祥事が報じられます。そうした事件の実行者は、実は組織の考え方に染まった人間であることが多いものです。組織の存続のために（それは自己の存続でもあるのですが）進んで手を下すのも会社人意識が生む悪い一面です。

米国のＩＢＭ社には『野ガモを飼いならすな』という教訓があるそうです。スライドを読んでみてください。

太ってしまって海を渡らなくなった野ガモ……そのような状態に自分をしてしまっていいものでしょうか？　キャリアの道のりはまだまだ長いことを思い出してください。

「出世」とは何か
自分の会社以外の世界からも尊敬される、愛される、
それは間違いなく「世に出る」ことであり、「出世」なのです。
そこで肝心なことは、「世に出る」と言ったときの「世」は、
自分の勤めている会社ではないということです。
自分の選んだ会社を「寄留地」として、
そこを足場として初めて「世に出る」のです。
「寄留地」を仕事の足場として、
ビジネスマンという仕事のやりかたで、
もっともっと広い社会と関わっていくということが
「世に出る」ということなのです。
藤岡和賀夫『オフィスプレーヤーへの道』

もう一つ言葉を紹介します。スライドを読んでみてください。

そうですね、「出世」とは社内の閉じた世界にあるハシゴを上っていくことではなく、広く業界、社会に視野を広げて、自分の能力を役立てていくことではないでしょうか。

「出世」という概念一つ取っても、会社人の閉じた意識と、職業人の開いた意識とではかなり解釈の違いが出てきます。

このようにみてくると、会社と個人の理想の関係は次のスライドのように考えることができます。すなわち、会社と個人は、製品づくり／サービスづくりを通して、顧客・社会に貢献していく「パートナー関係」であると。

会社は、ヒトを「人財」として扱い、能力・可能性を大いに育んでやるという包容力が必要

講義スライド3-30

会社と個人の理想の関係は・・・

会社と個人は
製品づくり／サービスづくりを通して、
顧客・社会に貢献していく「パートナー関係」

会社  個人

ヒトを「人財」として扱い、
能力・可能性を大いに育んでやる。
そして、
個人から「選ばれる」会社になる

「エンプロイメンタビリティ」を磨く
employmentability

「人財」にふさわしい能力・可能性を養い、
会社という資源・資産を大いに活かす。
そして、
会社から「選ばれる」個人になる。

「エンプロイアビリティ」を磨く
employability

です。その結果、個人から「選ばれる」会社になる。専門用語で言うと、「エンプロイメンタビリティ」（＝求職者からみて、この会社に雇われたいなと思わせる能力・魅力）の高い事業組織です。ヒトを酷使するブラック企業は、長い目でみれば存続できません。

他方、働く個人は、「人財」にふさわしい能力・可能性を養い、会社という資源・資産を大いに活かすというくらいの力量がほしいところです。そして、会社から「選ばれる」個人になる。専門用語で言うと、「エンプロイアビリティ」（＝雇われうる力）を磨くということです。すなわち、あの人ならうちで働いてもらいたいなと思わせる能力・魅力です。

講義スライド3-31

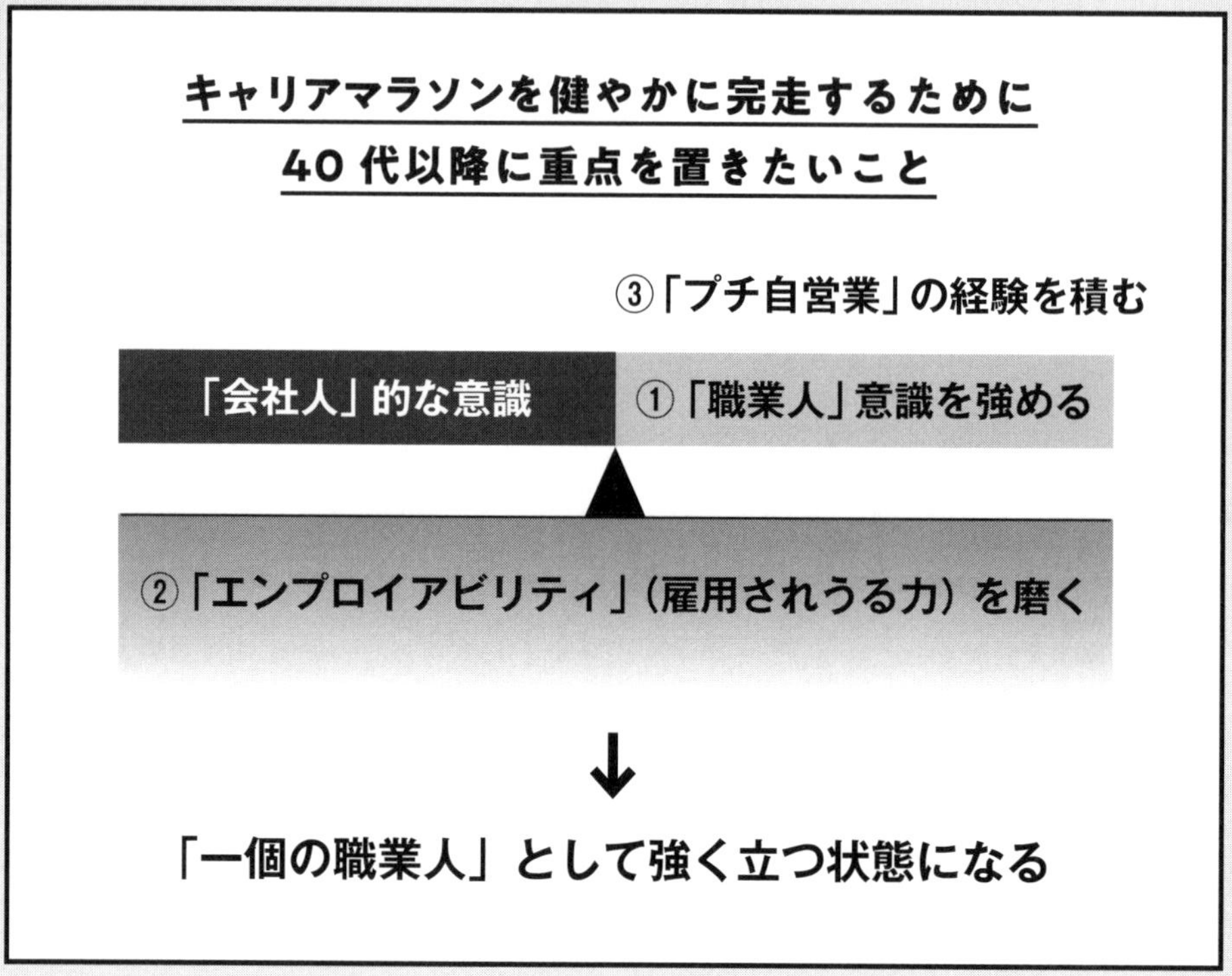
キャリアマラソンを健やかに完走するために
40代以降に重点を置きたいこと
③「プチ自営業」の経験を積む
「会社人」的な意識
①「職業人」意識を強める
②「エンプロイアビリティ」（雇用されうる力）を磨く
↓
「一個の職業人」として強く立つ状態になる

キャリアマラソンを健やかに完走するために、四〇代以降に重点を置きたいことを三つあげます。

一つ目に、「職業人」意識を強めること。自分から会社名とか肩書きとかを外し、一職業人としてどうありたいのか、どう行動していくのかという目線で日々の仕事に向き合ってください。

二つ目に、「エンプロイアビリティ」を磨く。「いつだって、ほかの会社に雇われうる実力はある」、「起業だって選択のうちにある」というくらいの気概と力を持つこと。

三つ目に、「プチ自営業」の経験を積むこと。小さな規模でいいので、自分個人がつくり出した商品・サービスを直接誰かに買っていただく経験をしてみてください。「雇われない生き方」の予備訓練です。

講義スライド3-32

会社とは何だろう①・・・

1人の家具職人が、
木を切り出してから
1脚の椅子をつくるのに
丸3日かかる。

しかし、その工程を5つに分け、
5人の作業員で分業化すると
1日に10脚の椅子がつくれる。

生産性が6倍上がった勘定である。

会社とは　生産性を飛躍的に上げる仕組み　である。

ここからは「会社とは何か」を定義するワークをします。「会社人」の意識を強く持つ人と、「職業人」の意識を強く持つ人とでは、「会社」のとらえ方が変わってきます。その点を気づく材料にもなります。

さて、会社とは何でしょう。例えば一つの見方として、スライドをご覧ください。

この椅子の例から考えると、会社とは「生産性を飛躍的に上げる仕組み」だといえます。

講義スライド3-33

会社とは何だろう②・・・

１人の人間が手づくりで建てられるのは、小屋。

大勢の人間が能力を組み合わせると、巨大な建造物もつくれる。

会社とは 個人ではやれない大きなことをやれる集団 である。

次に例えば、建物をつくることを考えてみましょう。一人の人間が手づくりで建てられるのは、小屋程度のものでしょう。ところが、大勢の人間が会社を組織して、能力を組み合わせると、巨大な建造物がつくれます。

このように、会社とは「個人ではやれない大きなことをやれる集団」ともいえます。

講義スライド3-34

会社とは何だろう③・・・
自分1人のネットワークで知り合える人脈は狭い。
会社の信用で知り合える人脈は広い。
会社とは
自分を大きく見せてくれる大きな信用
である。

また、私は現在、個人事業主をしていますが、会社員時代に比べ、年間に使う名刺の量が激減しました。ネットでミーティングをする時代だからというのもありますが、基本的に自分一人のネットワークで知り合える人脈は狭くなります。しかし、会社組織に所属するとどうでしょう。会社の信用で知り合える人脈は広いですね。

その意味で、会社とは「自分を大きく見せてくれる大きな信用」ではないでしょうか。

講義スライド3-35

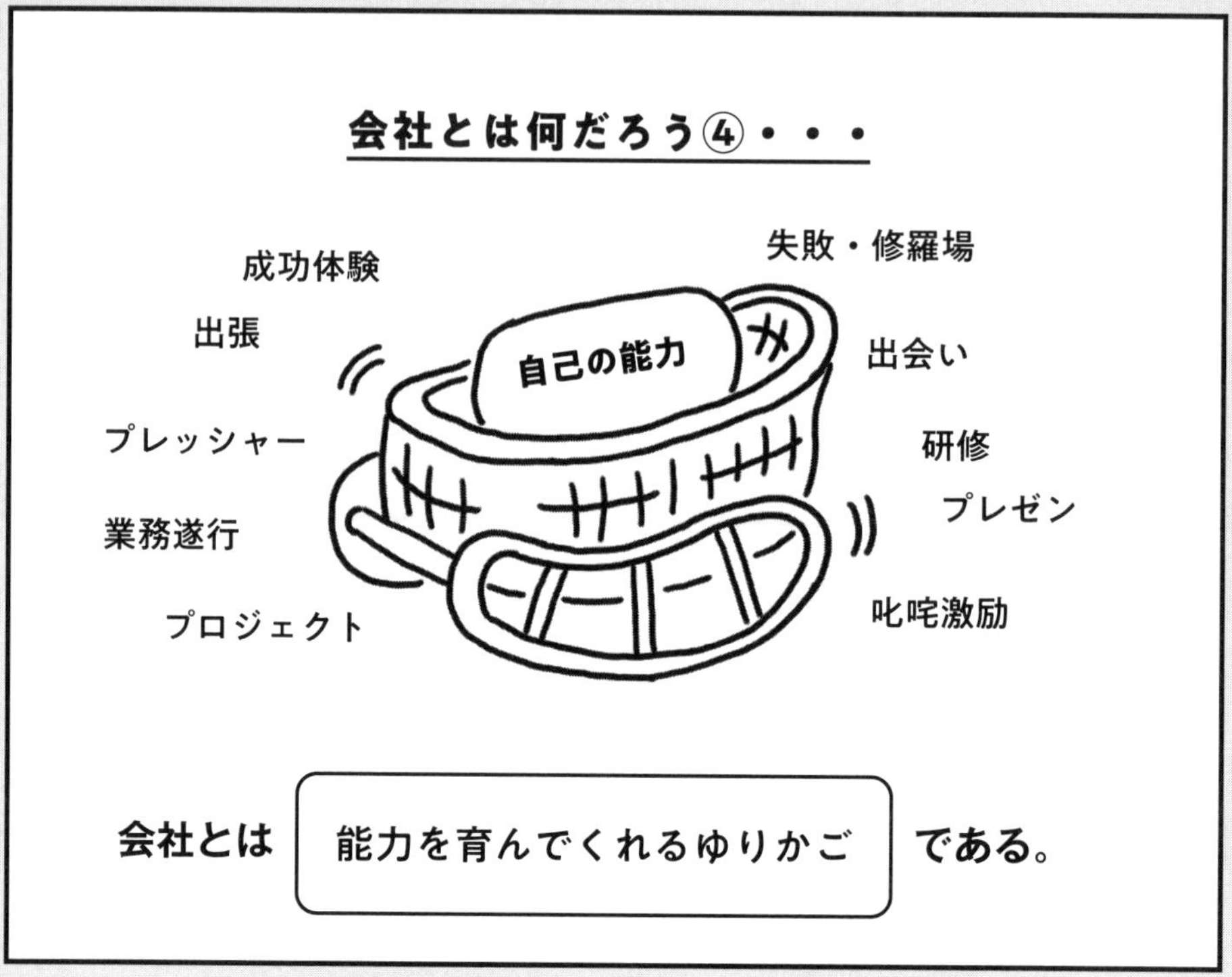
会社とは何だろう④・・・
成功体験
失敗・修羅場
出張
自己の能力
出会い
プレッシャー
研修
プレゼン
業務遂行
叱咤激励
プロジェクト
会社とは
能力を育んでくれるゆりかご
である。

会社で働いていると、いろいろな業務やプロジェクトを任されますね。そうして成功体験を積んだり、逆に失敗経験や修羅場もくぐったりします。また、国内外に出張もさせてもらえたり、研修も受けさせてもらえたりします。私などは研修を受けるのもいまは全部、自腹です。みなさんはほとんどの場合タダですよね。

会社が与えてくれるそうした機会は、すべてみなさんの成長に役立つものです。そうした意味で、会社とは「能力を育んでくれるゆりかご」だと思います。

講義スライド3-36

［ワークシート］「会社」とは何か

働くうえで、会社とは

である。

さあ、ではワークシートをご覧ください。一職業人として働くうえで、あなたは「会社」をどうとらえますか？　簡潔な言葉で表現してください。

（個人で記入後、グループ共有をする）

講義スライド 3-37

"Ask not what your country can do for you, ask what you can do for your country."
——J.F. Kennedy

↓

会社

「国家があなたに何をしてくれるかを問うより、あなたが国家に何をできるかを問いなさい」。

会社を生かして

会社に従属して寄りかかる姿勢が強くなると、会社にこれだけガマンして働いているのに、何をしてくれない、これをしてくれないという心持ちになり、いつも不満や愚痴を抱えることになります。それは健やかなキャリアの姿ではありません。

会社は、自分のキャリアを発展させていく協働者、舞台提供者です。受け身でおねだりをする対象ではなく、能動的に活用する対象です。

米国大統領のJ・F・ケネディの有名な演説として「国家があなたに何をしてくれるかを問うより、あなたが国家に何をできるかを問いなさい」があります。私はこの中にある「国家」という言葉を「会社」に置き換えてみても有効だと思っています。

講義スライド3-38

「会社」とは何か

講師・村山の定義

会社とは――――

自己を開発するための

（給料をもらいながら人生の一時期に通う）

学校である。

さて、「会社とは何か」の定義ですが、このワークショップでは次のように提示したいと思います。

会社とは、「自己を開発するための（給料をもらいながら人生の一時期に通う）学校である」。

会社員を定年まで続けるとすると、そのマラソンはまだ二〇年もあります。「会社人」意識に縮こまって走っていくとつらいマラソンになるでしょう。是非、「個として強い職業人」となるためのマラソンにしてください。そして、会社という学校を卒業した暁にはライフワーク・ソウルワークを手にして、キャリアの第二マラソンを楽しまれんことを願っています。

［ワークシート］「仕事」とは何か

仕事とは

である。

もう一つ、ワークをやっておきましょう。今度は「仕事」とは何かの定義です。ここで言っている仕事というのは、会社員としてあなたが日ごろ担当している業務のことではありません。例えば、「仕事とは〇〇製品の営業である」とか「仕事とは会社の財務諸表を作成することである」とか、そういうことを書いてほしいわけではありません。

勤務会社や肩書きなどを取っ払って、一人の働く人間として、あるいは、仕事を通して世の中に何らかの価値を提供する人間として、仕事とはこういうものだという理念的、抽象的な定義をしてほしいのです。

講義スライド3-40

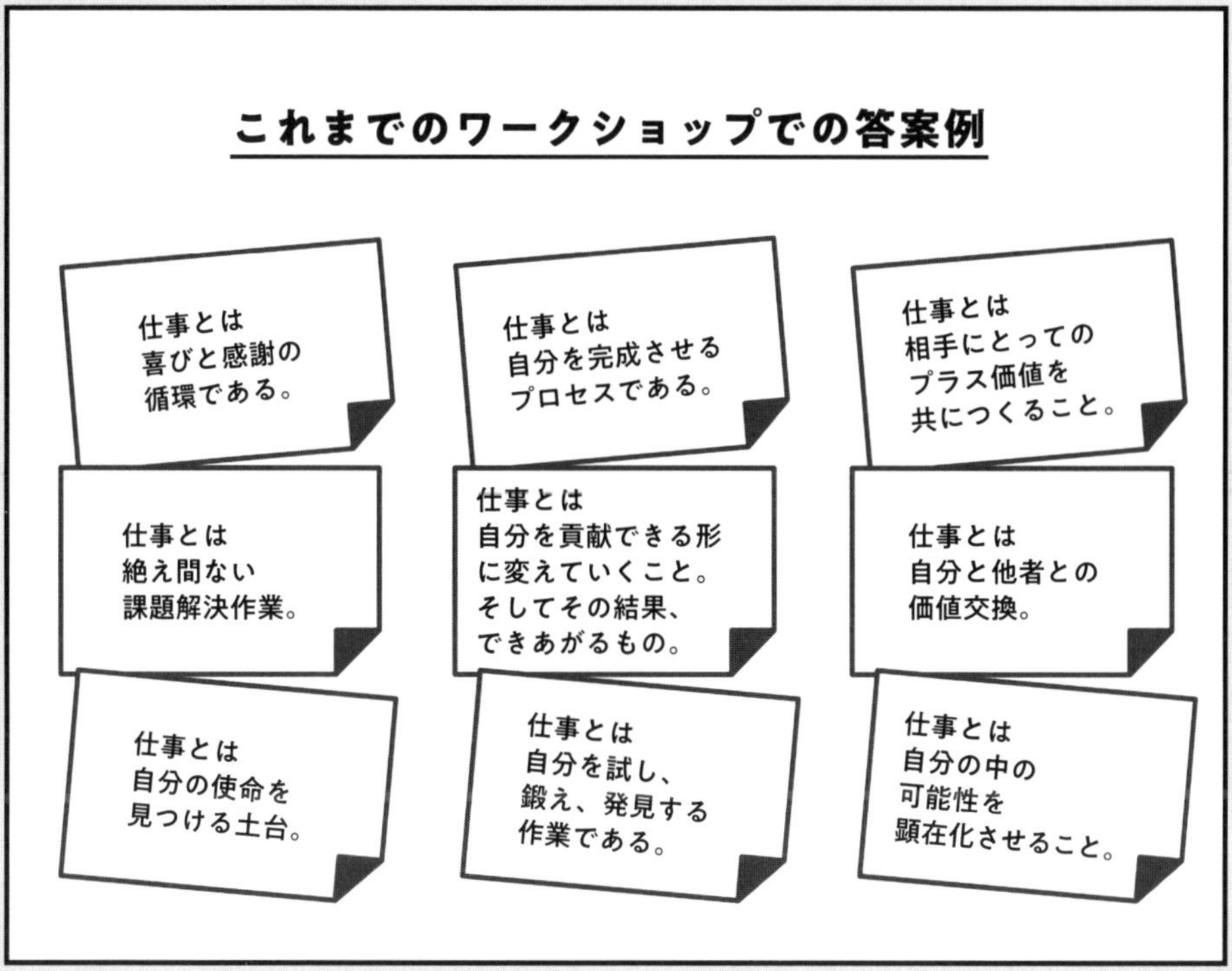
これまでのワークショップでの答案例
仕事とは
喜びと感謝の
循環である。
仕事とは
自分を完成させる
プロセスである。
仕事とは
相手にとっての
プラス価値を
共につくること。
仕事とは
絶え間ない
課題解決作業。
仕事とは
自分を貢献できる形
に変えていくこと。
そしてその結果、
できあがるもの。
仕事とは
自分と他者との
価値交換。
仕事とは
自分の使命を
見つける土台。
仕事とは
自分を試し、
鍛え、発見する
作業である。
仕事とは
自分の中の
可能性を
顕在化させること。

記入例として、これまでのワークショップで出てきた答案はこのような感じです。どれも書いたご本人の意志表明ともとれる力強い定義だと思います。では、記入ワークに入ってください。

(記入後、グループで共有する)

自助の力を信じ、そこに火を着ける

このように私は四〇代に向けては、その人が会社組織の中で現状どうあれ、一職業人に立ち返ってどうありたいかを問うていきます。直接的に、会社に対してどう貢献せよとか、担当業務についてモチベーションを上げるにはどうすればよいかとか、ましてや、給料に見合うだけの成果・生産性を上げるためにはどうすればよいか、などのアプローチで追い込んでいくことはむしろ逆効果だと思います。すべての人の内にある自助の力を信じ、そこに火を着けるしかありません。

ちなみに、「会社とは何か」のワークに対し、出てくる答えの一例を紹介すると、

会社とは――

「個人では創出できない『プロジェクトX』を与えてくれる場」

「さまざまなタレントと協働できる場」

「人生の土台の一つ」

「社会から守ってくれる盾であると同時に、社会に打って出る槍を磨くところ」

「自分のたたき方次第で出てくるものが違う〝打出の小槌〟」

「ストレスにつぶされるか、ストレスを超えて給料＋αをつかむ場所」

などです。多少、直前の講義が効いているようで、会社に従属するのではなく、会社を主体的に生かすような角度からの答えになっています。

個として強く立つ「組織内プロフェッショナル」を増やせ

また、講義スライドの中では「会社人」の意識と「職業人」の意識を説明し、後者を強めることが四〇代の鍵であることに言及しました。経営者やHR部門の方々からすると、従業員にできるだけ愛社精神を持ってほしい、そして離職しないでほしいということから、「職業人」意識が強くなりすぎることを心配されるかもしれません。

しかしそれは杞憂です。「職業人」意識を強く持つことと、自社に愛着を持つことは相反しません。むしろ個として立つ職業人が立派な「組織内プロフェッショナル」として職場の中心で活躍する事例はたくさんあります。

真に憂えるべきは、会社人的な意識に偏り、会社に寄りかかる人が増え、組織が硬直化や自浄作用を弱めることです。スライドの中でIBM社の『野ガモを飼い慣らすな』という教訓を紹介しました。これは会社組織にべったり居つく人間をつくらないという意思の表れです。一人一人の従業員は、自律した一個の職業人であれというのが同社の気風です。

職業人としての意識が強まりすぎると、当然、会社を出ていく可能性は高まります。実際、I

BM社は転職していく人が多い会社です。しかし、そのことで同社は「人材輩出企業」として有名となり、逆説的ですが、優れた人材の流入も起きています。会社側はそうしたよい意味での人材の新陳代謝に対し、寛容であるべきです。人材を逃げないように柵で囲うという発想はすでに古くなっています。これからは人材圏を形成するという発想でなくてはなりません（次章で触れます）。

これからの会社組織においては、一人一人の従業員が「自律した個として強い職業人」「組織内プロフェッショナル」に育つことが重要でしょう。すなわち自分の中で、会社人の意識と職業人の意識をうまくバランスを取りながら、会社に愛着を持ち、しかし会社とはある距離を置きながら、仕事を究めていく人です。そして、会社はそうした人が〝出世〟していくことをおおらかに見守ることです。

［50代］健やかに生きるライフ＆キャリア・モデルを描く

五〇代シニア層に向けたキャリア研修もこの一〇年で様変わりしました。私が独立した二〇年ほど前、この層に向けては「リタイヤ準備セミナー」の要素が濃く、定年退職に向けての心構えや老後の生活資金計画などの内容が主でした。ところが定年退職年齢の引き延ばしが広がるにつれ、企業側も五〇代に対して接し方が変わってきました。定年が六五歳さらにはそれ以上にもなると、五〇代でも「もう（スゴロクの）上がりモード」ではなく、「まだまだ現役モード」でがんばってもらわないと困るといったような感じです。

一人間としてキャリアの最終ステージをどう生きるのが美しいか

五〇代は、四〇代以上に各人の就労意識の差がかなりあります。しかし私の接し方は四〇代と同様、分け隔てなく、一職業人、もっと言えば一人間としてどうありたいかを投げかけていきます。一人間がどのように会社人生の最終ステージを終えるのが美しい生き方であるか、そして退職後も働くことを通じ、どのように社会とつながり続けていくのが健やかな人生であるのか、を考えていただきます。

五〇代に対しても、「もっと組織に貢献してほしい」とか「給料に見合った成果を出してほしい」などの直接的な言葉で発破をかけることは、もはや耳障りなだけで効果がありません。会社に対してどうしてくれというメッセージより、自分自身に対してどうありたいかという投げかけで、本人のプライドを呼び覚ますアプローチのほうがいいと思います。そしてそこに評価と報酬の仕組みを適当に組み合わせることで、実質的に五〇代が動き出すように促していきます。

では、「キャリア・ウェルネス・ワークショップ」の一部を紹介します。ここでは、五〇〜

六〇代をキャリアの集大成のステージとし、世の中に何を遺していくかといったテーマで切り込んでいきます。五〇歳はスゴロクの上がりなどではなく、むしろ真逆の、偉業へのスタートであることを身をもって示した伊能忠敬の人生を紹介し、それに続いて「ロールモデルを探せ」「我が墓碑銘」という二つのワークをやっていきます。

私自身も五〇代の人間ですが、この年代になりますと、経営層や周囲からの助言を素直には聞き入れません。そうした年代に対し、誰が彼らをよい方向に誘えるかといえば、それはもう本人が人生のお手本と見上げる人物しかありません。ワーク「ロールモデル探し」はそんな自助の力を利用するものです。また二つめの「我が墓碑銘」は、死というものがいつもそこにあることを『徒然草』の引用から意識に上げさせ、健康なうちにどんな生きた証を遺していくかを問うものです。

講義スライド3-41

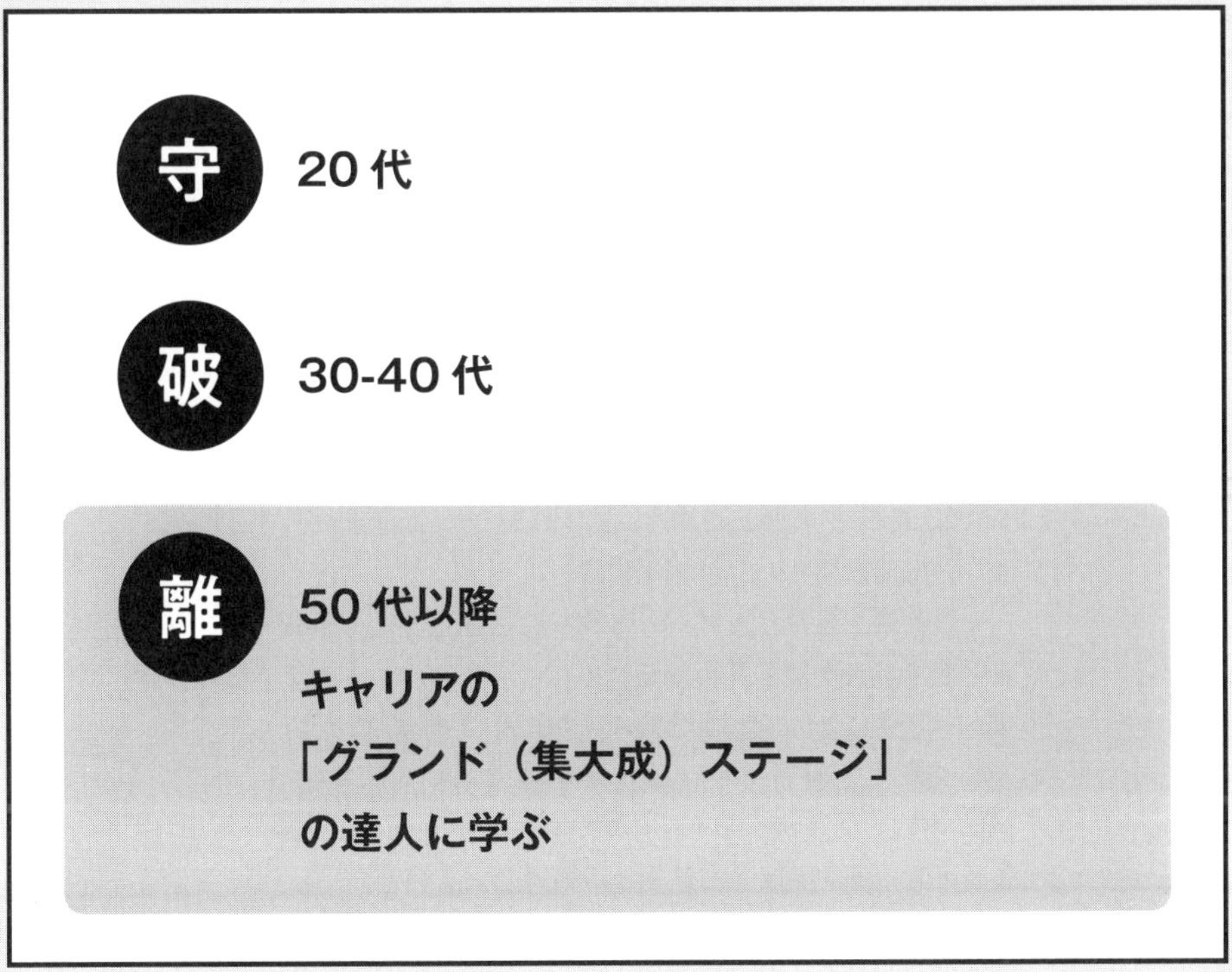
守
20代
破
30-40代
離
50代以降
キャリアの
「グランド（集大成）ステージ」
の達人に学ぶ

「守・破・離」の三つの成長段階を何十年にわたるキャリアの時間に当てはめて考えると、理想的には、二〇代が「守」の期間、三〇〜四〇代で「破」を実現し、そして五〇代以降いよいよ「離」を目指す、そんな感じでしょうか。

五〇代は、キャリアの集大成とも言うべき「グランドステージ」。それまでのキャリアで培った知識・能力を再統合し、壮大な挑戦ができるのが五〇代です。そんな「離」の挑戦の達人をここで一人紹介しましょう。

キャリアの「グランドステージ」の達人

伊能忠敬『大日本沿海輿地全図』
51 歳からの好奇心と志

伊能忠敬（いのう・ただたか） 1745-1818 年

- 上総国山辺郡（千葉県山武郡）に生まれる
- 18 歳：下総国佐原村の伊能家に婿入り、
  酒造業を営むかたわら、佐原村の名主としても活躍
- 50 歳：隠居し、家督を長男景敬に譲る
- **51 歳 ：江戸に出て高橋至時に暦学天文を学ぶ**
- **56 歳：第 1 次測量**（奥州街道 - 蝦夷地太平洋岸：180 日間）
- **67 歳：第 8 次測量**（鹿児島 - 屋久島 - 九州内陸部：913 日間）
- 74 歳：死去（没３年後『大日本沿海輿地全図』完成）

みなさん歴史の教科書でおなじみの伊能忠敬です。彼は日本で初めての測量による全国地図を完成させ、日本国土の正確な姿を示した人です。同時に、彼の探求の核心であった地球の大きさ（外周距離）を計算によって正確にはじき出したことでも有名です。

彼の測量技術者・天文学者としてのスタートは、なんと五一歳。江戸に出て、暦学天文を学びます。そして最初の測量の旅が五六歳。以降一七年間、測量に歩き続けました。結局、彼は地図の完成をみることなく没してしまいますが、その遺志を継いだ間宮林蔵らによって『大日本沿海輿地全図』は完成します。

伊能忠敬の全身全霊を懸けた「プロジェクトX」
○莫大な私財投入
○地球の大きさを知りたいという好奇心
地図をつくるという使命感
○老体をもろともせず
（歯が１本を残し全部抜けてしまった。奈良漬けも食べられない）
○家族の支え
○道具の開発、技術の伝承
○手紙
○間宮林蔵らに継がれた遺志

（スライドをもとに、伊能忠敬の測量プロジェクトの詳細、苦労話を説明）

五〇代以降に、こうした魂の叫びとしての「ソウルワーク」を持てることは、とても幸せなことではないでしょうか。江戸時代の五〇歳というのは、いまの六〇歳とか七〇歳の身体かもしれません。彼の家族への手紙にもあるとおり、歯が一本を残し全部抜けてしまい、奈良漬けも食べられないと笑い話を書いています。しかしそうであっても、忠敬はきわめて健やかなキャリアを送ったのではないでしょうか。

伊能忠敬のキャリア・グランドステージにおける「能力×想い→表現（成果）」

❶ 能力
- 「組み合わせ力／統合力」を発揮する

❷ 想い
- 未知のことを確かな形で知りたい
- 自分の能力を「貢献・恩返し」に使おう

❸ 表現（成果）
- 日本の全形地図
- 地球の大きさ（外周距離）
- 測量道具の開発、測量技術の伝承

「仕事＝能力×想い→表現（成果）」のフレームで、忠敬の仕事をながめてみましょう。

「健やかさのキャリア」を体現している人の起点であり、基盤であるのは「②想い」です。忠敬の抗しがたい想いは「未知のことを確かな形で知りたい」。その先にある「③表現（成果）」が、日本地図であり、地球の外周距離です。また、「自分の能力を貢献・恩返しに使おう」という想いをもとに、測量道具の開発や測量技術の伝承という成果も考慮に入れています。

このように想いがあって、表現（成果）がある。そして最後に、それを実現するためには「①能力」が要る。既存の能力で足らなければ、新しい能力を身につけよう、あるいはその能力を持っている人を仲間に入れようとなる。

講義スライド3-45

ロールモデル Role Model
＝行動のお手本となる人、模範的存在
「ロールモデル」を見つけて、
彼（彼女）の行動や生き方から学ぶことは
技術や意識を磨く方法のひとつ。

忠敬の場合は、自身の想いと表現を実現するために、新しく天文学や測量学の知識を習得したのはもちろん、五〇歳までの家業と、佐原村の名主で培ったさまざまな知見を統合できたことが大きかった。

私は五〇代からのキャリアのグランドステージにおける模範的存在として伊能忠敬を推すわけですが、このように、行動のお手本となる人を「ロールモデル」といいます。ロールモデルを見つけて、彼（彼女）の行動や生き方から学ぶことは技術や意識を磨く方法のひとつです。

講義スライド 3-46

［ワークシート］　ロールモデル探し

	ロールモデル	模範要素	自分の生活への応用
生き方			
働き方			
事業・商品			

＊モデル探しは、社内にかぎりません。社外や社会に広く視野を広げて考えてください。歴史上の偉人・達人でも構いません。

ではここでワークをしてみましょう。「ロールモデル探し」シートをみてください。

まず、一番左の欄から記入します。世の中を見渡してみて、「あの人の生き方っていいな」「ああいう働き方ってあこがれる」「あの商品はお手本になる」といったようなロールモデルをあげてください。モデル探しは、社内にかぎりません。社外や社会に広く視野を広げて考えてください。歴史上の偉人・達人でも構いません。

次に真ん中の欄は、なぜあなたがそれを模範と思うのか、その理由・要素を書いてください。

そして最後に一番右の欄。その模範要素を自分の生活にどう応用できそうかを書きます。

講義スライド3-47

［ワークシート］ ロールモデル探し 記入例

	ロールモデル	模範要素	自分の生活への応用
生き方	坂本龍馬	大局観に立ち、一個の志士として、時代を変えようと奔走した姿	志を持つ一人の人間として、●●の分野で世に何かを投じたい
働き方	知人の●●さん	月～金は都心オフィスに勤めるが、週末は郊外の休耕地を借りて農業をやる2拠点生活を実践している	自分も週末移住の試みができる場所探しを始めよう
事業・商品	キャンプ用品のガレージブランド「●●●●」	一人の職人が自宅工房で物真似じゃない新しいスタイルの製品を次々生み出している	・物真似でない独自の製品をつくりたい ・自分も一人工房を開くために、経営の勉強を始めよう

＊モデル探しは、社内にかぎりません。社外や社会に広く視野を広げて考えてください。歴史上の偉人・達人でも構いません。

記入例がこれです。記入時間は12分。その後、グループで各自の答えを共有します。

50年という時間のうちに……

私が 13 歳のとき、宗教のすばらしい先生がいた。
教室の中を歩きながら、「何によって憶（おぼ）えられたいかね」と聞いた。
誰も答えられなかった。

先生は笑いながらこういった。
「今答えられるとは思わない。でも、50 歳になっても答えられなければ、
人生を無駄にしたことになるよ」。
――ピーター・ドラッカー 『プロフェッショナルの条件』

私に 50 年の命をくれたこの美しい地球、この美しい国、この楽しい社会、
このわれわれを育ててくれた山、河、これらに私が何も残さずには
死んでしまいたくない、との希望が起こってくる。

何を置いて逝こう、金か、事業か、思想か。
誰にも遺すことのできる最大遺物、
それは勇ましい高尚なる生涯であると思います。
――内村鑑三『後世への最大遺物』

さて、五〇歳ということについて、二人の言葉を紹介します。

（スライドを読み上げる）

ドラッカーは、五〇歳の時点で自分は周囲に「何によって憶えられているか」という問いを発しました。また、内村鑑三は五〇年もの命をくれたこの地球、社会に何を恩返しとして遺していくかを問うています。このことは、五〇歳以降の人生・キャリアにおいて大切な課題ではないでしょうか。

人の死はいつもすぐそこにある
五月五日、京都の賀茂で競馬が行なわれていた場でのことである。
大勢が見物に来ていて競馬がよく見えないので、
ある坊さんは木によじ登って見ることにした。
その坊さんは木にへばり付いて見ているのだが、
次第に眠気が誘ってきて、こっくりこっくり始める。
そして、ガクンと木から落ちそうになると、はっと目を覚まして、
またへばり付くというようなことを繰り返している。
それをそばで見ていた人たちは、あざけりあきれて、
「まったく馬鹿な坊主だ。
あんな危なっかしい木の上で寝ながら見物しているなんて」と口々に言う。
――人の死は誰とて、今この一瞬にやってくるかもしれない。
死の到来の切迫さは、実は木の上の坊主も傍で見ている人々もそうかわりがない。
それを忘れて、物見に興じている愚かさは坊主以上である。
吉田兼好『徒然草』　第四十一段「賀茂の競馬」

五〇代になった私たちが、より強く自覚せねばならないのは、命がいつまでもあるとはかぎらないことです。死は他人事ではなく、いつもすぐそこにあります。

兼好法師の『徒然草』第四十一段に「賀茂の競馬」という話があります。少しじっくりと読んで味わってみてください。

人生は浪費すれば短いが、活用すれば十分に長い

われわれにはわずかな時間しかないのではなく、
多くの時間を浪費するのである。
人間の生は、全体を立派に活用すれば、十分に長く、
偉大なことを完遂できるよう潤沢に与えられている。

——セネカ『生の短さについて』

これまでの五〇年の人生は振り返ってみれば短かったように思います。これからの十年、二十年もそのようにあっという間に過ぎ去るでしょう。その間に、あなたは何か事を成し遂げて周囲から記憶に残る存在になるでしょうか。

いまから何かを成すには遅すぎるということはなく、その時間は十分に残されています。

講義スライド 3-51

［ワークシート］ 我が墓碑銘
［　　　　］
の墓碑銘
19XX-20XX
ここに眠る。

さぁ、では最後のワークです。

あなたは最終的にどんな生き方を体現し、どんな状態でみずからの墓に入っていたいでしょうか？　このワークは自分のお墓に彫る「自分に対する形容句」を考えるものです。あなたは何人《なにびと》として永遠の眠りにつくことを目指すか。

例にしたがって記入してください。

講義スライド 3-52

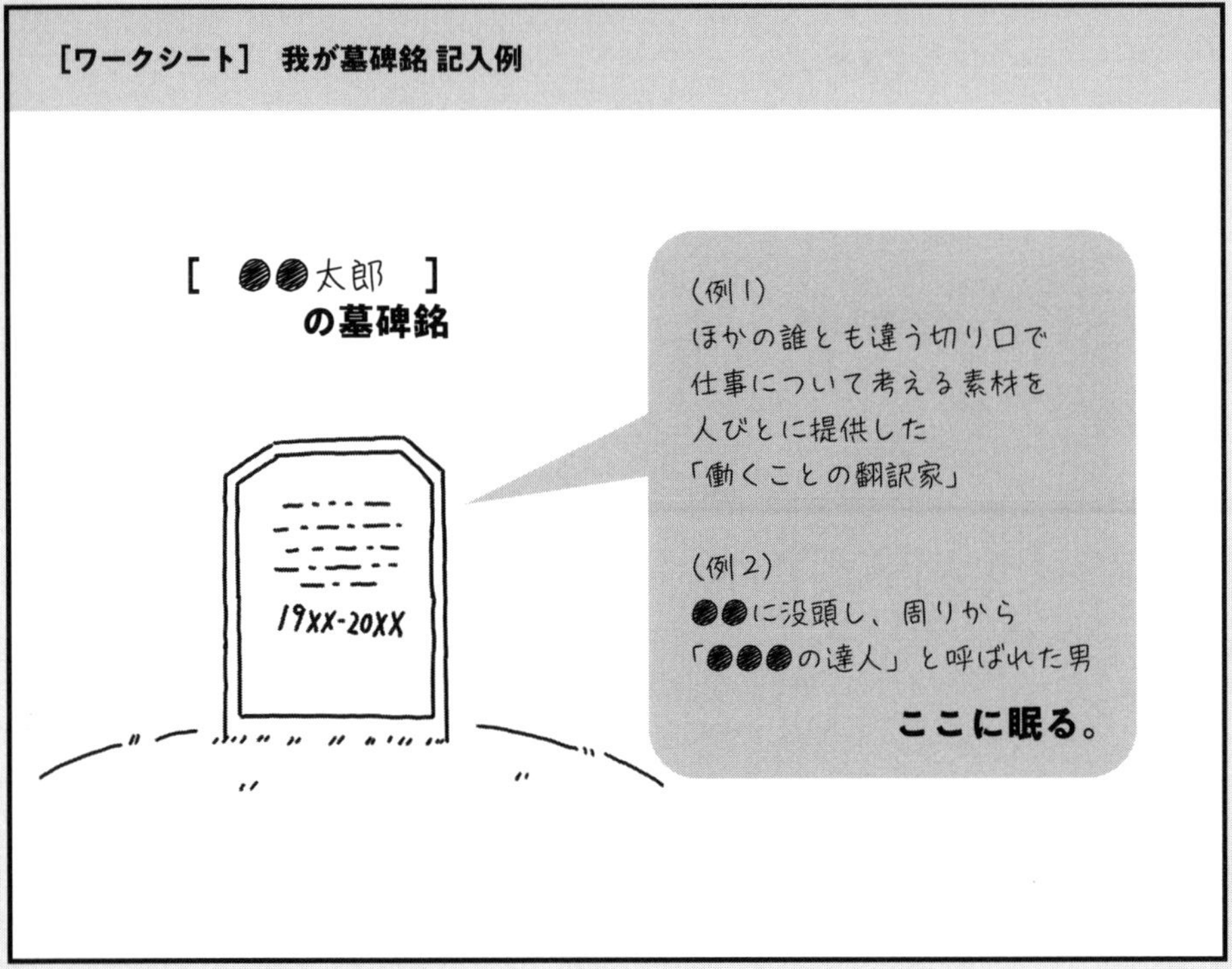

記入例です。

例えば私の場合、「ほかの誰とも違う切り口で仕事について考える素材を人びとに提供した『働くことの翻訳家』ここに眠る」のような感じです。

記入後にグループ共有します。

人生観や死生観を含んだ哲学的な対話の場をつくる

さて、いかがだったでしょうか。最後の「墓碑銘」ワークは少しどきっとする題材ですが、いざやってみると、受講者のみなさんは研修意図をくんで、さほど深刻にならず、でも真剣に取り組んでいただけるようです。名答、珍答が続々出てきます。ロールモデルにせよ、墓碑銘にせよ、答えがしっかり書ける人は、すでにキャリアの集大成ステージをどう働くかがきちんと意識できている人です。そんな人はリタイヤ後のこともうまくイメージができるでしょう。

逆に、これらのワークを前に何を書いていいかが思い浮かんでこない人は、それまでこういった自問に意識を向けてこなかった人でしょう。「怠惰な多忙」で何となくやってきたのかもしれません。そんな人に対しては、「余命一年行動リスト」と名づけた少し強めのワークをやるようなこともします。自分がいま不治の病にかかり、あと一年しか生きられないとしたら、何をやり遂げていきますか、という問いです。

いずれにせよ、もはや五〇代を活性化させるには、知識やスキルをどうこうすべきだとか、評価・報酬をどうするかといった制度からのアプローチだけでは効果が限定的です。そこにはやはりマインドからのアプローチが要ります。それは必然的に人生観や死生観を含んだ哲学的な対話になります。だからといって、経営側やHR担当者、あるいは研修を行う社外講師が哲学的な答えを知っている必要はありません。そもそも、哲学的に考えることはあっても、哲学的に唯一正しい答えというのはないわけですから。ともに考える場をつくり出すだけでよいのです。そうして各自が自分の人生・キャリアにおいて、最も健やか気持ちになれる答えに出合う。それがその人にとっての最適解ということになるでしょう。

拡大ページ

		守の人のネガティブ状況に陥りがちな意識	破 離の人のポジティブ状況を生み出す意識
【外的ファクター】	❼ マクロ環境 社会状況・景気など	□世の中の変化についていくのが疲れる □景気や株価指数の変動に一喜一憂し、悪い数値になると悲観的になる	□世の中の変化は当然のこととしてながめられる □景気を長期の視点からとらえ、好景気 / 不景気にかかわらず、事業・仕事のチャンスはあると考える
【外的ファクター】	❹ 就労環境 働く場（職場、立場、職種、業界など） 働く形（雇用形態、勤務形態など）	□会社の制度や環境に納得がいかず、やる気をそがれる環境がダメだから自分は「～できない」と考える □自分にフィットする働く形・働き方がわからない／選べない □自分の働く場・働く形はこれしかないと固執する	□働く場の制度・環境面の問題は認識しつつ、それを変えたり、活用したりする主導権は自分にあるととらえる □自分にフィットする働く形・働き方がイメージできる／選べる □自分の働く場・働く形は状況に応じて変えていけばいい
【外的ファクター】	❶ 能力資産 知識・技能・人脈など	□人脈が狭く固定化している／広げる努力をしていない □その人脈は会社をやめたら継続しなさそう □社内外の人づてに仕事の案件や情報をあまりもらわない □職場の人間関係で問題・ストレスがあり、対応できていない	□人脈が広くつねに出会いがある／広げる努力をしている □その人脈は会社をやめても一職業人として継続できる □社内外の人づてに仕事の案件や情報をよくもらう □職場の人間関係を良好に保つことができている
【内的ファクター】	行動特性・態度・習慣など	□業務関連以外の能力で何を身につけたらいいかわからない □自己研鑽という習慣はない □業務をこなしていれば適当に能力がついていくと思う □技術の変化に振り回されている／更新維持に疲弊している	□業務の関連にかかわりなく知識や技術に幅広く関心がある □自己研鑽で社内外のセミナーや学びの場に出かける □社内で通用するだけの能力習得では満足しない □想いを実現する手段として技術をながめ活用している
【内的ファクター】	❷ 志向性 目標・理想像・夢・志 成長観	□仕事や自己において、方向性・理想像を描かない／描けない □目標は組織から与えられたもので働かされ感が濃い □模範的存在がいない／見つけられない／必要性を感じない □自分の想いを結実させた成果・実績がない	□仕事や自己において、つねに方向性・理想像を描こうとする □目標は一職業人としての想いの発露として決めている □模範的存在がいる／自分が先例・模範になろうと思う □自分の情熱物語として語れる成果・実績がある
【内的ファクター】	❸ 観・マインド 動機・意味・目的 価値観	□仕事の意味や担当事業の意義をあまり考えない □日々の業務は何か義務感でやっている感覚 □「給料をもらうため」以上のモチベーションがわかない □組織の目的に違和・疑問を感じる／批評的にながめるだけ	□仕事の意味や担当事業の意義を折に触れ自問する □「何のため」という目的にひもづいて日々の業務を考える □意味からモチベーションをわかせている □自分の働く目的と組織の事業目的を調和させようとする
【私的ファクター】	❺ 私的生活・人生全般	□「私生活がこうだから、仕事は～できない」「私生活をこうしたいから、仕事は～するだけでいい」という割り切り □「もう歳だから」とか「守るべきものがあるから」という理由でリスクや挑戦を避ける	□一家庭人としても活動を充実させたいし、一職業人としても活動を充実させたい □常に何かを学び挑戦する態度を保つ。その姿勢が家族にもよい影響を与えると信じる
【私的ファクター】	❻ 健康	□日々の仕事をこなすのが精一杯。心と体に余裕がない。休日は何もしたくない □健康を害したくないのでこれ以上の仕事負荷は無理	□忙しい日々だが、自分の可能性を試したいことがわいてくるので行動的になれる。心にも張りがある □意味ある仕事をやり抜くためにも健康を保つ努力をする

第4章

仕事・キャリア・人をとらえる新しい観点

企業内のキャリア開発支援は四半世紀を経て次のフェーズへ

一九九〇年代後半から大企業を中心に「キャリア開発研修」「キャリアデザイン研修」と呼ばれる教育の導入が始まり、いまでは個別のキャリア面談を合わせて行うところも増えてきました。そうした従業員に向けたキャリア開発支援はこの四半世紀を経て、ようやく最初のフェーズが終わったのではないかと私は感じています。そこに関わる者として、これからはいよいよ次のフェーズの始まりとすべく、発展的な試みを推し進めていかねばならないと思います。

企業内のキャリア開発支援について、これまでの第Ⅰフェーズとこれからの第Ⅱフェーズを私は図表4－Aのようにとらえます。基本的には、第Ⅰフェーズの内容がすべて消えて何か新しいものに変わっていくというより、それらはそのまま有効であり続け、そこにより深いところの内容が加わって厚みを増すというイメージです。いわば「深化と厚化」の変化です。

まず、これまでは「キャリア／キャリア形成」という概念をアタマで理解する教育でした。これからは、仕事観、キャリア観といった「観」の醸成を促すところに深まっていかねばなりません。そのために肚で考えさせるというはたらきかけが必要になります。

次に、これまでの教育によって従業員は、キャリア形成において自律性が大事だということを

[図表4-A]

従業員向けキャリア開発支援の深化と厚化

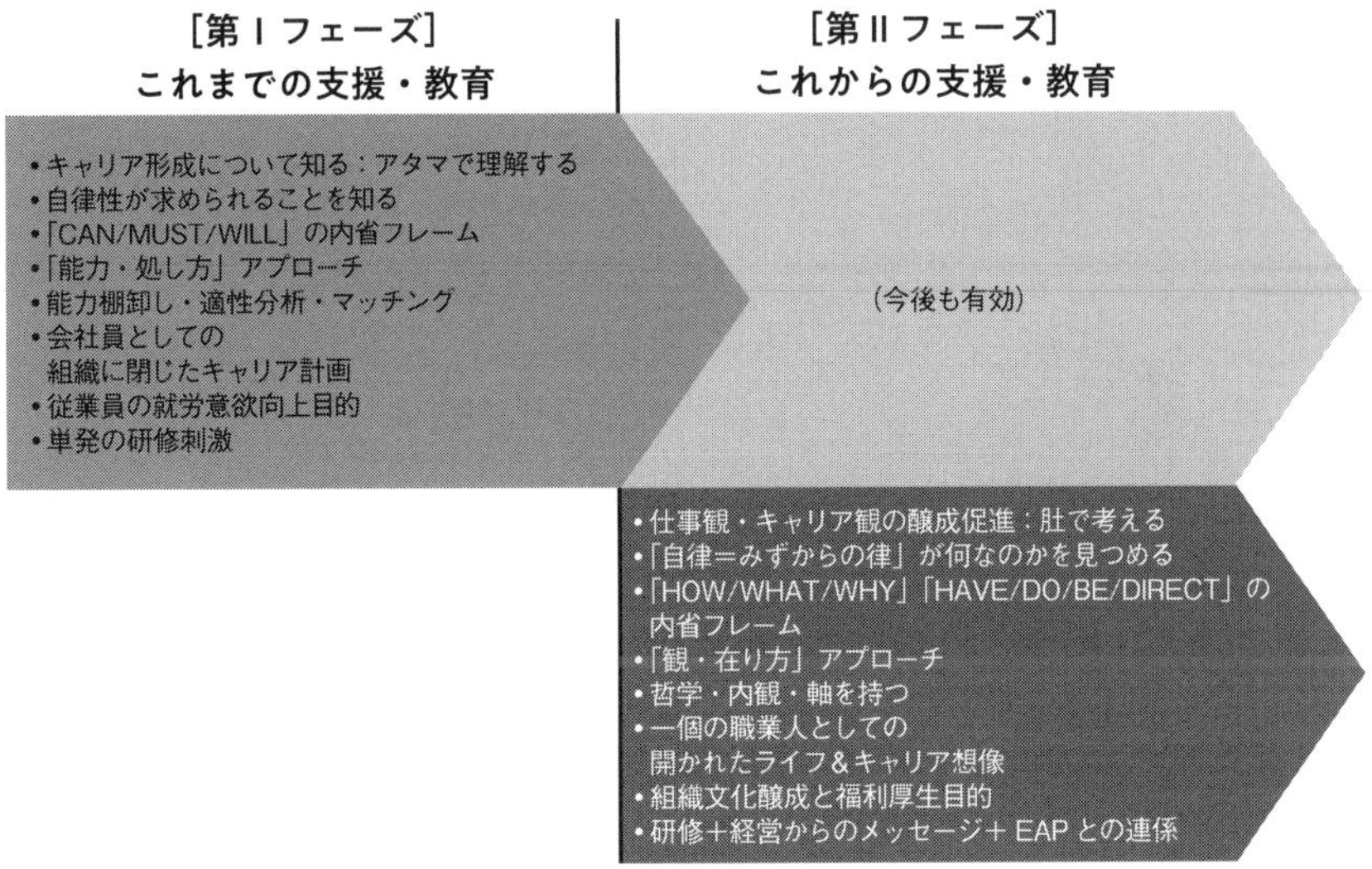
[第Ⅰフェーズ]
これまでの支援・教育
[第Ⅱフェーズ]
これからの支援・教育
•キャリア形成について知る：アタマで理解する
•自律性が求められることを知る
•「CAN/MUST/WILL」の内省フレーム
•「能力・処し方」アプローチ
•能力棚卸し・適性分析・マッチング
•会社員としての
組織に閉じたキャリア計画
•従業員の就労意欲向上目的
•単発の研修刺激
（今後も有効）
•仕事観・キャリア観の醸成促進：肚で考える
•「自律＝みずからの律」が何なのかを見つめる
•「HOW/WHAT/WHY」「HAVE/DO/BE/DIRECT」の
内省フレーム
•「観・在り方」アプローチ
•哲学・内観・軸を持つ
•一個の職業人としての
開かれたライフ&キャリア想像
•組織文化醸成と福利厚生目的
•研修＋経営からのメッセージ＋EAPとの連係

知りました。しかし、実際のところ、「自律的なキャリア／自律的に働くこと」がどういう状態・行動であるのかを明確に把握している人は多くありません。これからの教育は、個々の従業員に対し「自律＝みずからの律」が何なのかを見つめさせる内容に深めていく必要があります。この点については、このすぐ後に触れます。

また、これまではキャリア形成の内省フレームとして、先進的な研修会社が開発した「CAN／MUST／WILL」がありました。これは今後も有効なフレームであり続けますが、さらに視点を変えたフレームも用いることになるでしょう。例えば、私の行う研修では図表4－Bのようにキャリア形成の主要素を「3層＋1軸」でとらえます。そこから見えてくるのは「HOW／WHAT／WHY」や「HAVE／DO

[図表 4-B]

キャリアをつくる主な要素～3層＋1軸

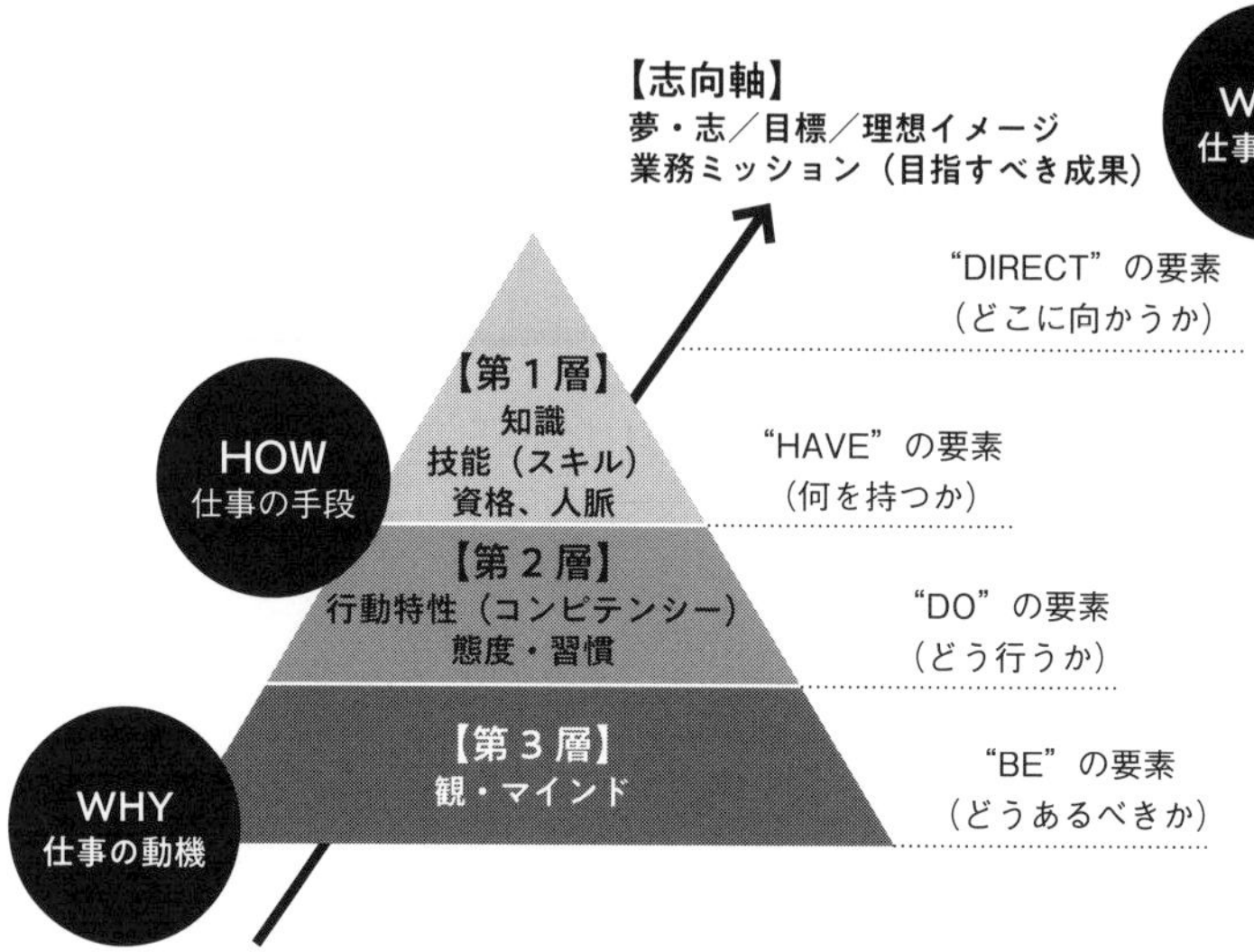
【志向軸】
夢・志／目標／理想イメージ
業務ミッション（目指すべき成果）
WHAT
仕事の目標
“DIRECT”の要素
（どこに向かうか）
【第１層】
知識
技能（スキル）
資格、人脈
HOW
仕事の手段
“HAVE”の要素
（何を持つか）
【第２層】
行動特性（コンピテンシー）
態度・習慣
“DO”の要素
（どう行うか）
【第３層】
観・マインド
WHY
仕事の動機
“BE”の要素
（どうあるべきか）

／BE／DIRECT」といった視点です。「働くこと・キャリア」をどうするかといった漠然とした問いに対し、私たちは内省を深める切り口や取っ掛かりが必要です。それらもいろいろに開発されることが必要です。

経営者や教育者は哲学次元の問いを発することができるか？

さらに、これまでのキャリア教育は「能力・処し方」に主眼に置いたアプローチでした。すなわち、知識や技能（スキル）を身につけることがキャリア形成の肝であり、そのために能力の棚卸しを頻繁に行い、適性を分析して、それにマッチした職務につくことを推奨する考え方です。確かに能力がないと仕事は片づきませんし、そもそも、能力がなければ職を得ることもできません。その意味で能力は大事です。しかし、それは基盤条件として大事であるということであって、能力のみにとらわれると逆効果も生じます。

世の中で求められる知識や能力はどんどん移り変わります。加えて、ＡＩをはじめとする高度な機械・ツールが人間のやっている業務領域にどんどん食い込んできます。そのために、いま携わっている業務や職種は将来なくなっている可能性が常にあります。知識や技能はそのように流動的なものですから、自身のキャリアの最大の拠り所を能力にしてしまうと、キャリアはいつまでも不安定なものにならざるをえません。

「一〇年後になくなる仕事はこれだ」とか「これから確実に食えるスキルは何だ」とかのフレーズがメディアや書籍タイトルに踊ります。誰しもそうしたことにいつも目をキョロキョロさせていなければならないキャリアでいいわけがありません。知識・技能はキャリアをつくるうえでの手段・部品であって、目的ではありません。実際、キャリアをたくましく切り拓く人というのは能力をたくさん持った人ではなく、自分の軸をしっかり据えて、そのもとで能力を習得・更新していく人です。さらには、与えられた仕事そのものを変えたり、つくり出したりする人です。ですから、「この仕事は自分の能力適性とミスマッチだから」といって軽はずみに居場所を変えることもしません。

したがって、これからのキャリア教育は「観・在り方」に主眼を置いた内容に深まっていくことが求められると思います。そこでは必然的に哲学次元の対話がなされねばなりません。会社側が従業員に対してどんな哲学的メッセージを語るのか、あるいは、研修講師側が受講者に対してどんな哲学的問いを発するのか。哲学の次元に引き込む最初のはたらきかけは経営者であり、教育を施す側です。その役目を果たせる程度に、経営者や教育者は働くことに対する深い思索ができているでしょうか――?

大事なのはキャリア「計画」ではなく「意志」を湧かせること

また、これまでの企業内キャリア研修では、当然といえば当然なのですが、自社内でのキャリア進展計画を立てさせることが通例となっていました。しかしこれからのキャリア研修は、一個の職業人として自社に縛られず、自由にキャリア進展イメージを広げていいよというくらいの度量の広さが要請されると思います。

これほど変化が激しい時代です。企業はもはや事業・組織がどう変化していくか予測できません。また、すべての従業員にフィットするように多様なキャリアパスを示すこともできません。ましてや、個々のキャリア形成は偶発が作用するものでもあります。そんな中で、「自社での五年後、一〇年後のキャリア計画を立ててみましょう」という設問は無意味なものになりつつあります。「二年かけて〇〇の認定資格を取り、三年目には社内職能規定の〇級をクリアし、四年目には昇格試験を受けます」……そんなような予定調和的な計画表が受講者から上がってくることで、人事側は何か研修を施した気になる。受講者もまた何となくキャリアが軌道に乗っているかのような安心感を得る。それがはたして真のキャリア自律を育んでいるものなのでしょうか。

それよりも一職業人としてどんな価値を基盤としながら働いていくのか、自分を動かす根底の動機は何なのか、どんな態度で仕事と人生に向き合おうとしているのか、そのうえでキャリアの選択肢はどのようなものが想定できるか、そのとき場合によっては「現職をやめて、大学に入りなおす選択が思い浮かぶかもしれない」「移住が現実味を帯びるかもしれない」といったように開かれた前提で人生・キャリアをのびのびと想像させるほうが、まさにたくましき自律性を育むことになるのではないでしょうか。

キャリア形成において「計画」は立てておいてよいものですが、それよりも、未知の中から進路を切り開くぞという「意志」や「動機」のほうがはるかに重要です。そうした心の奥底から湧き出すマグマによって果敢に行動で仕掛けるなら、当初のこじんまりした計画など吹き飛んでしまい、結果として想定外にダイナミックなキャリア展開が起こるものです。それこそがジョン・クランボルツ教授の提唱した「計画された偶発性理論」の神髄ではないでしょうか。

自組織には働くことについて「哲学する場」があるか？

これまで、キャリア研修の実施目的は当然ながら、従業員の就労意欲向上でした。キャリア研修のようなマインド醸成研修の場合、スキル習得研修に比べてその実施効果が見えにくい点があります。が、私が行っているキャリア研修では受講者の事後アンケートの書き込みをみると、キャリアの自律への理解と関心が高まったことで、日々の担当業務への姿勢も変わったという内容が多く見受けられます。直接的・速効的に業務成果につながることではないにせよ、就労意欲に刺激を与え、仕事に向き合う意識によい揺さぶりを与えるという観点からは効果を上げていると言っていいのではないでしょうか。

そしてこれからはこの目的以上に、キャリア研修を実施することが組織文化や精神衛生面でよい影響を与えることにもっと着目すべきです。というのも、やはり事後アンケートの声をみると、「こういう働くとは何かについて深く考える場を設けてくれた会社に感謝します」「日ごろ雑談しかしないけど、実は仕事に対してみんなそれなりに真剣に考えていることがわかった」「キャリアに対するモヤモヤが晴れて、精神的にラクになりました」といった内容が散見されます。

近年の成果主義の普及によって、多くの従業員の心の中に、会社というものはひたすら数値的成果を従業員に課してくる圧迫者としての認識があります。さらには、会社というものがそうした数値的利益で回っていく無機質な機械であるというイメージも蔓延しています。そんな中、キャリア研修を実施すること自体が、経営側・人事側からの「この会社は一人一人の従業員の仕事人生を大事に想っています」というメッセージ発信になりえるのです。

そして研修の場を積み重ねていくうちに、働くことに対し真摯に向き合う組織文化が醸成されます。昨今、「エンゲージメントを高める施策」だとか「社員のモチベーションを上げる施策」がいろいろに組織内で検討され実行されます。が、こうした働くことについて真摯に対話する文化を下地としてつくることなしに、表層的・短期的にインセンティブを設けて社員のやる気を喚起する方法ではすぐに頓挫してしまうでしょう。

私が本書で結論的に伝えたいメッセージは――

健やかな仕事観が、健やかに自己を伸ばそうとする意欲を生む。
健やかな仕事観が、健やかな仕事・キャリアを生む。
健やかな仕事観を持った一人一人が、健やかな集団をつくり、健やかな事業を生む。

すべての起点は、個々の内に「観」をつくることです。その観が、仕事やキャリア、事業として外に咲き出でるわけです。「観」をつくるという意味で、キャリア研修はきわめて重要な役割を果たします。その観点に立てば、これからのキャリア研修は広く「働くことを真摯に考える場」としてとらえ、組織全体の風土、文化、気質を変えていくくらいの構えで行うべきものになってもいいと思います。それはある種の土壌づくりの運動ですから、単発の研修実施でことが済むわけではありません。経営者の恒常的な理念メッセージの発信、管理職層への啓蒙、ＥＡＰ（従業員支援プログラム）との連係などが求められるでしょう。

さらに言えば、私は「ＣＰＯ」の任命も提唱しています。ＣＰＯとは「チーフ・パーパス・オフィサー（最高目的責任者）」あるいは「チーフ・フィロソフィー・オフィサー（最高哲学責任者）」のこと。組織内に哲学的対話の場を設け、働くことの思索を促すリーダーがいてもいいのではないでしょうか。ちなみに本書で言う「哲学」とは学問的な哲学知識の植え付けではなく、自分の頭と言葉で物事の根っこを考えることです。

以上みてきたように、従業員に向けたキャリア開発支援は、次のフェーズへと深化・厚化させるべき時期にきています。キャリア研修を単に、能力の棚卸しをさせキャリア計画を立てさせるという場に留めるのか、それとも、個々の従業員が働くことに対する意識をつくる哲学の場とし、組織文化醸成の場へと発展させていくのか。言うまでもなくその推進を決めるのは経営者の意志であり、ＨＲ関係者の課題意識の深さです。

「新しい目」をもつことで意志的に先手が打てる

さて、本章の前置きが長くなりましたがここから本題に入ります。私たちは製品やサービスに関わるテクノロジーやイノベーションといったものに、常に強い関心を寄せています。そのため何か新しい変化が生まれると、「何が新しいんだ」「どこが既存品と違うんだ」と大騒ぎします。そのように外側に生じる変化や新奇性には目がいきやすいものです。

ところが、「仕事とは何か」「キャリアをつくるとはどういうことか」「経営におけるヒトとはどういうものか」といった抽象的なテーマ、あまり変化めいたものがなく考えるのが退屈な事柄になると、あるとらえ方をしてひととおり解釈を固めると、それ以降あまり目を向けなくなります。何かが起こっても、お決まりの情報処理で済ませようとします。

フランスの作家マルセル・プルーストは次のように言いました――

「発見の旅とは、新しい景色を探すことではない。新しい目をもつことだ」。

本書は、いま仕事・キャリア・人について大きな潮流変化が起きているときであると提言しています。しかし「仕事とかキャリアとかはこんなものだ」「事業におけるヒトはこういうものだ」

と固定化した目で見続ける人にはその変化がみえてきません。私たちは新しい目を持つこと、新しい観点で事象をながめることで独自に変化をとらえ、意志的に先手を打っていくことができます。

そうしたことから本章では以降、これからの時代の仕事・キャリア・人をめぐり、どんな新しい観点があるのかについて、いくつか材料を並べることにします。

観点 1

「自律」を育むとはどういうことか?

「自律的に働く社員を増やしたい」「従業員に対しキャリア自律を促したい」……経営者やHR担当者はこのように自律、自律と口にします。それに合わせてキャリア研修を行う事業者も自律、自律と研修内で連発します。ですが、「自律」がはたしてどういう状態をいうのか、自律をどう定義しているのかについて、発信側はくわしく触れていないのが現状です。せいぜい自律とは、「能動的・主体的に動くこと」くらいのニュアンスで使っている場合がほとんどではないでしょうか。

自律とは後でくわしくみていくとおり、「みずからの律を持ち、それによって判断・行動をする状態」です。律とは、規範やルール、さらにはその基底にある理念や信条、価値観といったものです。したがって真に自律的な社員は、会社のやり方や考え方が自分の律に照らし合わせて違和が生じたとき、どうしても批判的にならざるをえません。場合によっては強く反発の主張もするでしょう。

そうした従業員が現れたときに会社側（経営者、HR担当者、上司）はどう思うでしょう。「反発をする面倒な社員だな」と思うのであれば、それは「自律的に働く社員を増やしたい」という要求と矛盾しています。会社は往々にして、能動的に動くけれど組織に従順な従業員を欲します。しかし、組織に従順というのはむしろ他律的傾向なのです。

いずれにしても、会社も従業員も、そして研修事業者も、自律がどういう状態であるのか、ましてや自律を育むことがどういうことなのかを明解にとらえようとしてきませんでした。私が行っている研修では、この「自律」をいろいろな角度からながめています。まずはその講義スライドをいくつか紹介します。

講義スライド 4-01

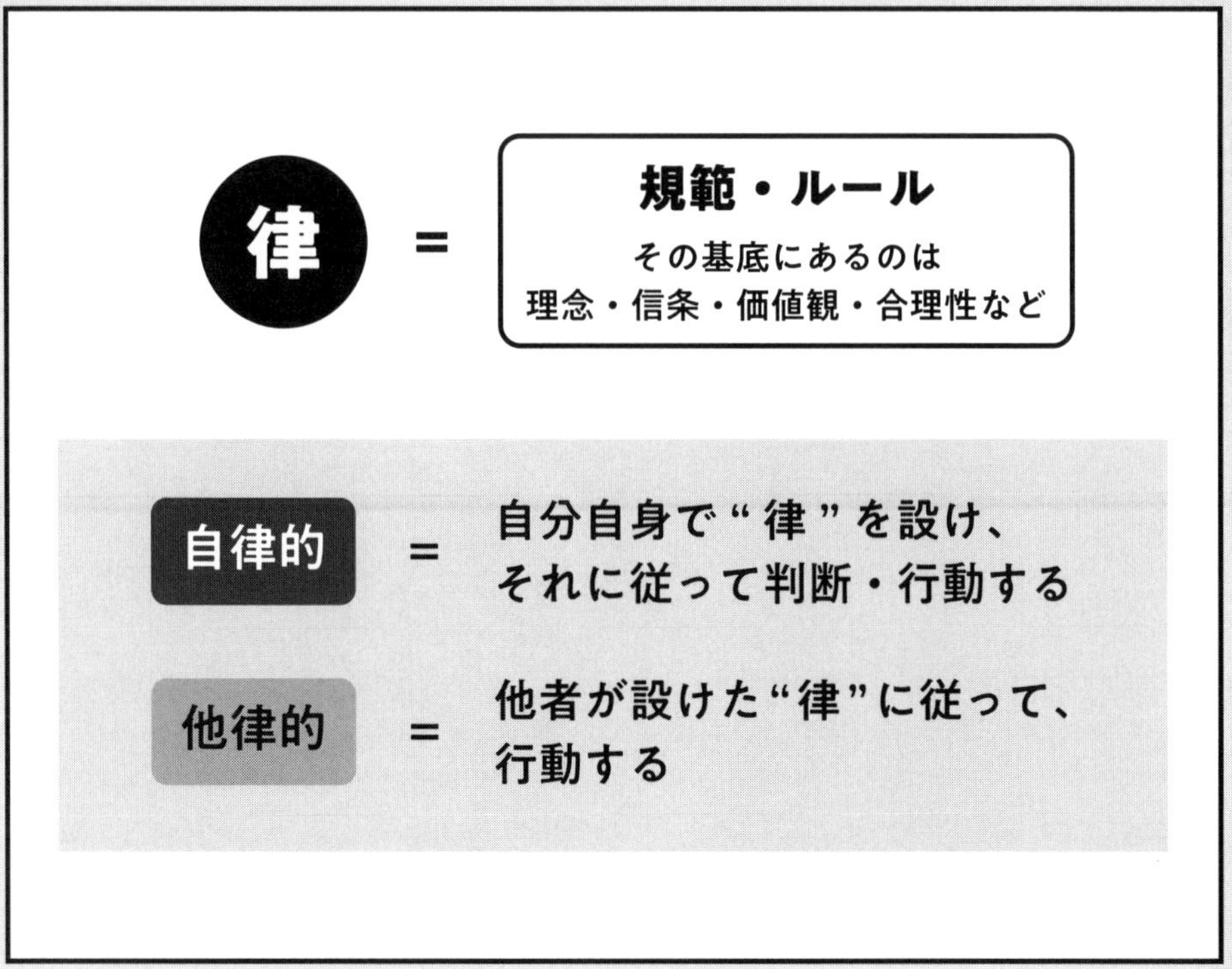
律
=
規範・ルール
その基底にあるのは
理念・信条・価値観・合理性など
自律的
=
自分自身で“律”を設け、
それに従って判断・行動する
他律的
=
他者が設けた“律”に従って、
行動する

【講義例1】

「自律的」とはどういう状態か

自律的／他律的というときの「律」とは何でしょうか？　律とは、規範やルールのことです。さらに言えば、規範やルールを定めるためには、その基底に理念や信条、価値観をしっかり持っていなくてはなりません。

「自律的」とは、自分の内にそうした律を設け、それに従って判断・行動する状態をいいます。逆に「他律的」とは、自分の律というものがなく、他者が設けた律に従って、行動する状態といえます。

講義スライド4-02

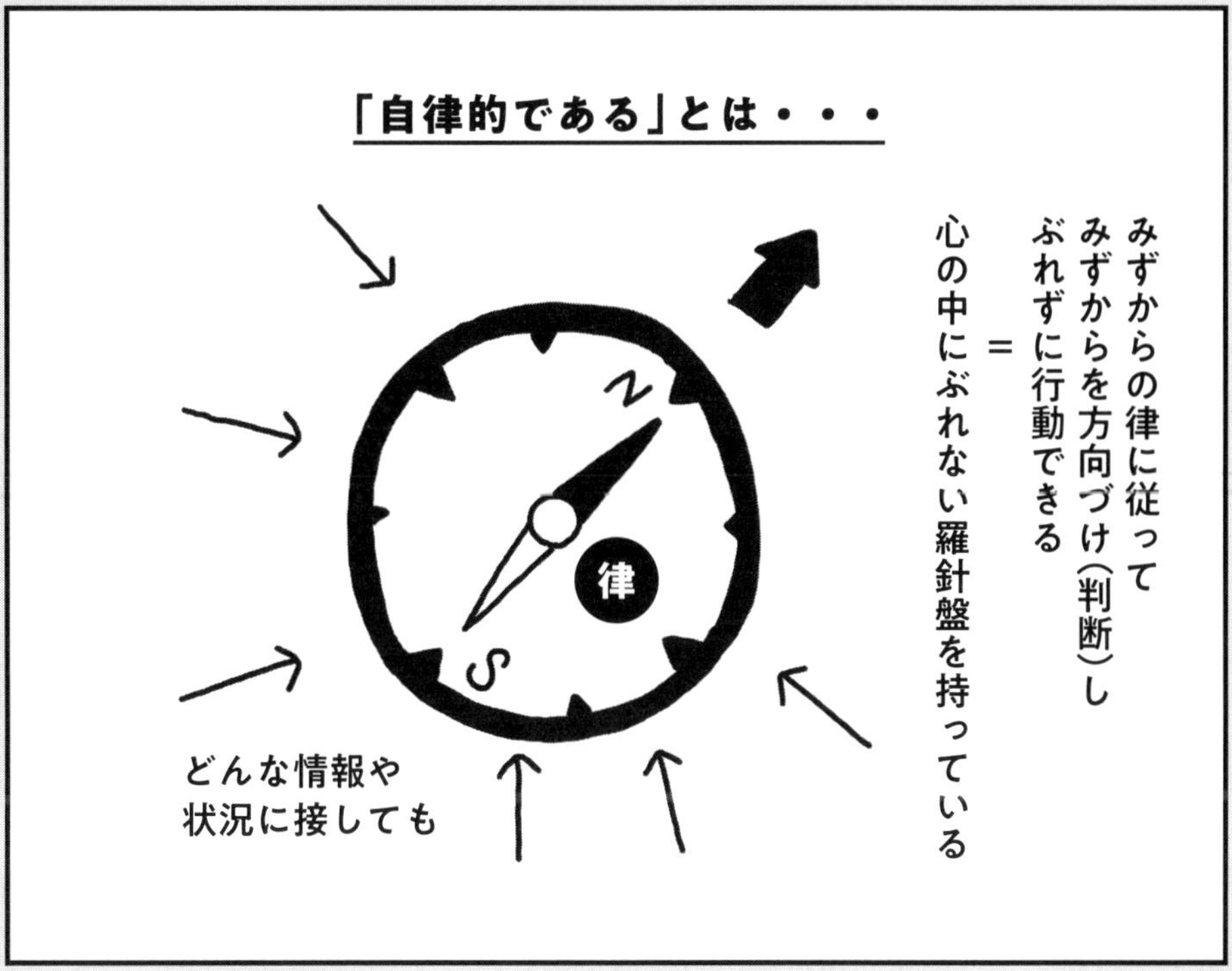
「自律的である」とは・・・
みずからの律に従って
みずからを方向づけ(判断)し
ぶれずに行動できる
=
心の中にぶれない羅針盤を持っている
N
S
律
どんな情報や
状況に接しても

律は羅針盤のようなものです。羅針盤というのは地球上のどこにあっても針が南北を指します。

みずからの律を堅固に持っている人は、どんな情報や状況に接しても、南北がぶれない羅針盤のようにぶれない判断をすることができます。

「自律による仕事」と「他律による仕事」の両極をイメージ化したのが上のスライドです。

講義スライド 4-03

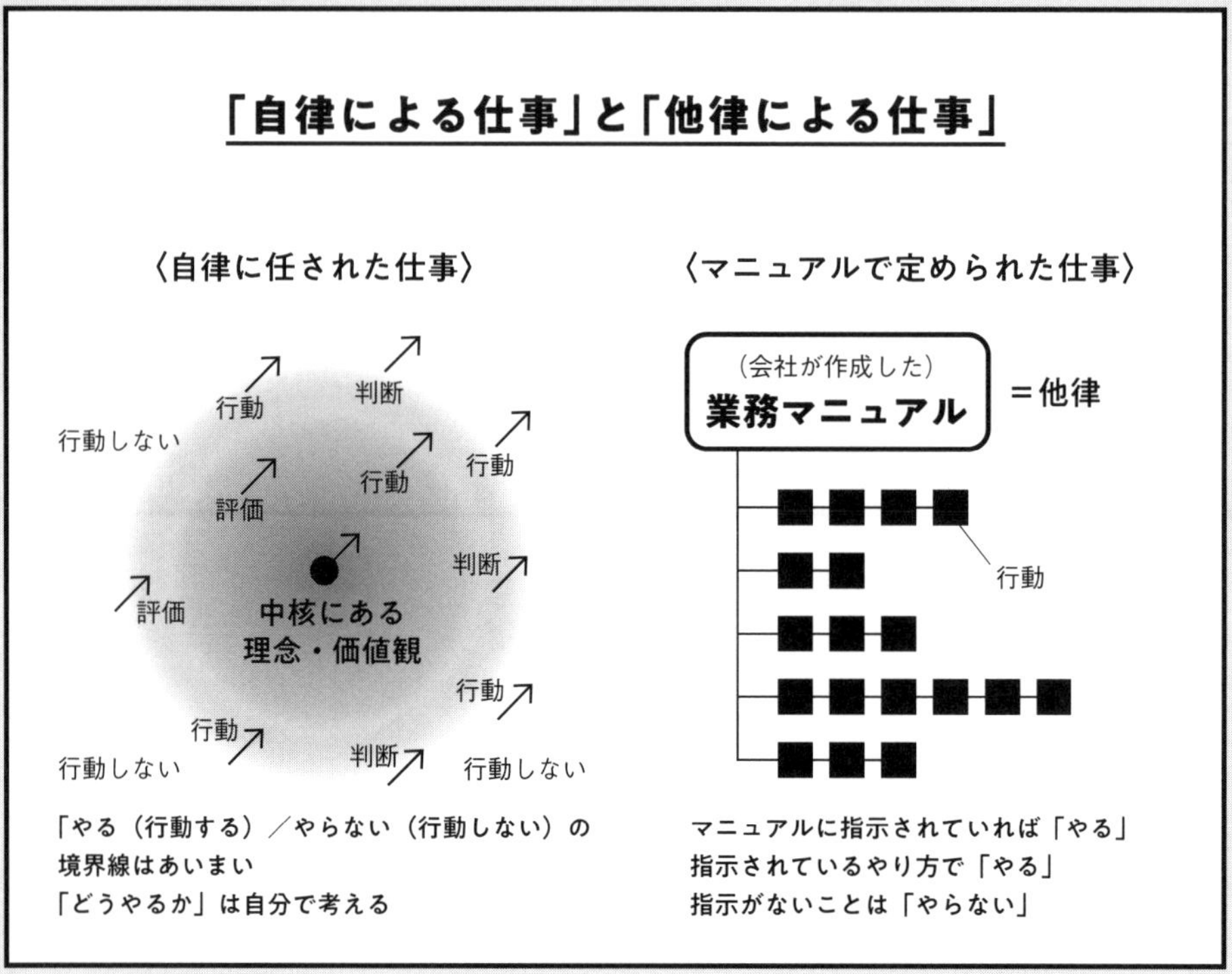

「自律による仕事」と「他律による仕事」
〈自律に任された仕事〉
行動
判断
行動しない
行動
行動
評価
判断
評価
中核にある
理念・価値観
行動
行動
行動しない
判断
行動しない
「やる（行動する）／やらない（行動しない）の
境界線はあいまい
「どうやるか」は自分で考える
〈マニュアルで定められた仕事〉
（会社が作成した）
業務マニュアル
＝他律
行動
マニュアルに指示されていれば「やる」
指示されているやり方で「やる」
指示がないことは「やらない」

自律に任された仕事というのは、常にその中核に理念や価値観がしっかりとあります。そしてそれは「物事はどうあるべきか」という方向性を帯びています。その中核的価値に照らし合わせて、物事を評価、判断、行動するわけですが、「やるか／やらないか」の境界線は常にあいまいです。そして当然、やるなら「どうやるか」を自分で決めます。

それに対し、他律による仕事の典型はマニュアルで定められた仕事です。マニュアルには他者（＝会社）が決めた業務ルール・業務手順がきっちり記述されています。

マニュアルで指示されていれば「やる」。指示されているやり方でやる。指示がないことは「やらない」。そのように自分が判断せずとも、「やる／やらない」の境界線ははっきり決められています。

「3.11もブレなかった東京ディズニーランドの優先順位」

アルバイト歴5年のキャストHさんは、
当日のことを思い出す。

「(店舗で販売用に置いていたぬいぐるみの) ダッフィーを
持ち出して、お客様に“これで頭を守ってください”と
言ってお渡ししました」。

彼女は会社から、お客様の安全確保のためには、
園内の使えるものは何でも使ってよいと聞いていた。
そこで、
ぬいぐるみを防災ずきん代わりにしようと考えたという。

『日経ビジネスオンライン』(2011年5月16日付)

一人の従業員の自律が生んだすばらしい仕事例を一つ紹介しましょう。首都圏にある有名テーマパークのグッズショップの店員さんの行動です。

東日本に大地震が起こったあの二〇一一年三月一一日のことです――(スライドを読み上げる)。

……どうでしょう、このキャストHさんのとっさの行動は見事ですね。このような勇敢かつ創造的な対応は、本人の内にしっかりとお客様やテーマパークを想う気持ち、信条、矜持といったものが核としてなければ生じてこないものだと私は考えます。漫然とマニュアルに頼っている人には、このような行動は決して生まれません。

講義スライド 4-05

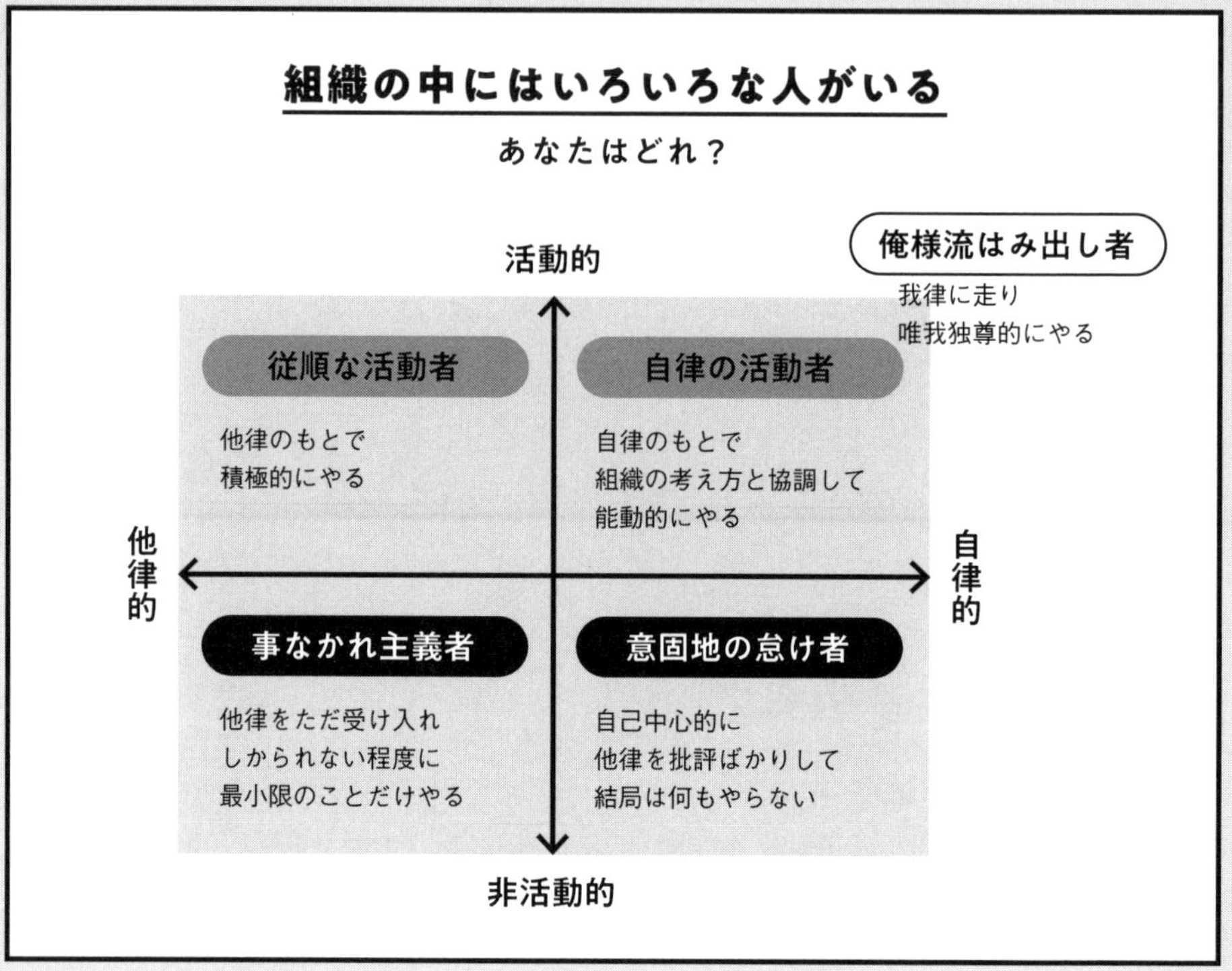
組織の中にはいろいろな人がいる
あなたはどれ？
活動的
非活動的
他律的
自律的
従順な活動者
他律のもとで
積極的にやる
自律の活動者
自律のもとで
組織の考え方と協調して
能動的にやる
事なかれ主義者
他律をただ受け入れ
しかられない程度に
最小限のことだけやる
意固地の怠け者
自己中心的に
他律を批評ばかりして
結局は何もやらない
俺様流はみ出し者
我律に走り
唯我独尊的にやる

さて組織の中には、働くことに対しいろいろな構えの人がいます。そんな様子を図に表したのがこのスライドです。

ひとくちに活動的であるといっても、そこには「従順な活動者」と「自律の活動者」と二種類あります。前者は他律の姿です。ある方針や指示が与えられれば積極的に動きますが、それらがなければとたんに動けなくなります。

自律的には三種類あります。「自律の活動者」は、自律のもとで組織の考え方と協調して能動的にやる人です。

しかし、自律というのが自己中心的に偏ってしまい、組織の考え方・やり方（＝他律）に対し批評するばかりで結局何もやらない人がいます。これが「意固地の怠け者」です。また、自律が「我律・俺様流」にゆがんでしまい唯我独尊的に暴走する「俺様流はみ出し者」もいます。

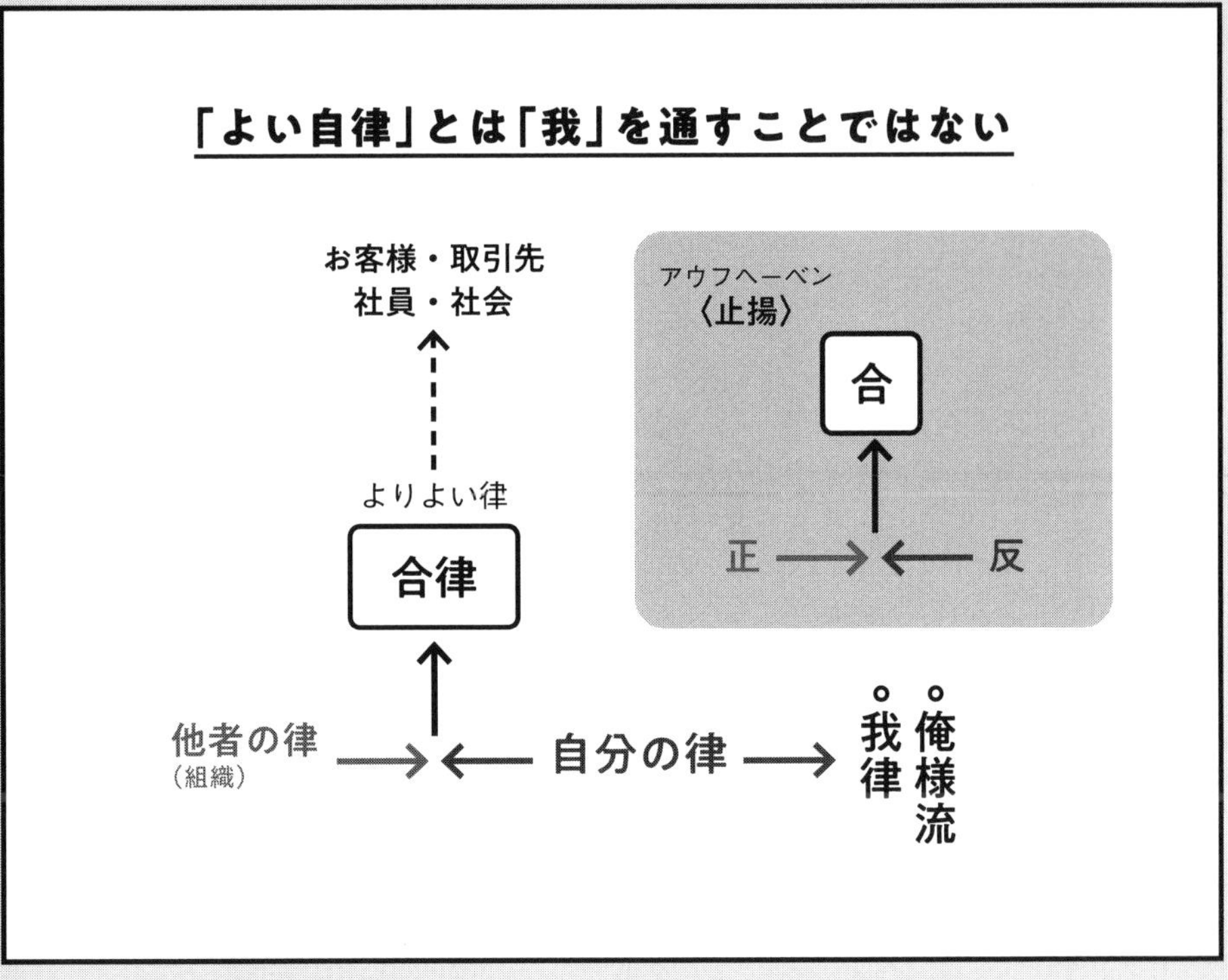

そのように会社という組織の中で働く場合、「よい自律」というものがあって、それは強引に「我」を通すことではありません。

哲学用語で「止揚(アウフヘーベン)」という概念があります。一方に「正」があり、もう一方に「反」がある。その二つが発展的に一つのものとして結びつき、より高次の「合」に至るというものです。

誰しも自分の律を醸成し、自分の規範やルール、理念や価値観、それに基づいた意見や主張を持つべきですが、それらはみな完璧に正しいものではありません。ですから、常に「他律」を受容しつつ、「他律」と対話・議論を交わしながら、両者にとってよりよい律の創出、すなわち「合律」を目指すことが賢い行き方です。

講義スライド4-07

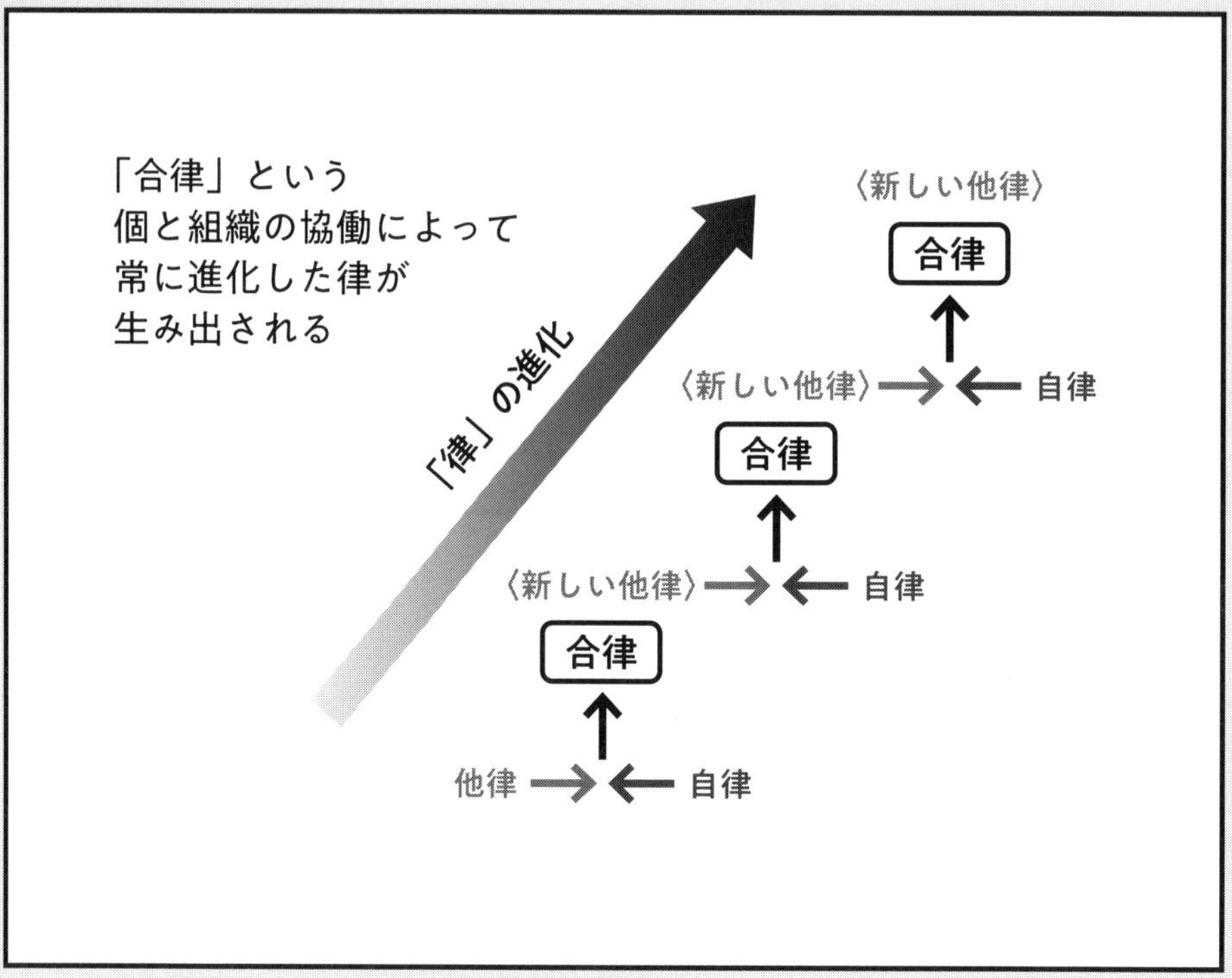
「合律」という
個と組織の協働によって
常に進化した律が
生み出される
「律」の進化
〈新しい他律〉
合律
〈新しい他律〉
自律
合律
〈新しい他律〉
自律
合律
他律
自律

律というのは、もっと別の言葉で言うと「主義・掟《おきて》」。そのため、これを間違った方向で持つと害も大きい。

組織全体が持つ律も、個々人が持つ律も常に進化の途上にある未熟なものです。であるがゆえに、組織内には「正・反・合」のダイナミズムが必要です。すなわち、個と組織が真摯に意見をぶつけ合い、よりよい律を生み出そうとする取り組みです。

講義スライド 4-08

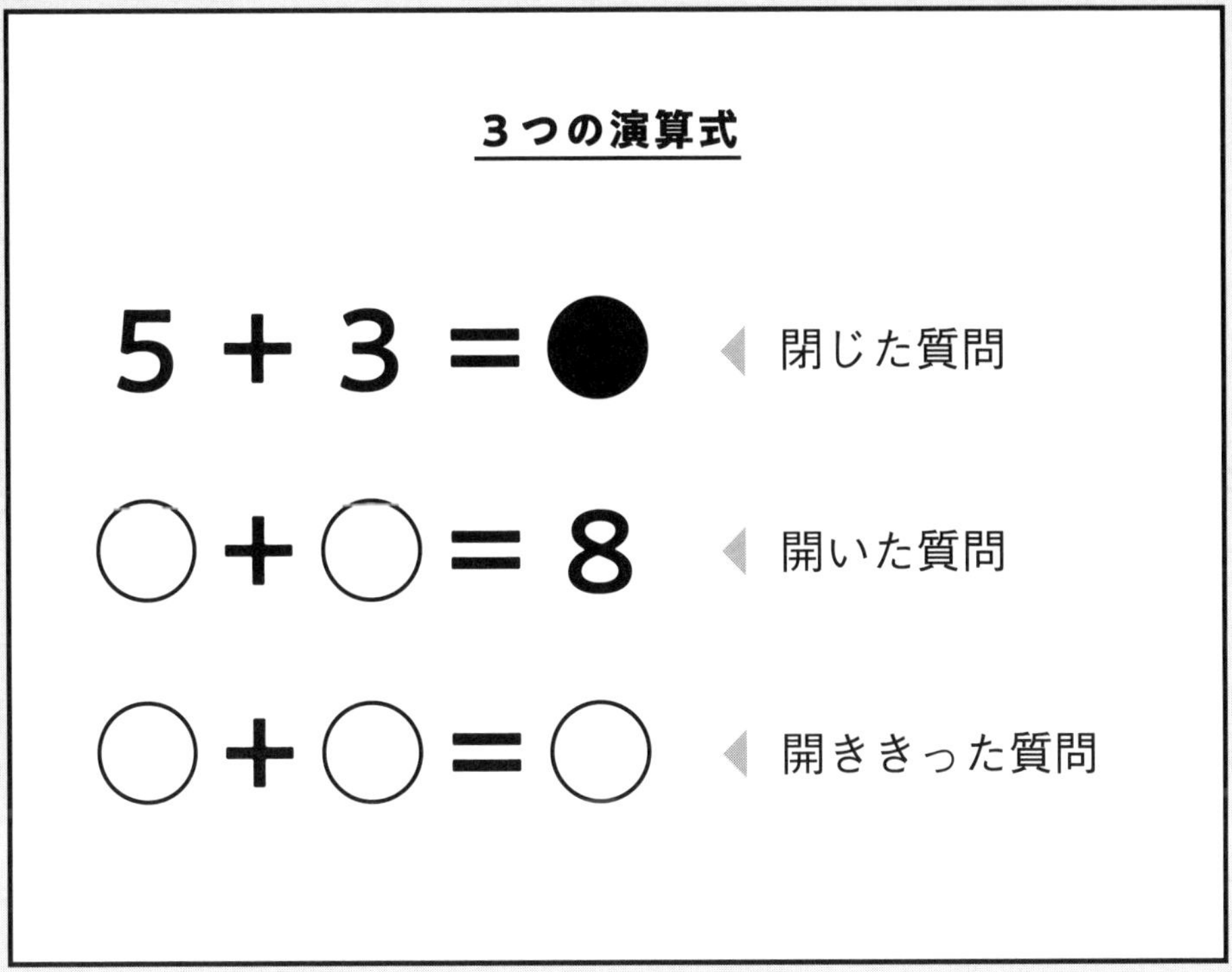

［講義例2］

「自立と自律」を考える

ここに三つの演算式があります。

最初の「5＋3＝●」は「閉じた質問」と呼ばれるものです。これは誰が答えても「8」。それしか答えようがないので閉じています。

その点、二番目の「○＋○＝8」は「開いた質問」です。与えられた右辺の「8」に対し、人によって「3、5」と答えたり、「2、6」と答えたり。左辺の組み合わせは無限にあります。

三番目の「○＋○＝○」は、右辺も左辺も無限にあるので、これはもう言ってみれば「開ききった質問」です。

講義スライド 4-09

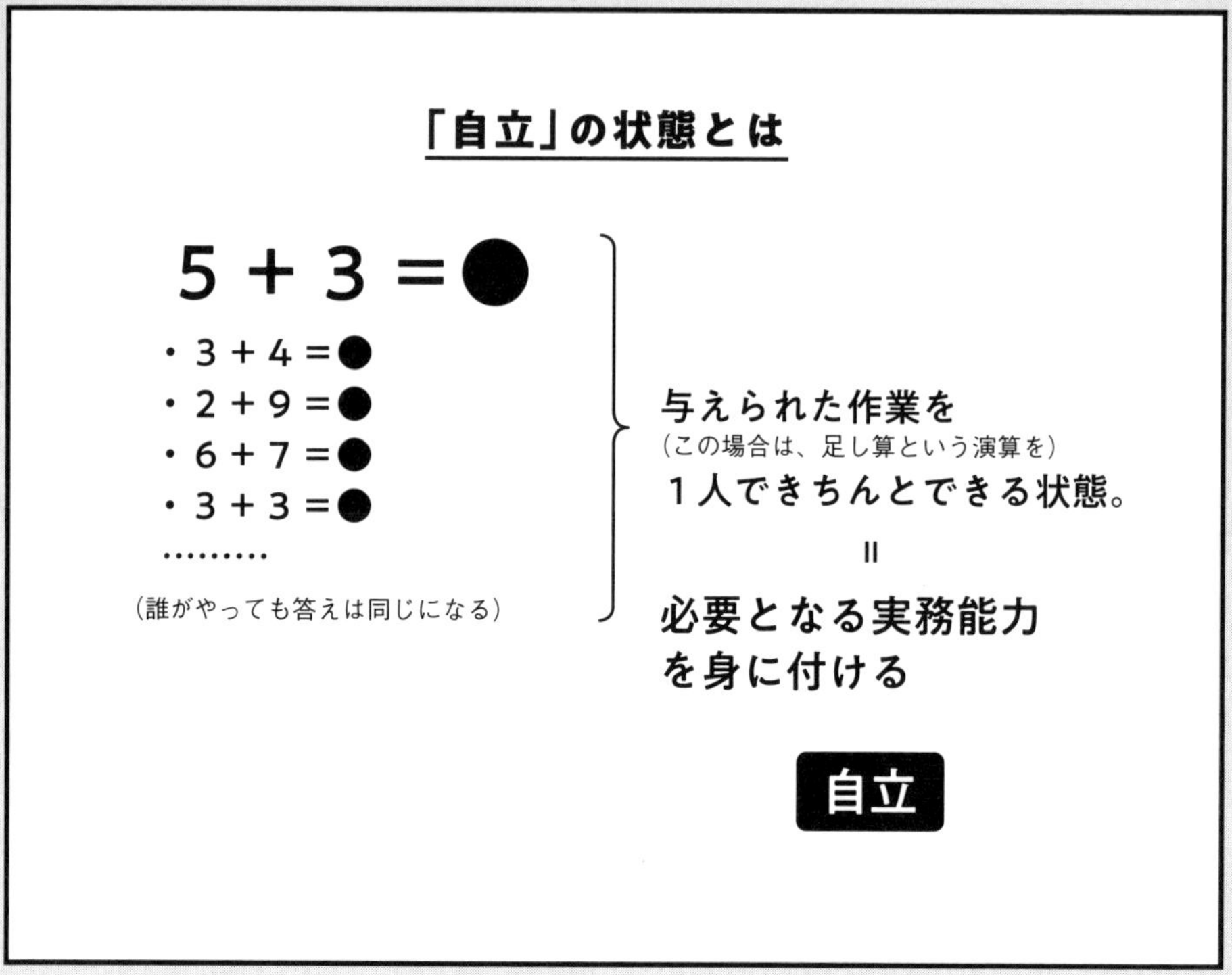
「自立」の状態とは
5 + 3 =●
・3 + 4 =●
・2 + 9 =●
・6 + 7 =●
・3 + 3 =●
………
（誰がやっても答えは同じになる）
与えられた作業を
（この場合は、足し算という演算を）
１人できちんとできる状態。
＝
必要となる実務能力
を身に付ける
自立

さて、この三つの演算式をふだん職場で行っている仕事に当てはめて考えてみます。

まず、職場では「5＋3はいくつ？」「3＋4はいくつ？」「2＋9はいくつ？」のような「閉じた業務」が上司からいろいろ降ってきます。そのために作業を処理する能力（ここでは足し算という演算能力）をきちんと覚えなくてはなりません。

この種類の業務は、定型業務とも呼ばれ、誰がやっても同じ答えになりますから、創造性はあまり必要ありません。ともかく正確に、効率よく、根気を持って一つ一つこなしていくことが求められます。

そうして「この作業はもうあなたに任せても大丈夫だね」と言われるようになる。これが「自立」ということです。

講義スライド4-10

「半自律」の状態とは

○+○=8

- 3，5
- 2，6
- 3，2，3
- 1，2，4，1
- 10，－2

………

（人によって答えは異なってくる）

与えられた目標に対し
（この場合は8という右辺の数値に対し）
どうやれば達成できるかを
自分で考えられる状態

＝

自分なりに方法・プロセスを創造する

半自律

次に、上司から「○+○=8」を考えてほしいと頼まれる仕事があります。

右辺の「8」は与えられた目標ととらえてください。その目標に対し、どうやれば達成できるかを考える仕事です。「8」を成り立たせる左辺の組み合わせはいろいろあるでしょう。それを自分なりに根拠をもって創造するのです。これができる状態を「半自律」とみます。

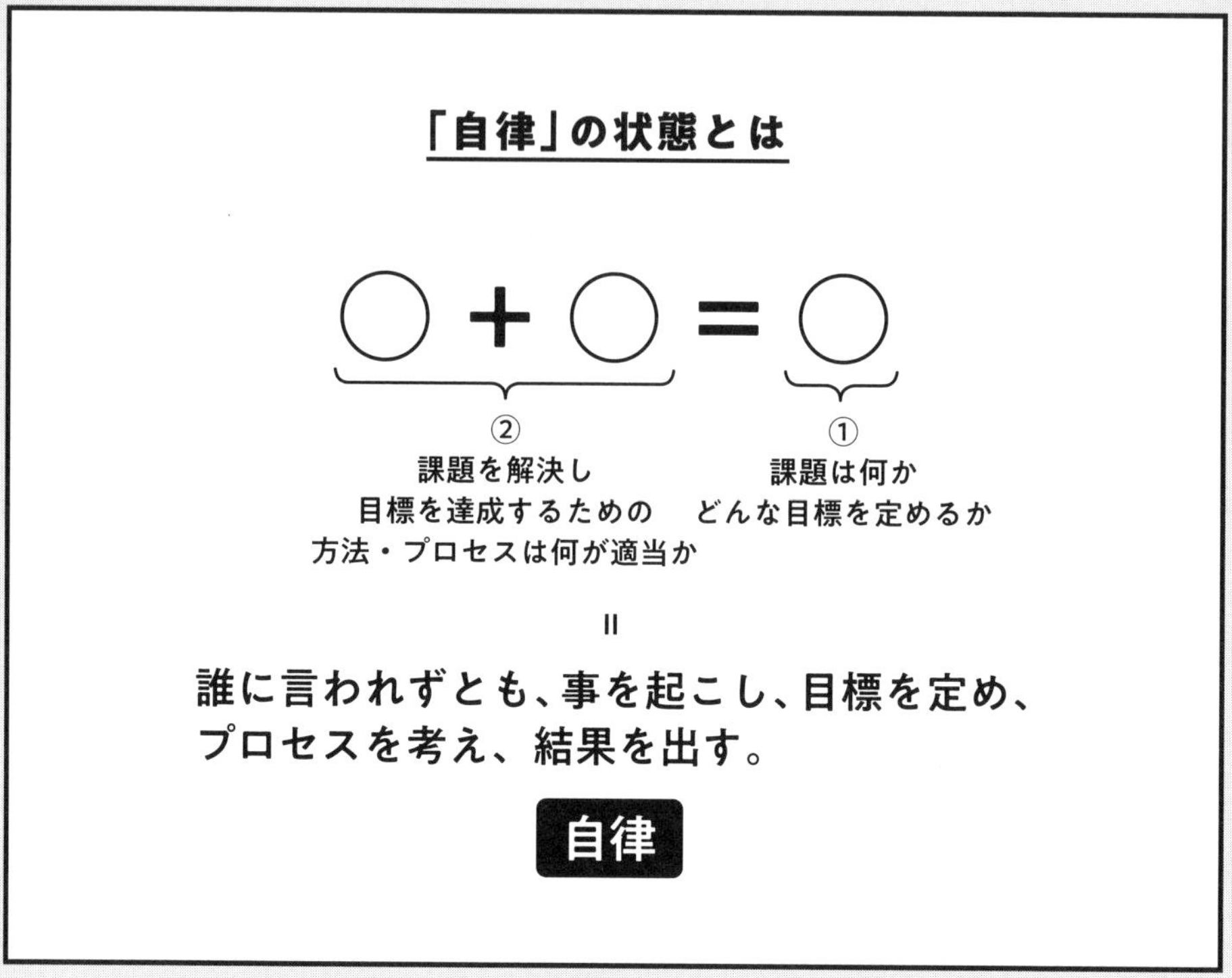
「自律」の状態とは
○＋○＝○
②
課題を解決し
目標を達成するための
方法・プロセスは何が適当か
①
課題は何か
どんな目標を定めるか
＝
誰に言われずとも、事を起こし、目標を定め、
プロセスを考え、結果を出す。
自律

そして最後に「○＋○＝○」の仕事です。

まず右辺の設定。自分の担当仕事において、あるいは自分のキャリアにおいて、課題は何か。どんな目標を定めるのがよいかを考える。

次に左辺。課題を解決し、目標を達成するための方法・プロセスは何が適当かを考える。そしてその実行。

そのように右辺も左辺も完全に自分で取り仕切ることができるようになる。これこそが「自律」の仕事です。自律の仕事には、創造性はもちろん、時代をみる目や課題を発見する力、目標を設定するセンスや意志、そして必要に応じてプロセスを修正していく柔軟性や機動力が必要になります。

講義スライド 4-12

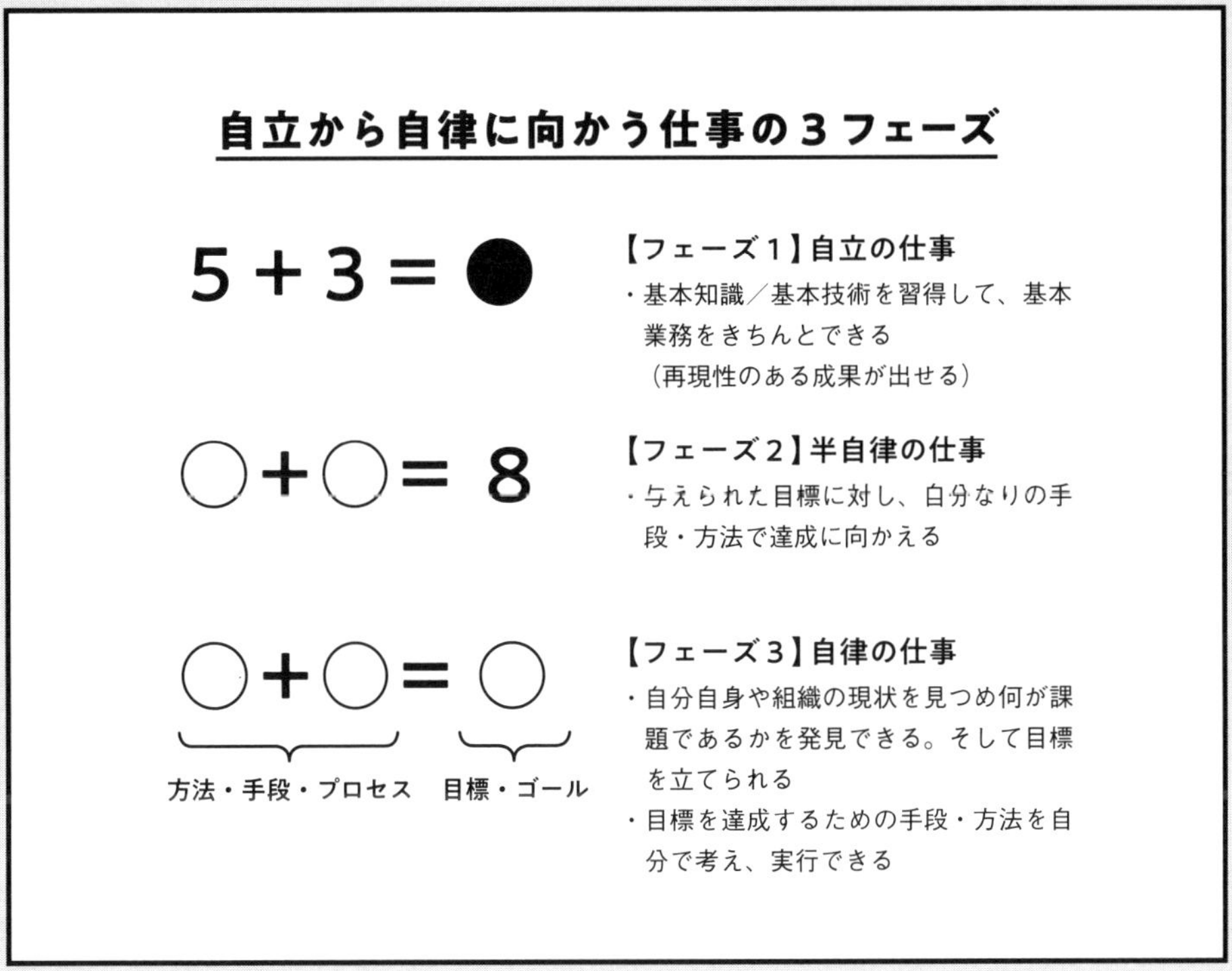
自立から自律に向かう仕事の3フェーズ
5＋3＝●
【フェーズ1】自立の仕事
・基本知識／基本技術を習得して、基本業務をきちんとできる
（再現性のある成果が出せる）
○＋○＝8
【フェーズ2】半自律の仕事
・与えられた目標に対し、自分なりの手段・方法で達成に向かえる
○＋○＝○
方法・手段・プロセス
目標・ゴール
【フェーズ3】自律の仕事
・自分自身や組織の現状を見つめ何が課題であるかを発見できる。そして目標を立てられる
・目標を達成するための手段・方法を自分で考え、実行できる

自立から自律に向かう仕事の3フェーズを一枚のスライドにまとめるとこうなります。「5＋3＝●」的な閉じた業務というのは、足し算という技能さえ身につければ、後は決まった答えが出せるので比較的易しいといえます。他方、「○＋○＝8」や「○＋○＝○」のように開いた業務は、決まり切った答えがないという意味で難しい。しかし、自分なりに正解をつくり出すということこそ、仕事の真の醍醐味であることを長く働く中で是非感じ取ってください。

また、常に自立した状態を保ち、自律を高めていく努力が持続的な自己の成長にも結びついていきます。

講義スライド4-13

自立

みずからを「立たせる」こと

そのために
❶ 知識や技能をつける＝技能的自立
❷ 経済力をつける＝経済的自立
❸ 体力をつける＝身体的自立

［反意語］⇔ 依存

［航海の比喩］
⇒ 船をつくる

❶ 一人前に仕事がこなせる
❷ 自分の稼ぎで食っていける
❸ 健康である

【講義例3】
「自立・自律・自導」

健やかにたくましく自身のキャリアを切り拓いていくためには、「自立・自律・自導」の状態をつくることが肝要です。

まず「自立」。読んで字のごとく「みずからを立たせる」ことです。自立には三つの要素があります。――一つめに、知識や技能をつける「技能的自立」。二つめに、経済力をつける「経済的自立」。三つめに、体力をつける「身体的自立」。これらのいずれを欠いても仕事・キャリアを独り立ちして進めていくことができません。

キャリアを航海に喩えると、自立するとは「航海に耐えうる船をしっかりつくる」ということです。

講義スライド 4-14

自律

みずからを「方向づける」こと

そのために
「律」となる理念・信条・価値観を醸成し、
それをもとにぶれない判断・行動をする

[反意語] ⇔ 他律

[航海の比喩]
⇒ 羅針盤を持つ

みずからを
方向づける
この状況では
こうすべきだ
ここはこっち
の選択だ !!
これは正しい
(正しくない)
接する情報
直面する状況・問題

次に「自律」。これは「みずからの律によってみずからを方向づけること」。みずからの律を醸成するためには、理念・信条・価値観をしっかりと醸成しなくてはなりません。そしてそれをもとにぶれない判断・行動をする。これが自律の姿です。

航海に喩えると、自律とは「羅針盤を持つ」ということ。羅針盤なき航海は危険に満ちています。

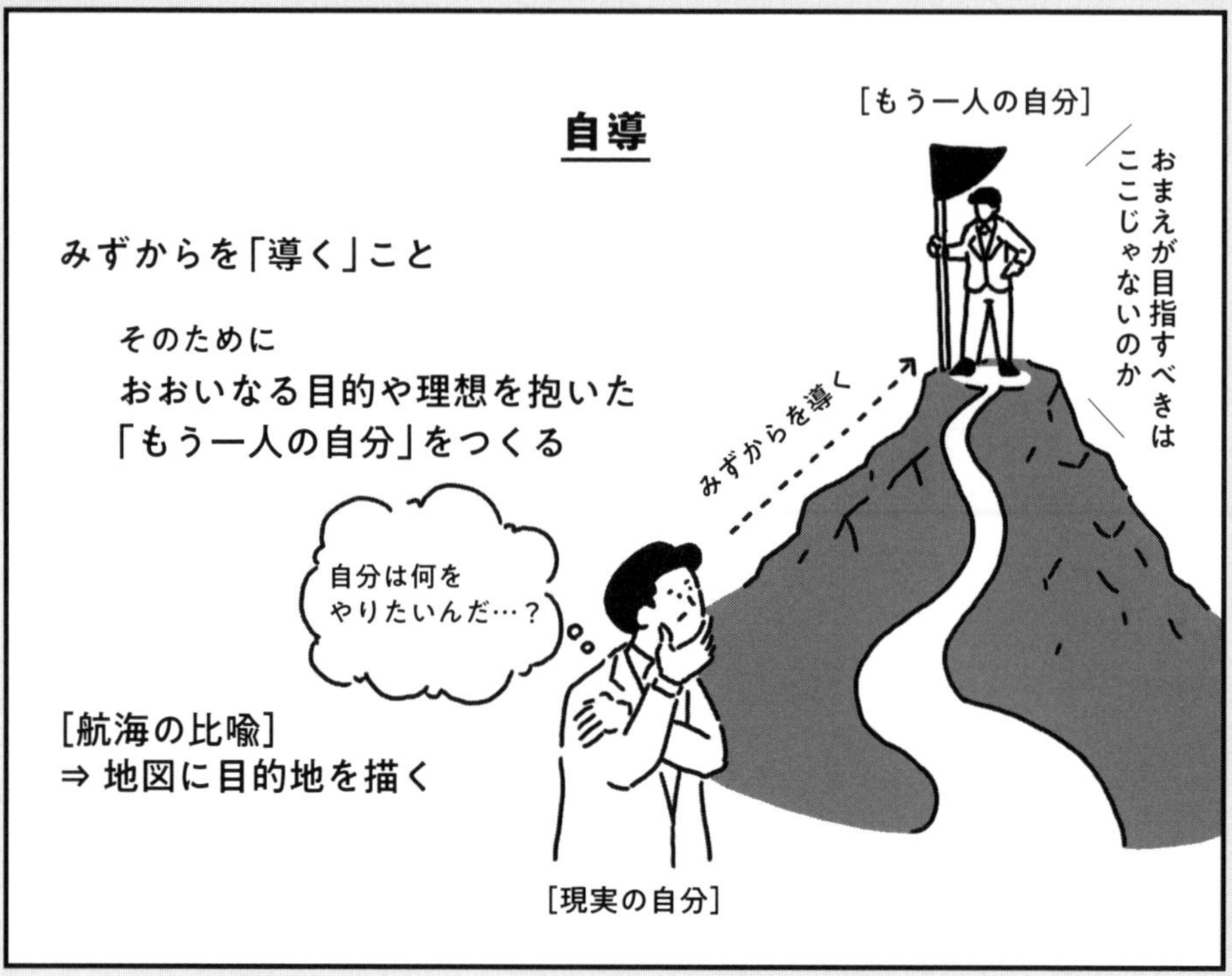

最後に「自導」。「みずからを導くこと」です。これは自分の内におおいなる目的や理想を抱いた「もう一人の自分」をつくり、それが現実の自分を道案内する状態をいいます。

航海に喩えると、自導とは「地図に目的地を描くこと」。実際の航海においては、目的地を決めずに洋上に出ることはほとんどありえません。しかし、私たち一人一人のキャリア航海においては、むしろ目的地を決めずに（わからずに）洋上に出ている場合がほとんどではないでしょうか。それだけ人生・キャリアの最終目的を見出すのが難しいということでもあります。「自導」的になるためには年月がかかります。しかしひとたび、人生・キャリアの最終的な目的地や理想・意味がわかれば、その航海は力強いものとなり、漂流することもなくなるでしょう。

講義スライド 4-16

賃貸住宅と持ち家　住む意識はどう違う？
賃貸住宅
扱いがぞんざいになりがち
持ち家
扱いに気をつかう。長い間に住む人の個性が出てくる。
□ 私は借主というお客なのだから、毎月の賃貸料を払えば、メンテナンスとか保険加入とかは、大家や管理会社が全部やってくれる。
□ モノは経年劣化するわけだし、多少、汚したって壊したって大丈夫だろう。
□ メンテナンスとか保険加入とかは、いろいろ調べて賢くやらなければ。
□ 家は家族の思い出を刻んでいくものだし、年月とともに味わいが出てくるものだから、長く大事に使おう。
オーナーシップなし
オーナーシップあり

【講義例４】

「キャリアのオーナーシップ」について

「オーナーシップ」とは、所有権、所有者意識という意味です。そこから広く、当事者意識とか、それに伴う責任感を言ったりします。

例えば、賃貸住宅と持ち家で住む意識はどう違うでしょう。スライドに示したように、賃貸に住む人の意識は、家のことについてどこか大家さんや管理会社にお任せモードになります。そして物に対しても扱いがぞんざいになりがちです。

他方、持ち家の人の意識は、自分の所有物ですから、家の保持に対し真剣に考えますし、扱いがていねいになります。このようにオーナーシップがあるかないかによって態度の違いが生じてくるわけです。

講義スライド4-17

キャリアの「オーナーシップ」

他人ごとのキャリア

キャリアが
どこか
借り物意識

最近、
つまらない
仕事ばかり
ふられるな～

□ 私は経営者の意思に従って、業務命令も配置異動も受け入れる従業員。であれば、経営者・会社組織が従業員のキャリアパスをきちんと用意するのは当然のこと。

□ キャリア形成の主導権は会社にあり、辛抱強く働いていれば会社が何とかしてくれるはず（してくれるべき）。

オーナーシップなし

自分ごとのキャリア

この仕事を通して
道を切り拓きたい

キャリアは
自分のものだ
という意識

□ 私は一職業人として、この仕事を通して自分を伸ばし、世の中に役立っていきたいと考える。会社はその活躍の場を提供してくれるもの。その観点でいまの会社が魅力的なら居続けたい。

□ キャリア形成の主導権は自分にある。勤務する会社は手段・プロセスとしてある。

オーナーシップあり

このオーナーシップという意識のありようは、キャリアについてもあてはめることができるのではないでしょうか。

すなわち、雇われ人意識にどっぷり浸かってしまっている人は、「自分は会社に命じられるとおりまじめに辛抱強く働くのだから、キャリアに関することは会社が面倒をみるべき」というような意識に傾きます。これは自分のキャリアがどこか借り物になっていて、まさにオーナーシップをなくしている姿です。

その一方、たとえ会社員であっても、一職業人としての独立した意識を持ち、仕事を通じて自己を開発したいと強く思っている人は、キャリアを自分のものとして開拓していく姿勢になります。つまりオーナーシップがあります。

会社員の中にある２つの意識

「会社人」的な意識	「職業人」的な意識
○会社にコミットする（献身を誓う）	○職業にコミットする（献身を誓う）
○一社懸命／就社意識	○一職懸命／就職意識
○会社に雇われ続けることが一つの目的	○会社は働く舞台であり、手段の一つ
○会社の名刺で仕事を取る	○個人の実力で仕事を取る
○会社と個人はタテ（主従）の関係	○会社と個人はヨコ（協働者）の関係
○会社の要求に応じた能力を身につける	○仕事の要求に応じた能力を身につける
○会社内での評価を気にかける	○業界で一目置かれる
○会社ローカル的な世界観	○コスモポリタン（世界市民）的な世界観
↓	↓
キャリア形成の主導権を会社に委ねがち	キャリア形成の主導権は自分にあると思う
キャリアのオーナーシップ 弱い／ない	**キャリアのオーナーシップ 強い／ある**

会社員の中には二つの意識が同居しています。スライドにあげた「会社人」の意識と「職業人」の意識です。人によって傾き具合は異なります。

端的に言えば、「会社人」の意識は、会社を基軸にして自分をそこに合わせていく構え方です。他方、「職業人」の意識は、職業・仕事を通じて自分を表現していく構え方になります。「会社人」の意識に傾きすぎると、キャリア形成の主導権を会社に委ねがちになります。

講義スライド4-19

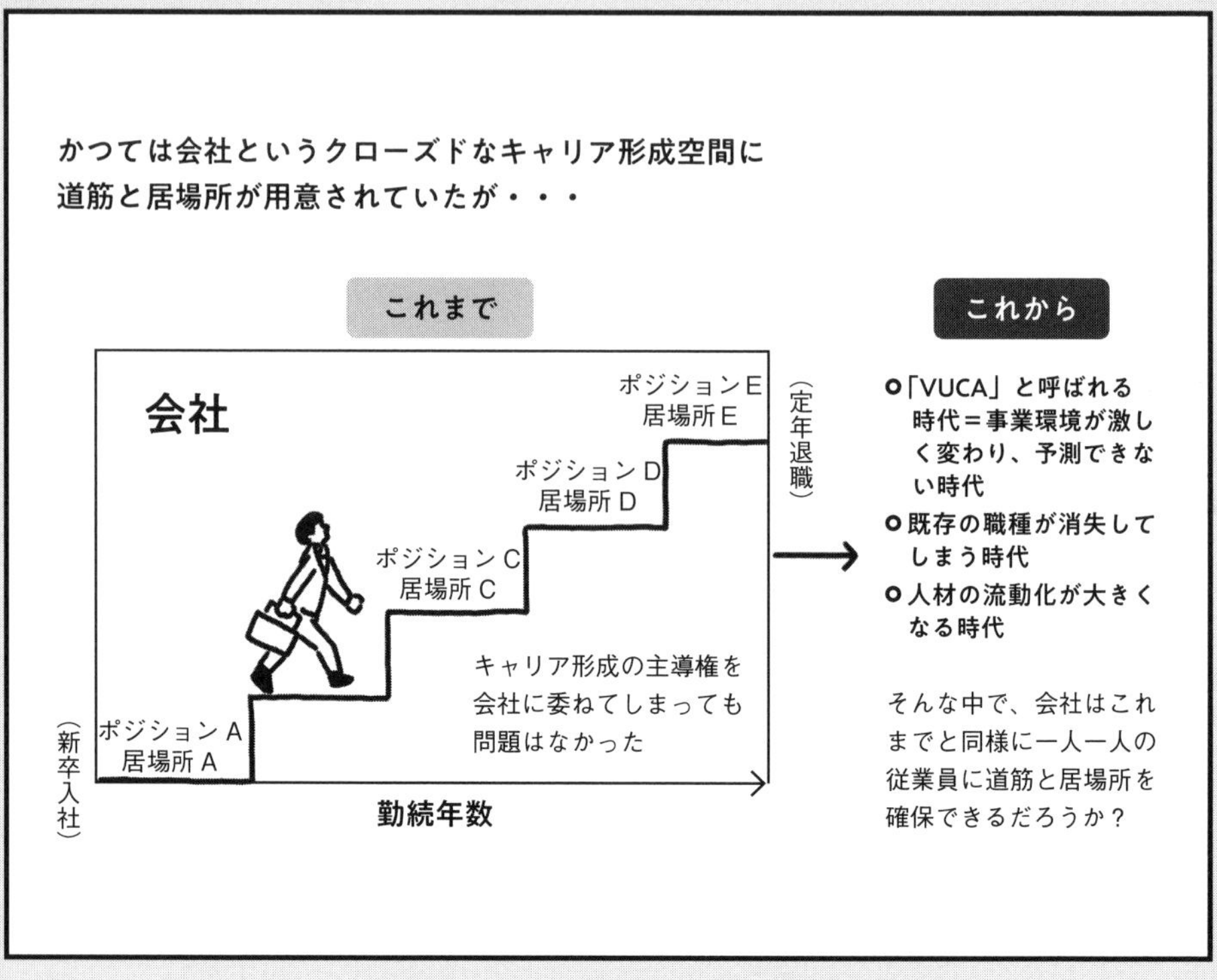

かつては会社というクローズドなキャリア形成空間に
道筋と居場所が用意されていたが・・・
これまで
会社
ポジションE
居場所E
ポジションD
居場所D
ポジションC
居場所C
ポジションA
居場所A
キャリア形成の主導権を
会社に委ねてしまっても
問題はなかった
（新卒入社）
（定年退職）
勤続年数
これから
「VUCA」と呼ばれる時代＝事業環境が激しく変わり、予測できない時代
既存の職種が消失してしまう時代
人材の流動化が大きくなる時代
そんな中で、会社はこれまでと同様に一人一人の従業員に道筋と居場所を確保できるだろうか？

昭和の高度経済成長期のように、すべてが右肩上がりで将来の予測も比較的容易だった時代には、会社というクローズドな（閉じた）世界に、一人一人の従業員に対し、進むべき道筋と居場所が確保されました。会社内にキャリア形成の空間が十分にあったわけです。ですから下手にリスクを負って動き回るより、自分のキャリア形成の主導権を会社に委ねてしまい、大きな減点をせずに定年まで働いていくことが会社員の「正解」でした。

ところが、よくも悪くもこういう単純な正解のある時代はもはや過ぎ去ろうとしています。これからは、キャリア形成のゲタを会社に預けようにも預けられない時代になります。しかし働く個々人が真に自律に目覚めるためには、意味のある時代変化かもしれません。

講義スライド 4-20

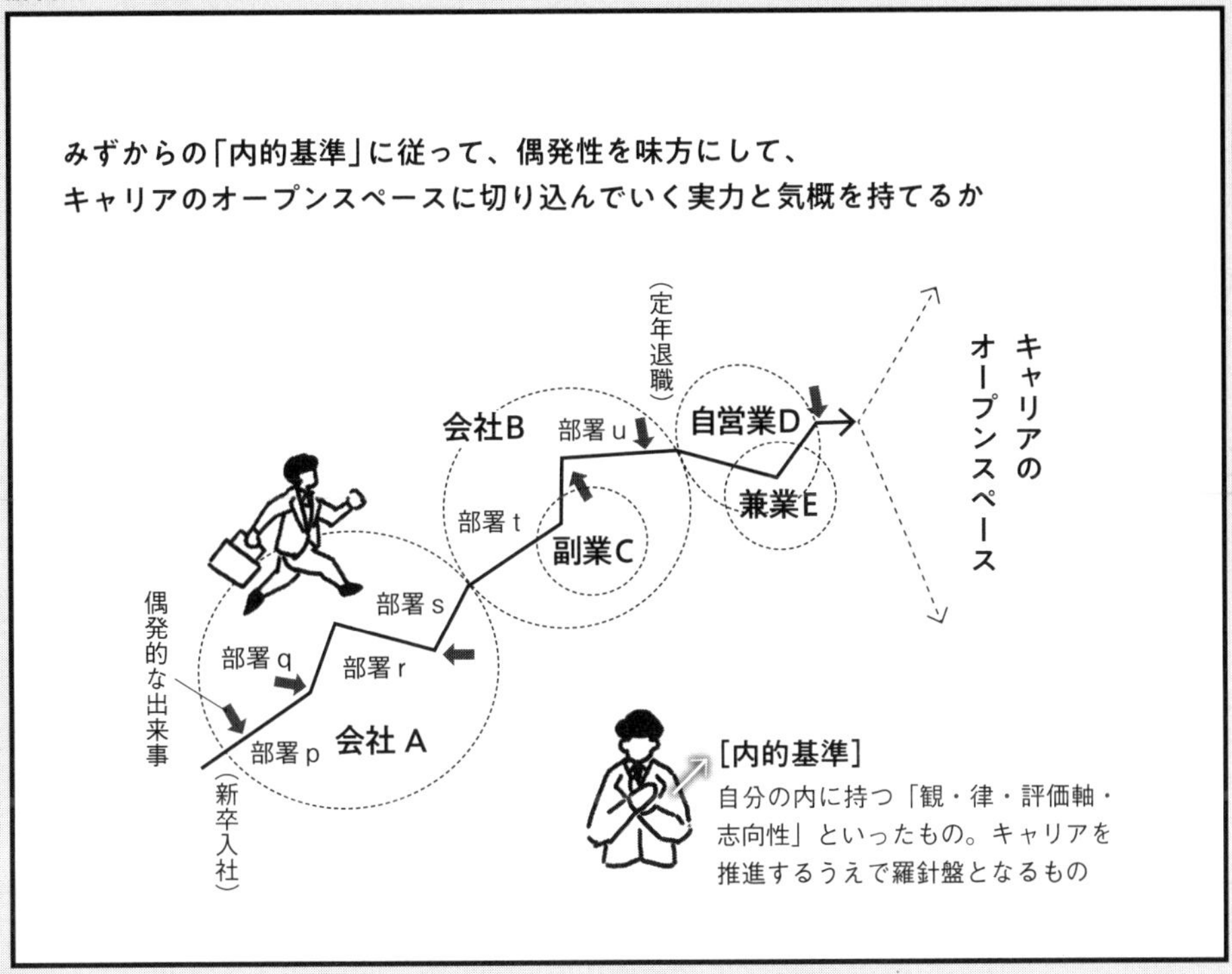

みずからの「内的基準」に従って、偶発性を味方にして、
キャリアのオープンスペースに切り込んでいく実力と気概を持てるか
（定年退職）
キャリアのオープンスペース
会社B
部署 u
自営業D
兼業E
部署 t
副業C
部署 s
偶発的な出来事
部署 q
部署 r
部署 p
会社 A
（新卒入社）
[内的基準]
自分の内に持つ「観・律・評価軸・志向性」といったもの。キャリアを推進するうえで羅針盤となるもの

キャリアのオーナーシップを発揮するとは、キャリア形成の主導権は常に自分にあり、みずからの「内的基準」に従って、選択肢をつくり出しながら道を切り拓いていくことです。「内的基準」を最も満たす選択肢が会社Aであれば、そこで自分を開発していけばよい。会社Bが最適とみれば、会社を移るということもある。そしてときに副業Cを持つこともある。

ここで転職を安易に勧めているわけではありません。もし会社Aがみずからの「内的基準」にずっとかなっているなら、定年まで愛社精神を保ちながら勤められるにこしたことはありません。大事なことは、会社Aに雇われ続けることが目的としてありきではなく、さまざまな場面で常にいくつかの選択肢を持てるようにし、最善の道を選び取っていけるような実力と気概を持てるかどうかということです。

意識づくりは「概念起こし」から始まる

――さて、いかがだったでしょう。仕事・キャリアにおける「自律」がどういうことであるのか、講義例を四つみていただきました。

キャリア研修は、知識・スキル習得が目的ではなく、マインド醸成が目的です。観やマインドといった意識をつくるために、私が研修設計上で留意している点は次の三つです。

■意識をつくるために、まず「概念」を起こさせる

■概念を起こさせるために、多面的に考えるきっかけを与える

・言葉による定義づけ

・イメージによる肚落とし

・具体的行動例による強化

■内省に向かう問い方をする

まず一点め。かけ声だけで意識はできません。意識は「概念」から始まります。自律的な意識の社員を増やしたいなら、一人一人の内に自律の概念を起こさせるところから始めねばなりません。そして個と全体が同一の自律概念を共有するとき、その組織は自律創発的な運動をするようになります。

「言葉による定義づけ」×「豊かなイメージ」↓「概念の肚落ち」

そして二点め。概念を起こさせるために多面的に考えるきっかけを与えます。概念はまず言葉による定義づけが必要です。例えば講義例1では、自律の「律」が規範やルールを意味し、その基底には理念や信条、価値観があると説明しました。こうした字義に注意を向かせることはとても重要な教育プロセスとなります。

言葉・文字は古人の知恵の結晶であり、それ自体が概念です。物事の根本がそこに詰まっています。そこに目を向けることは古人の知恵を受け継ぐことと同時に、現在の自分に合わせて蘇らせることでもあります。自律の「律」がそういう意味だったのかとなれば、自主と言った場合の「主」はどういう意味だ、自立の場合の「立」はどういう意味だ、となり、自律、自主、自立の違いがみえてきます。そのように字義を考える過程で、自律という概念が明瞭に浮かび上がり、意識形成が始まります。

さらに私が特に力を入れているのが、概念をつかみやすくするためのイメージを与えるということです。講義例では、自律を「羅針盤」に喩えたり、「○＋○＝8」のような演算式を持ち出したり、航海に喩えたり。さらに講義例4では、賃貸住宅と持ち家での住む意識の違いを「オーナーシップ」という切り口でも説明しました。言葉による定義が骨だとすれば、こうしたイメージは肉付けといってもよいでしょう。豊かにイメージを持つことによって、その概念は自分の中でふくらみ、肚落ちします。

意識が具体的な行動に変わるよう促す

そしてそこに具体的行動例を加えることも重要です。意識づくりは概念どまりであってはいけません。自律的な行動とは具体的にどういう行動をいうのかを示すことで受講者は実践しやすくなります。講義例1で東京ディズニーランドのショップ店員の例を紹介したのもその意図があります。企業内研修では、そのお客様企業の社内からロールモデル的な人物を選び（人選と参加依頼は研修を主管する人事部が行う）、研修場で成功体験とそれに関わる行動を語っていただくこともします。

研修設計上で留意する三点めとして、内省に向かう問い方をすることです。マインド醸成の研修は何か唯一無二の正解値があって、それを講師が授けるものではありません。受講する各々がどう意識をつくっていくか、どう態度をつくっていくか、正解のない問いに対しどう自分の答えをつくり出していくかが目的です。ですから、講義スライドを説明するときも受講者に知識を与えるというより、受講者各自に内省を促すようにはたらきかけます。

例えば講義例1では、「ひとくちに活動的であるといっても、そこには従順な活動者と自律の活動者と二種類あります」とか、「自律には、組織と協調する自律と、自己中心的に暴走する我律と二種類あります」などの説明をしています。このようなスライドをみながら受講者は、自分はどちらの自律に傾いているだろうかと自問するようになります。

また講義例4の最後のスライドでは、「みずからの内的基準に従って、キャリアのオープンスペースに切り込んでいく実力と気概を持てるか」という見出しをつけています。意識を育む研修というのは、このように自覚を促していく問いかけが必要です。

「自主や自発」のやる気と「自律」のやる気は違う

「自律」という意識がどんなものであるのか——実のところ、私もこの研修事業につく前はさほど深く考えたことはありませんでした。おおよそ自主的とか自発的と同様の意味で使っていました。しかしここでみてきたとおり、「律」はその人の理念や価値観に根ざした強くて深い規則であり、それに従って判断・行動できる状態というのはそう簡単に到達できるものではありません。自主や自発よりも複雑です。

自主や自発のやる気は、外発的な刺激（例えば金銭的報酬や褒め言葉）によって喚起することができます。しかし自律のやる気は、本人の律にかなわないかぎり湧かないわけで、内発的動機によって主導されるものです。自律的な個を育てよう、自律的な組織をつくろうと、かけ声を発することは簡単ですが、自律ということを深く真剣にとらえるほど、この目標は難しいことがわかってきます。しかしそれはやはり目指すに値する挑戦です。

ではここから、自律的な個と自律的な組織がどうつくられていくかについての考察をしたいと思います。

自律的になる＝第3層「観・マインド」の醸成

さて本章冒頭の図表4－Bで、キャリアをつくる要素「3層＋1軸」を紹介しました。そこでいう第3層「観・マインド」を堅固に醸成し、そこから立ち上がる志向性を強く持つことがまさに「自律的になる」ことと考えてよいでしょう。

「観・マインド」を醸成するためにはいくつかの過程を経ねばなりません。まずは具体次元でいろいろな行動・体験・見聞をすること。この蓄積が土壌となります。そして「抽象化・概念化」の作業です。漫然と体験を繰り返すだけでは成長がありません。雑多な事象の中から本質や原理

［図表 4-C］

具体と抽象の往復から観・マインドが醸成される

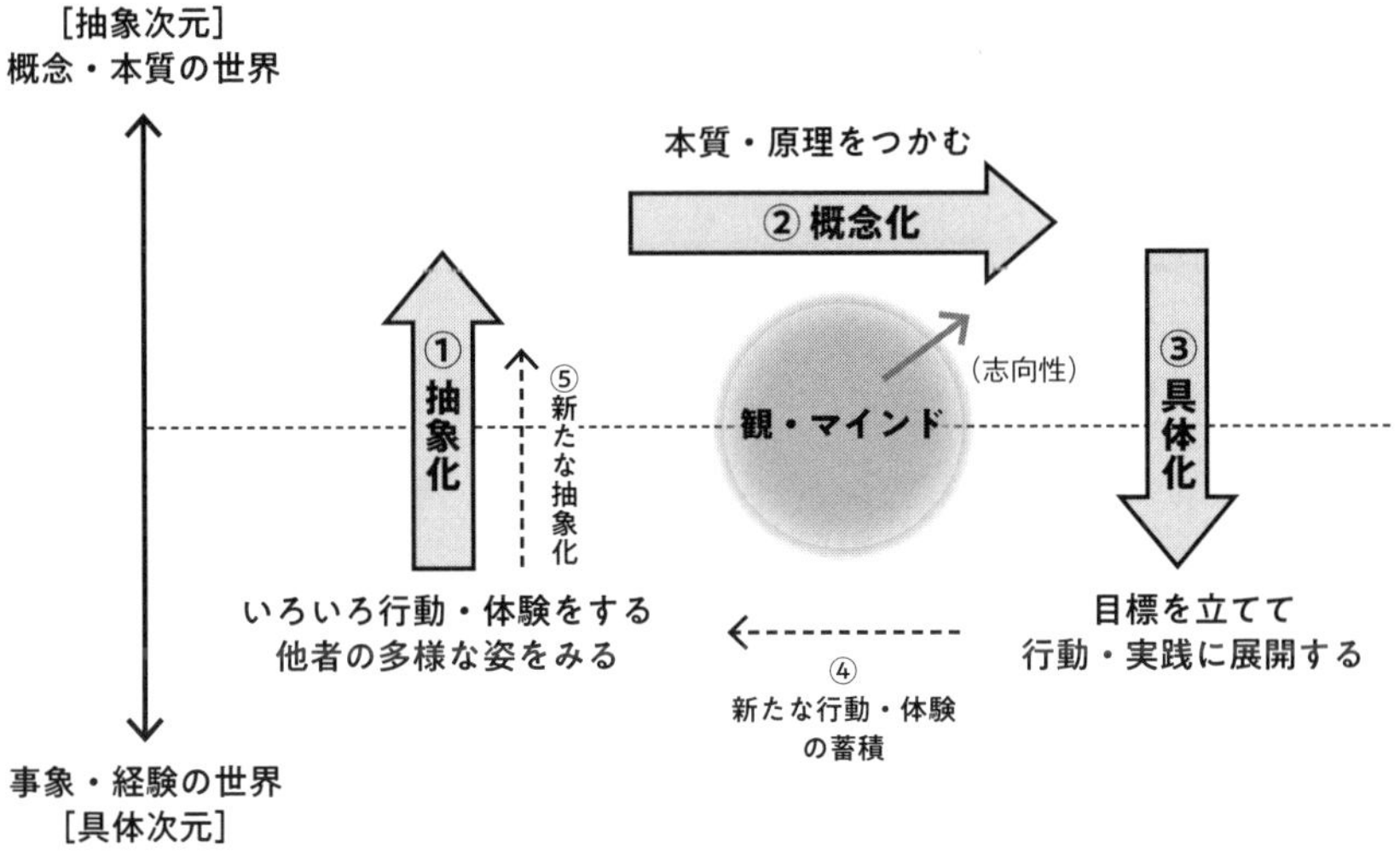

［抽象次元］
概念・本質の世界
本質・原理をつかむ
② 概念化
① 抽象化
⑤ 新たな抽象化
観・マインド
（志向性）
③ 具体化
いろいろ行動・体験をする
他者の多様な姿をみる
目標を立てて
行動・実践に展開する
④
新たな行動・体験
の蓄積
事象・経験の世界
［具体次元］

を自分なりにつかむところから「観」ができてきます。観には、仕事観、事業観、キャリア観、価値観、歴史観、人間観などいろいろあります。

例えば仕事観であれば、さまざまな仕事の中に何を本質として取り出すかという抽象化の作業を絶え間なくやる。その結果、「よい仕事／悪い仕事」とはどんなものかがだんだん見えてきます。これが「概念化」のプロセスです。さらにはそこから「自分がやるべき仕事」とはどんなものかを具体的な目標として定めて実行する。これが「具体化」です。そうすると、新たな行動・体験が積み重なり、さらに新たな「抽象化」へと入る……（図表4－C）。このサイクルによって観・マインドが次第に醸成され、そこから立ち上がる志向性も強くなってきます。

「自律的な個」というのはまさにこの観・マインドと志向性を「みずからの律」として保持する人です。共振する事柄に対しては内発的動機を起こして、献身的に取り組むことになりますが、共振しない事柄に対しては動かなくなります。外発的なインセンティブ（誘引施策）を使えばある程度のやる気を引き出すことはできますが、それは彼らのほんとうのやる気ではないですし、長続きもしません。

「自律的な個」を増やし、彼らにエンゲージメントを高めてもらいたいと経営者やHR担当者が真に願うのであれば、観・マインドレベルでの対話が不可欠です。単に能力教育を施し、報酬制度を豪華にするだけでは、外発的インセンティブに反応的・功利的に集まってくる人の集団ができるだけで、短期的に成果が上がることはあっても、中長期的には自律的な組織として存続していかないでしょう。

自律創発の組織が生まれるために

自律的な組織をつくるためには、企業という組織自体もまた観・マインドを持たなければなりません。抽象次元の施策で言えば、企業の目指す理念や価値を明示し、浸透させる取り組みをすること。そして具体次元では、その理念や価値を具現化する行動事例やロールモデルを示すことです。私がその恰好の例として各所で紹介しているのは、本田技研工業がネット上に公開している社史『語り継ぎたいこと〜チャレンジの50年』(https://www.honda.co.jp/50years-history/)です。

ここには経営者の本田宗一郎や藤澤武夫のみならず、いろいろな社員の働きざまが描かれています。同社にとっての中核的価値である「やらまいかのチャレンジ精神」「造る喜び・売る喜び、買う喜び」「良品に国境なし」などをいかに体現したかの群像物語になっています。単なる史実資料ではなく、また観念論や説教話に陥ることもなく、ものづくり哲学と実践事例が見事に融合した熱量溢れる読み物になっています。これほど良質の自律啓発書はないでしょう。

こうした両次元の施策が相まって、企業は独自の組織文化を醸成していきます。するとそこからはおのずと組織全体の志向性が立ち上がってきます。この全体の志向性と、個々の従業員の志向性が共振するとき、自律創発の組織が生まれます。

経営者・HR担当者自身が「観」を磨き発信せよ

「自律」を言うことは簡単です。そして実際、経営者やHR担当者は、自律、自律とよく口にしてきました。しかし、ほんとうに自律的な個、自律的な組織をつくろうと思えば、それはとても大変な作業です。その大変な作業の第一歩は、まず、経営者自身、HR担当者自身が「観」を磨き、その組織観、人材観、事業観をもとにメッセージを発信し、対話し、施策を打ち出すことです。しかし、はたしてそれらの「観」がどれだけ磨かれているでしょうか……。

少し厳しい見方をすれば、昨今のHR部門の仕事はもっぱら制度や管理システムをつくり、回していくことに終始していないでしょうか。それらの設計意図もひたすら個々人の成果増大に向けられており、アメとムチの原理による外発的動機づけ施策を多用しています。その結果、功利的な反応で人を動かすことはしても、自律的に献身をする人を増やすことからは遠くなっています。

だからこそ、自律に対する新しい目を持ち、本腰を入れて観・マインドのレベルに下りていくことが求められます。むしろ、そういった肚ごたえのあるメッセージが経営側・HR側から発信されることを現場の従業員は望んでいると思います。

観点 2

「働きがい」の創出を考える

どんな会社が「よい会社」かは視点によってさまざま

「よい会社」がどんなものであるかは、それを評価する視点・立場によりさまざまです。経営者にとっては、多様な人材と技術力を保持し、利益という形で継続的にステークホルダーに報いていくのが「よい会社」かもしれません。取引先にとってみれば、儲けさせてくれる会社が「よい会社」でしょうし、株主からみれば、株価も配当も上がり続ける会社が「よい会社」かもしれません。また、社会にとっては、雇用や納税など経済的な貢献と、商品・サービスを通して文化的な発展に貢献してくれるのが「よい会社」となります。

では、従業員にとって「よい会社」とは何なのでしょう？　給料の高い会社、やりたいことをやらせてくれる会社、長く雇用してくれそうな会社、ステータスのある会社、社風に活気のある会社、ブランド力の強い会社、理念に共感できる会社、子育てのできる会社など、いろいろあるでしょう。

長年、従業員意識調査などを数多く行ってきた米国の調査機関Great Place to Work Instituteは、従業員の視点に立った「働きがいのある会社」ランキングを発表しています。同機関は、働きがいに関わる五大要素として次の項目を指標にしています――

❶信用：従業員がマネジメント（経営陣）をどれだけ信用しているか
❷尊敬：従業員がマネジメントからどのくらい尊敬・尊重されているか
❸公正：従業員がマネジメントに公正に扱われているか
❹誇り：従業員はどれくらいみずからの仕事にプライドを感じているか
❺連帯感：従業員はどれくらい職場で連帯感を持っているか

従業員からみる「よい会社」の二つの側面〜「働きやすさ」と「働きがい」

これまで「優良会社」と言えば、どちらかというと財務的、外形的に強く安定した会社を指すものでした。それとは異なり、この五つの要素は従業員目線から会社の状態を評価するもので、とても大事な観点を提示しているように思います。

そこで、従業員にとって「よい会社」とはどんなものかを本書なりに整理したのが次ページの図表4－Dです。「よい会社」の「よい＝良い・善い・好い」には二つの側面があるように思われます。すなわち、「働きやすさ」と「働きがい」です。

図に示したように、働きやすさも働きがいも「物的観点」と「精神的観点」に分けてながめることができます。

働きやすさは物的観点からながめると、制度や設備が充実し、かつ、それらの使い勝手がよいことにあります。また精神的観点からは、組織の風土や人間関係が自分になじみ、ストレスが少ないことがあげられます。いずれにせよ働きやすい会社とは、端的に言えば、自分にとって働く環境の親和性や融通性が高いということになるでしょう。

他方、働きがいがあるというのは、働き手が能動的に働けば、その分、会社がきちんと応えて

[図表 4-D]

従業員にとっての「よい会社」とは……

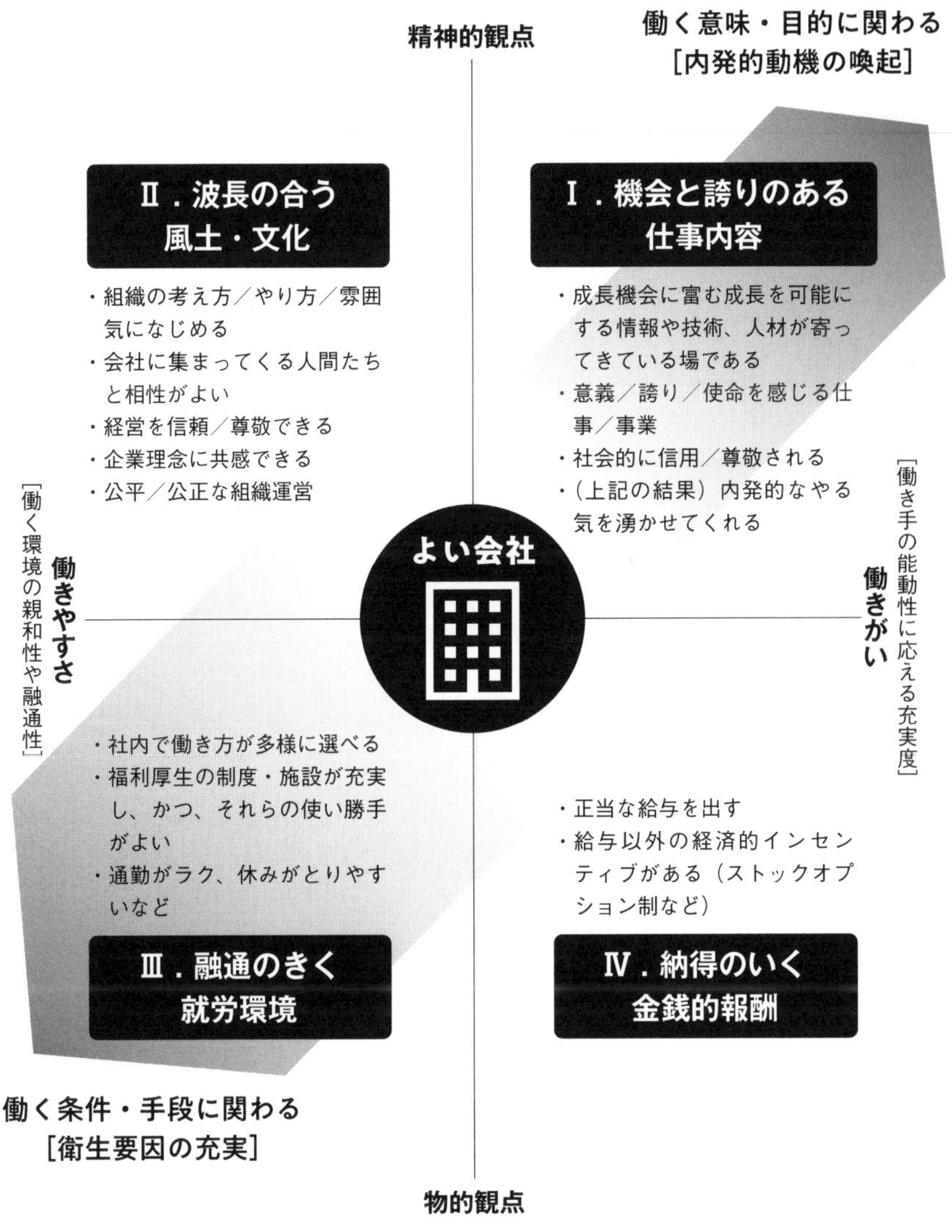
精神的観点
働く意味・目的に関わる
[内発的動機の喚起]
Ⅱ．波長の合う
風土・文化
・組織の考え方／やり方／雰囲気になじめる
・会社に集まってくる人間たちと相性がよい
・経営を信頼／尊敬できる
・企業理念に共感できる
・公平／公正な組織運営
Ⅰ．機会と誇りのある
仕事内容
・成長機会に富む成長を可能にする情報や技術、人材が寄ってきている場である
・意義／誇り／使命を感じる仕事／事業
・社会的に信用／尊敬される
・(上記の結果) 内発的なやる気を湧かせてくれる
働きやすさ
[働く環境の親和性や融通性]
よい会社
働きがい
[働き手の能動性に応える充実度]
・社内で働き方が多様に選べる
・福利厚生の制度・施設が充実し、かつ、それらの使い勝手がよい
・通勤がラク、休みがとりやすいなど
Ⅲ．融通のきく
就労環境
・正当な給与を出す
・給与以外の経済的インセンティブがある (ストックオプション制など)
Ⅳ．納得のいく
金銭的報酬
働く条件・手段に関わる
[衛生要因の充実]
物的観点

くれる、報いてくれるものがあるということです。物的には金銭的報酬、精神的には成長感や仕事への誇り・意義といったものです。

人手不足の昨今、会社は従業員の獲得と保持のために「よい会社」であることをアピールしなければなりません。そのためにまず会社は働きやすさの充実を図る必要があります。すなわち、図の左半分「II．波長の合う風土・文化」「III．融通のきく就労環境」に手を打ちます。さらには、右下の「IV．納得のいく金銭的報酬」を分厚くします。これらを充実させればさせるほど「あんな環境・報酬のよい会社で働きたい」という人はまちがいなく増えるでしょう。わかりやすい施策であり、即効性があります。

多くの職場がそのように働きやすい環境と物的報酬がきちんと整備されることは歓迎すべきことです。しかし留意すべきは、これらII、III、IVが「衛生要因」「外発的動機」に属するものであることです。これらは本来、働くうえでの条件・手段として機能するもので、真の働きがいを生み出すものではありません。

では、真の働きがいを生み出す源泉は何か?——それが「I．機会と誇りのある仕事内容」です。これのみが内発的動機を喚起します。

働きがい創出のための主要件と阻害要因

第1章でも触れたとおり、就労環境や物的報酬など衛生要因の充実は「よい会社」になるための必要条件ではあるものの、そこに受け身的に満足してしまう従業員を増やしたり、そこを最優先にさせて就職志望してくる人を集めてしまったりすることにもつながってきます。外発的動機によって動かされる人は、その外的な恩恵物がなくなってしまうと容易にやる気をなくします。また、与えられた恩恵物の質と量に比例して、やる気の質と量も上がるかと言えば必ずしもそうではありません。

衛生要因の充実や外発的動機による誘導だけで人を集め、「よい会社」になったふうであっても、早晩、組織全体の就労意識の保守化は免れないでしょう。ですから、必ず内発的動機を喚起する仕掛けを合わせなくてはなりません。

もとより、内発的動機にもとづく働きがいをつくり出すのは一人一人の働き手です。なぜなら仕事に対し意義や誇り、使命感を抱くのは本人にしかできない作業だからです。したがって、会社組織はそのための下地づくり、刺激与えができるのみです。

さて、ここからはその「働きがい」というものを生み出すための主要件と阻害要因をみていきたいと思います（図表4－E）。まずは次にあげる主要件三つを詳しく説明します。

[図表 4-E]

働きがい創出のための主要件と阻害要因

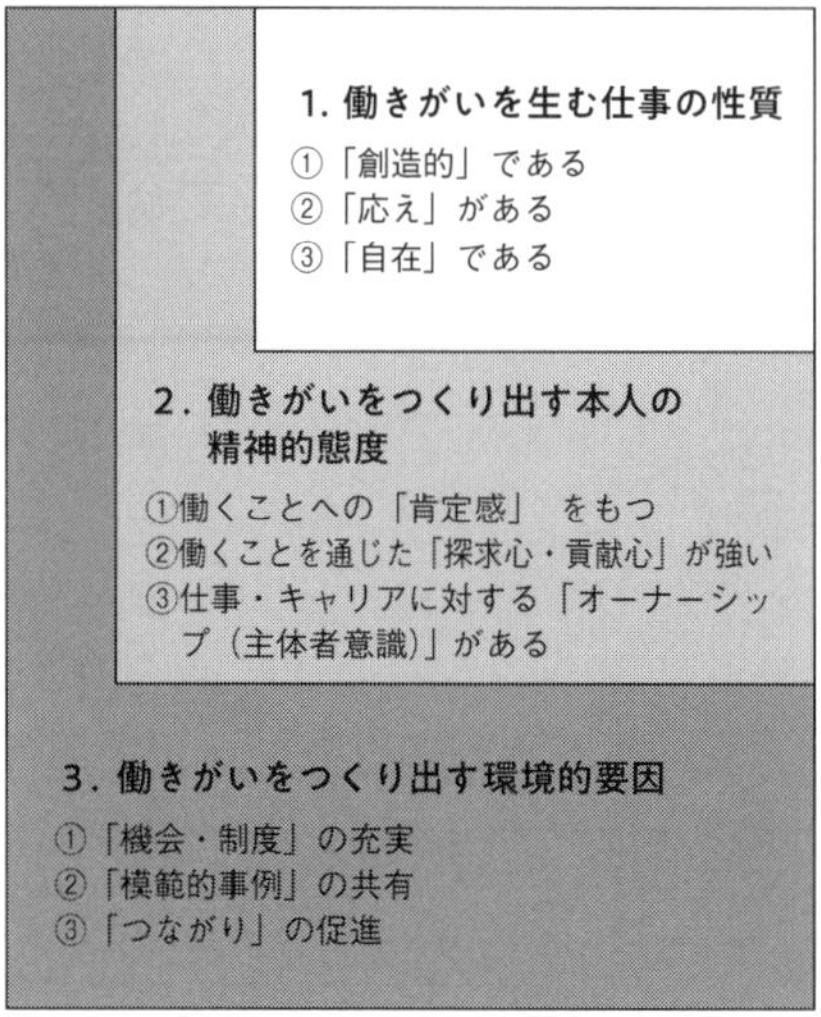
1. 働きがいを生む仕事の性質
①「創造的」である
②「応え」がある
③「自在」である
2. 働きがいをつくり出す本人の精神的態度
①働くことへの「肯定感」をもつ
②働くことを通じた「探求心・貢献心」が強い
③仕事・キャリアに対する「オーナーシップ（主体者意識）」がある
3. 働きがいをつくり出す環境的要因
①「機会・制度」の充実
②「模範的事例」の共有
③「つながり」の促進

働きがい創出を阻む組織側の問題

- □ 職務設計・課業設定が硬直化している
- □ 功利主義の圧力
- □ 上意下達の風土、事なかれ主義の蔓延

- □ 働くことに対する意識・観・マインドを教育する機会、対話の場が欠如している
- □ 組織としての事業に対する精神的態度が不明瞭。事業理念などが掲げられていても形骸化している

- □ 従業員の自発・能動的行動に報いる姿勢や仕組みが貧弱
- □ ロールモデルなど模範的存在や奨励的行動を組織全体で共有しない
- □ 従業員どうしの自律的・啓発的つながりを促す仕組みがない

1. 働きがいを生む仕事の性質

①「創造的」であること
②「応《こた》え」があること
③「自在」であること

2. 働きがいをつくり出す本人の精神的態度

①働くことへの「肯定感」
②働くことを通じた「探求心・貢献心」
③仕事・キャリアに対する「オーナーシップ（主体者意識）」

3. 働きがいをつくり出す環境的要因

①「機会と支援」の充実
②「模範的事例」の共有
③「つながり」の促進

「生産性を上げよ」が「創造の喜び」を奪うこともある

働きがいを生む仕事の性質として三つの要素をあげました。その一番めが「創造的」であること。「人は意欲し創造することによってのみ幸福である」とは哲学者アランの有名な言葉です。しかし、今日の職場ではとかく生産性を上げよ、効率を上げよ、の大号令のもとに、ひたすらムダを省いて数値目標達成に走らされます。確かに生産性や効率を上げるための改善策を練ることも一つの創造ではあるものの、あまりに功利主義的な圧力がかかると、創造行為が本来含んでいる楽しさというものが失われます。「意欲し創造する」のではなく、「嫌々ながらの捻出」になってしまうからです。

例えば、私は趣味でキャンプをしますが、山で拾ってきた木の枝や枯れ葉を薪にします。一応、キャンプ用ガスコンロも炭火で使う七輪もクルマに積んできていますが、あえて薪を燃して調理がしたい。効率の面からすれば、選択肢の中で一番悪い。けれども、どんな枝葉を拾ってこようか、どんな形状に組み上げると火が着きやすいか、どう火を持続的に安定させようか、などを考え、手を動かすことが創造的であり、楽しい。

また、揺らめく焚き火の炎を、ただただ、ながめる。パチ、パチという音を、ただただ、聴く。そして身体全体で、山の風、霊気に触れる。そのとき私は何も生産はしていない。しかし、私はきわめて創造的に存在している（と感じる）。

生産性とは、いかに少ないインプットで多くのアウトプットを得るかであり、功利をベースにした概念です。一方、創造性はつくり出されたものの独自性や味わいが問題であって、ムダの多少とか、効用の有無はあまり問題ではありません。創造はつくり出すこと自体が目的としてあり、そこにこそ創造の喜びが生まれるからです。やりがいがある仕事というのは、そうした創造が持つ特性を十分に含んでいなくてはなりません。

その仕事をやることで「手応え・肚応え・人応え」がある

働きがいを生む仕事の性質の二番めは「応え」があることです。働くとは、自分が何かしら作用を外界に（場合によっては、自分自身に）起こすことであり、その作用に対する何らかの反響や報いを外界から（場合によっては、内面にいるもう一人の自分から）得ることが「応え」です。働きがいにつながる「応え」として、本書では次の三つを考えます——「手応え・肚《はら》応え・人応え」。

「手応え」とは、自分が能力を発揮して、その能力がうまく物事に作用していることを実感できることをいいます。自己効力感とか自己有能感と置き換えてもいいでしょう。

次に「肚応え」とは、自分のやっていることの意味がずっしりと感じられることです。意味という語は「意《こころ》の味わい」と書きます。東洋の考え方では、意はヘソの下数センチあたりの内部にあるとされ、ここを肚と呼びます。精神的にやる価値のあることは、まさに肚応えがあるのです。そして「人応え」。何か仕事をしたときに、他者から反響がある、認められる、感謝される、共感されることはとてもうれしいことです。働きがいにはそうした人からの返答が不可欠です。

三つめの働きがいを生む仕事の性質は、「自在」であること。ここでいう「自在」には、自由である、ありのままでいられる、在り方に通じるなど、いくつかの意味を含ませています。すなわち、やるべき仕事の内容・方法が一〇〇%固定で決められていたら、そこには働きがいは生じません。ある程度の裁量権が自分にあり、創意工夫を任されることで働きがいが出てきます。また、その仕事をやるうえで、ありのままの自分を生かせたり、地《じ》にある才能や考え方となじんだりする場合も働きがいを生みやすくします。そうしてその仕事を通じて、みずからの在り方を確かめることができるとき、働きがいを感じます。

労働を否定的にとらえる態度から働きがいは生まれない

働きがい創出を考えるには、仕事そのものの性質がどうかを考えるほかに、働きがいをつくり出す本人の精神的態度がどうであるかも考えなくてはいけません。どれだけ素材的によい仕事であっても、それをとらえる本人の態度ができていなくては、働きがいにつなげることはできないからです。

私は長年、キャリア開発に関わる研修を行ったり著書を出したりしていますが、ときおり受講者や読者からの次のような反応に出くわします。例えば――「経営者や資本家からの回し者の勧誘にだまされるな」「働くことは結局、金を得ること以上のものでも、それ以下のものでもない」「意欲をわかせて仕事しても給料は安いまま。得するのは会社だけでは……」など。こうした労働に対する冷めた観念、被害者意識に支配されてしまうことはとても残念なことです。こうなる過程として、いろいろ不幸な出来事に遭遇したのかもしれません。確かに、「やりがい搾取」（東京大学の本田由紀教授が提唱）という言葉が生まれるほど、いまの事業現場では働き手の向上意欲や責任感、善意を逆手にとった働かせ方が横行しているのも事実です。

しかし、だからこそ、働くことに対する「健やかな観念」を育むことが大事であると思います。私は一方的に資本家・経営者側につこうとか、労働者側につこうとか、そういった考えはいっさいなく、一人間として「健やかな生」を全うするために労働をどうとらえればよいか、その結果として、組織や社会がどう健全に発展できるのかを考えます。

いずれにせよ、働くことに対し否定的・冷笑的な態度をとる人が働きがいを見出すことは困難です。ベースとして労働への肯定感の醸成が不可欠です。

次に働くことを通じて、真理を探り当てたい、能力をきわめたい、という探求心を持つこと。さらには働くことを通じて、お客様を助けたい、社会に役立ちたい、という貢献心を抱くことが大切です。このとき、探求心は利己的意欲、貢献心は利他的意欲といっていいかもしれません。

そして全体として「日々の仕事や長きキャリアの道のりはすべて自分のものである（会社や誰かがつくってくれるものではない）」というオーナーシップ意識がどっしりと肚に据わっていることが、精神的態度として重要な点です。

3M「一五%カルチャー」〜自発的な創造には〝ムダな時間〟を許す必要

働きがい創出の要件として最後に取り上げるのは環境です。私自身、会社員として四つの会社を経験しました。そして独立してからも、人材教育の面で多くの会社とお付き合いがあります。働きがいを生み出しやすい環境か否かという観点からながめると、実に会社の姿勢はさまざまです。

一点めの「機会と支援」の充足は、個々の従業員に裁量権を与え、仕事をつくり変えたり起こしたりする機会を十分に与えているか。と同時に、それを支援するための制度がしっかり整っているかということです。例えば、私がかつて出版社で編集者をやっていたとき、編集という仕事をもっと深掘りするために、自己啓発予算を使って写真学校に通いました。写真のこと、撮影技術のことを学ぶことで、担当仕事へのやりがいは確実に増しました。もし、会社がこのような自己啓発予算を与えていなかったとしたら、あるいは「編集の仕事と写真学校は直接的に関係するものではないから自腹でいくように」と上司が承認をしなかったら、私のやりがい増強はどこかに消えてしまっていたかもしれません。

米国の3M社が一九二五年から実践する「一五%カルチャー」はもっと強力なものです。社員は誰しも業務時間の最大一五%までを自由な研究・研鑽活動にあててよい慣習的制度です。先ほど生産性と創造性の違いについて述べましたが、まさにこの「一五%カルチャー」は、自発的な創造を起こすためにはある種の〝ムダな時間〟を許すことが必要であることを熟知した制度です。生産性数値を上げるため時短の実績づくりに汲々としている企業の姿とは対照的です。

また、こうした自発的な創造を促す環境を度量広く与えることは、会社への愛着や感謝にもつながってくるでしょう。

二点めは「模範的事例」の共有。ロールモデルなど模範的存在や奨励的行動を組織全体で積極的に紹介しているかどうかです。人の感情は伝染するものです。また、自分の生きざま・働きざまは、他人の生きざま・働きざまから強く影響を受けます。したがって、独自の信念をもって生き生きと仕事をする人の姿をさまざま見せることが、組織なかんずく人事部門として重要な作業になります。

ロールモデルを見せるといっても、働きがい創出という観点からは、外的なキャリアのはしごをミスなく上っている人間ではなく、みずからの内的基準に従って仕事をつくり出し、たくましくキャリアを切り拓いている人物を紹介すべきです。先に紹介した本田技研工業の社史『語り継ぎたいこと〜チャレンジの50年』も、まさに自身の内奥から抗しがたく湧き起こってくる情熱で動いた人びとのエピソード集でした。

社内の情報共有では、よく業務上の成功事例——例えば、好成績を上げる営業担当者の話とか、ヒット商品を生み出した開発担当者の話など——を取り上げることが多いと思います。そのときの情報はどうしても業務ノウハウに偏ってしまいがちです。そこをもっと心理的な側面からの内容を増やしたらどうでしょう。その仕事を積極果敢にできたのはどうしてなのか、動機づけはどこにあったのか、もろもろの判断をした基軸は何だったのか、自分の意思以外にどんな力がはたらいたのか、など。

働くことに向かう心の声や物語の集積は良質な教育コンテンツ

働くことにどう向き合うかという心理面での声を日本人はなかなか発しません。気恥ずかしさや謙遜があるのでしょう。しかし心理的なカベは意外と低いもので、ひとたびしゃべらせてしまうと、いろいろと語り出すものです。

私は研修でぐいぐいと受講者に根本的な問いを発し、ぐいぐいと口に出すことを促しますが、気後れしているのは最初のほうだけで、すぐに彼らは各々の思いを語り出します。「あ、この研修は自分の考えや気持ちを素直にはき出していい場なのだ」という雰囲気さえつくれば大丈夫です。すると、「あ、彼はふだん軽いなあと思っていたけど、実はしっかり考えている」とか「誰しも現実と自分の思いとをぶつけ合いながら進んでいるのだなあ」といった声がそこかしこで出てきます。

従業員の模範的事例を共有し、従業員同士で褒め合ったり、感謝し合ったりすることをうまく根づかせているのがホテルやテーマパーク業界です。ザ・リッツ・カールトンや東京ディズニーリゾートでは「ファーストクラスカード」や「サンクスカード」といったもので従業員相互に行動事例や気持ちを交流させています。

変わったところでは、新幹線車両の車内清掃会社JR東日本テクノハートTESSEIの「エンジェルリポート」があります。同社はそれまで地味で日陰の仕事であった車内清掃を、旅のおもてなしの仕事として転換し、「さわやか・あんしん・あったか」を届ける会社へと生まれ変わることに成功しました。「エンジェルリポート」は清掃従業員が実際の現場でお客様とどんな交流が生まれたかのエピソード集です。その内容は、清掃技術に関わること以上に、どのように振る舞ったか、どのような気持ちの交流があったか、その結果、自分がどのようにお客様の旅の一部になれたかの物語があります。

この情報共有によって、従業員に「プライドとリスペクト」が生まれたといいます。すなわち、プロの清掃員・魅せる清掃員としてのプライド（誇り）と、清掃員同士でのリスペクト（敬意）。情報共有というのは、その共有される内容によって強力な意識変革効果があります。

人がどういう思いで懸命に仕事に取り組んでいるか。そしてその懸命さに応じてどんな物語が生まれているか。そういった心の声の発信、心からの行動、さらにはそこからの派生物語は良質な教育コンテンツです。と同時に、組織全体の気風や文化を醸成する源泉になっていきます。各職場では愚痴や批判の声は容易にはき出され蔓延しますが、各人が抱く仕事観や志・理念・信条についての声は、ほうっておいてはどこからも湧いてきません。その意味で、社内の情報メディアなどを使い、恒常的にさまざまな人の「内面の声」が共有できる情報環境を整えることが重要です。

多様な人とのつながりが現職を見つめなおすきっかけになる

働きがいをつくり出す環境的要因の三点めは「つながり」の促進。私も会社員をやめてよくわかることですが、会社員というのはとても狭く閉じた世界に生きています。一つの部署に身を置き、分業された業務をこなし、固定化した人間関係でずっと過ごせてしまうからです。多少プライベートで仕事以外の世界に触れるにせよ、やはり自分が好む環境にしか動きませんから偏りがあります。そこで組織がもっと人と人とのつながりを促すような手立てをとることで、よい効果が生まれる可能性が高まります。

例えば私の顧客企業の例では、プロボノ活動を社内的に呼びかけているところがあります。「プロボノ」とは公共善のために職業上のスキルや知識を社会に役立てるボランティア活動をいいます。そのメーカー企業では有志が部署横断的に集まり、地域の小中学校で理科の実験授業を行っています。参加社員はその授業を通して、製造に従事する仕事の意義をあらためて感じるようです。

また、災害地支援のボランティア活動に社員を送り出しているIT企業では、参加者の活動後の感想で「いまの自分の仕事環境、境遇がいかに恵まれているのかがわかった」といった声が多く寄せられ、意識面でのよい変化が見られます。

固定化し閉じた世界から従業員を外に出させるという観点では、副業や兼業の許可も一つの手立てでしょう。いずれにせよ、人とのつながりを増やすほど、そしてその人たちと活動をともにするほど、気づきや揺らぎが起こり、目の前の仕事の再定義や組み替えが起こります。その過程で、それまで感じていなかった働きがいというものが立ち上がってくることもあるでしょう。

以上、本節［観点2］では働きがい創出の要件についてみてきました。昨今、働きがいを「エンゲージメント」という言葉に置き換えて施策を練る企業も増えてきました。しかし私は、このエンゲージメントが経営目線からの押しつけで、結局のところ従業員を「働かせんかな」という雰囲気をもったものであれば、早晩消えていくと思います。経営者やHR部門に堅固な哲学がなく、単に流行の概念やハウツーを海外から取り込むだけで個々の人間の「働きがい」といった深い底にある心を持ち上げることはできません。

働きがいの創出には、仕事の性質を変えていく工夫が要ります。また、働く本人の精神的態度をつくる教育や対話が不可欠です。そして制度や文化といった環境を整える必要もあります。一朝一夕にできないことばかりですが、だからこそ経営者やHR部門にとってやりがいのある仕事ではないでしょうか。

観点
3

変容する個と組織の関係性

会社は巣立つべき「学校」である

別れた女房（旦那）は恨めしいが、卒業した母校は懐かしい——。一つの関係性が区切りを迎えたとき、配偶者と学校とでなぜこうも気持ちが違うのでしょう。

それは、人と人、もしくは人と組織との関係において二つのタイプがあるからではないでしょうか。つまり、「永遠の誓い」関係と「一時《いっとき》の目的共有」関係です。結婚は前者の典型で、自分と学校とは人生のある期間に修学目的を共有するという後者の関係に属します。

さて、転職に何か会社への裏切り行為のようなネガティブなイメージが付きまとっているのは、戦後の高度経済成長期から慣行としてきた終身雇用制の下で、労使間が暗黙のうちに結婚にも似た「永遠の誓い」関係を前提にしてきたからなのでしょう。つまりそこでは、別れは約束破りであり、悪であるという意識が芽生えるわけです。

ですが世は昭和から平成、令和へと移り、会社と働く個人の関係が変わり始めました。会社も終身雇用を言わなくなり、ヒトは流動するものと認識が変わってきました。現在のビジネス社会では、会社とその従業員は、ある期間、事業目的を共有して利益活動をするという関係でとらえる部分が大きくなりました。ですから、ある目的を終え、次の目的が互いに共有できなくなれば、ヒトがそこを去っていくのは当然のことという流れになっています。

もともとIBMやアクセンチュア、リクルートといった企業は人材輩出企業として有名で、転職者が多い。そしてその企業出身者たちは、有形無形、直接間接に自分たちが巣立った会社と関係を持ちながら、業界全体を育てている事実があります。彼らの意識においては、個人と企業の関係は、「永遠の契りを結ぶ男女」関係というよりも、「学生と学び舎」の関係に近いのでしょう。在学中はその学び舎で一生懸命勉学に励み、いったんは卒業しても母校として懐かしみ、恩義を感じる。そんな感じの関係です。第3章で紹介した藤岡和賀夫さんの言葉の中には、自分の選んだ会社を「寄留地」として世に出ていく、とありました（164ページ）。これも言い得て妙です。

ただ、ここで私が伝えたいメッセージは、「だから一度は転職をしてみなさい」ではなく、「転職するしないにかかわらず、一個の自律した職業人として常にエンプロイアビリティ（雇われうる力）、アントレプレナビリティ（起業しうる力）を養い、いつでもその会社を卒業してもいいような状態をつくれ。少なくともそうした気概を持ち続けよ。どのみち定年退職という強制的に会社を卒業するときが来るのだから」ということです。

「よい転職」というのは、会社への「裏切り」ではなく「巣立ち」です。働く個人として、転職後も元の会社や元の上司・仲間たちと良好な関係を維持することは全く可能なことです。その会社に恩返しできることもたくさんあります。ですから、会社もそうやって意志と能力に満ちて巣立っていく社員たちを鷹揚に送り出してやることです。

人材の「囲い留め」から「絆化」へ

ヒトを組織に留めるというときに、私は図表4－Fのように二つのモデルがあると考えます。すなわち、「リテンション〈囲い留め〉型」と「ボンディング〈絆化引力〉型」です。

[図表 4-F]

組織に人材を留める２つのモデル

リテンション〈囲い留め〉型

・retention、保持、つなぎ留め
・魅力的な報酬で「出ていかないように囲う」発想
・柵囲いの牧場

ボンディング〈絆化引力〉型

・bonding、絆化、結び付き
・心的引力によって「圏を形成する」発想
・人的宇宙（ヒューマン・コスモス）

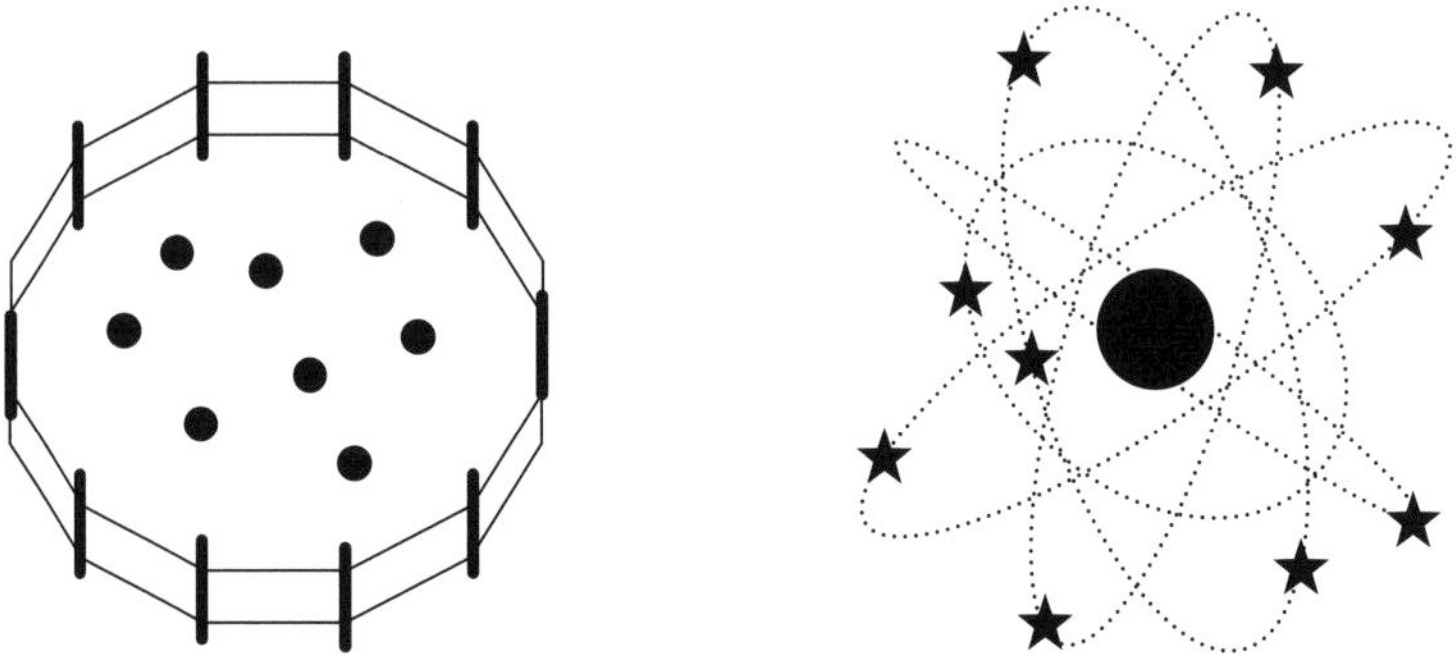

リテンション〈囲い留め〉型

・retention／保持／つなぎ留め
・ヒトを魅力的な報酬や待遇で「出ていかないように囲む」発想
・柵囲いの牧場

ボンディング〈絆化引力〉型

・bonding／絆化／結び付き
・ヒトが共感、報恩、同窓意識など心的引力によって「圏を形成する」発想
・人的宇宙（ヒューマン・コスモス）

　戦後の高度成長期以降、多くの日本企業は終身雇用を前提として個人と組織の関係性を築いてきました。ここでの関係性は「リテンション〈囲い留め〉型」です。魅力ある雇用条件・雇用保障を与えて、ヒトを出ていかないように囲

う発想をベースにしています。優秀な人材ほど不足する昨今、ヒトを留めるには依然、魅力的な報酬や待遇を準備する必要があるでしょう。しかしこのことは逆に、そうした物的なインセンティブで集めたヒトは、他社からそれ以上の報酬や待遇が提示されれば出て行きやすくもあります。はたして企業は、報酬や待遇によって人を囲うという発想だけでいいのでしょうか。そこでもう一つの発想に目を向けなくてはなりません。

個人はひとたび、その組織との間で理念共感や報恩、同窓意識など損得勘定を超えたところの互恵意識によって絆化がされれば、その組織の引力圏内に自然と留まるようになります。地面(組織内)に留まって直接的に貢献する場合もあれば、地面から離れて別空間(組織外)に行き、間接的に貢献を続ける場合もあるでしょう。この関係性が「ボンディング〈絆化引力〉型」です。

例えば、先ほど触れたＩＢＭやリクルート、アクセンチュアなどは人材輩出企業として有名です。そこでは、現役の社員たちとそこを巣立った人たちが緩やかなネットワークを組み、業界全体を盛り上げる活躍をしています。それはあたかも、ある恒星を中心として個性ある星々があまた周回し、一つの活動圏を形成している姿にみえます。言ってみれば、ある一つの企業を中心とした「ヒューマン・コスモス(人的宇宙)」の形成です。彼らはそうした関係性の中で、自分を生かしながら、自分を育ててくれた会社や業界も生かします。

絆化されたアルムナイ・ネットワークは企業の無形資産

個と組織の関係性はそのヒトが雇用されている期間に留まらず、多少なりともずっと続いていくものです。だからこそ、そのヒトが在職中に組織とどのような心的関係性を築くかは重要です。

絆化できずにヒトが辞めていくことを、人材「流出」という。
絆化されたヒトが辞めていくことを、人材「輩出」という。

流出したヒトは、たぶんその後のキャリアにおいて、もといた組織と再び手を組むことは少ないでしょうし、その組織の悪評をこぼし回ることすらするかもしれません。他方、輩出したヒトたちは、その後も元の会社と協業することもあるでしょうし、あちこちでその組織に育てられた恩義を語ることでしょう。そのようなことで、その組織の評価は高まり、結果的に新たな人材が集う流れが生まれてきます。逆説的ですが、気前よく人材を輩出する組織は、人材もよく入ってくるわけです。

確かに現実問題として、魅力的な報酬や待遇など物的な引き留め策はやらねばなりません。そして実際、効果も出ます。しかし、そうした「外からの囲い」はせいぜいヒトを出て行かないようにするためのものです。副作用として、ヒトを保身的に悪く居つかせる危険性もある。その点、「内からの絆」はヒトを自発的に留めるのみならず、ヒトが組織のよい評判をそこかしこで立ててくれる。仮にそのヒトが巣立っていっても、また別のヒトを呼び込むはたらきがある。

最近は、「ブーメラン採用」と呼ばれる出戻り社員の採用も増えてきました。そのために「出戻りパスポート」を発行する会社もあります。また、「アルムナイ・ネットワーキング」の活動も目立ってきています。アルムナイとは「同窓生」の意味で、ここではその企業の離職・退職者のことをいいます。

いずれにせよ、ヒトが流動する時代において組織側が考えなければならないのは、一度でも縁があって入社してくれた人間に対し、価値共有（さらに言えば、その価値実現に向けての体験共有）を通して、絆をつくろうとするかどうかです。人と人の関係性において、何か共通の理念に向かって協働しようとする心的な結びつきほど強いものはありません。

「数値追求のヒエラルキー型」組織と「理念具現化の自律創発型」組織

組織がヒトを集めて事業を行うとき、その組織の形がどうなるか、両極のイメージを図表4―Gに描きました。ここでいう形とは、単なる外的な形ではなく、性質的な形をイメージしたものと考えてください。

[図表4-G]

2つの組織形

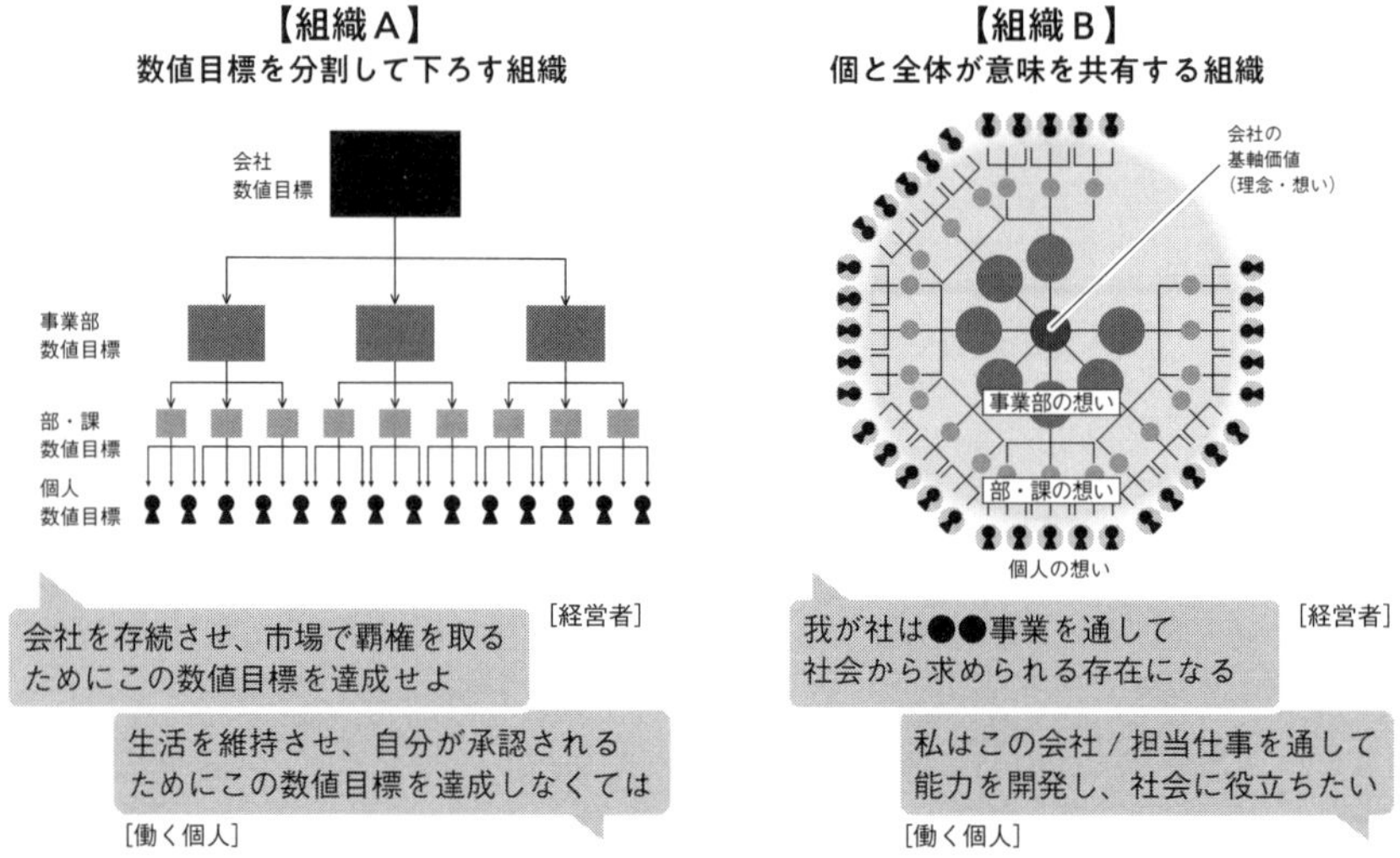
【組織A】
数値目標を分割して下ろす組織
会社
数値目標
事業部
数値目標
部・課
数値目標
個人
数値目標
[経営者]
会社を存続させ、市場で覇権を取る
ためにこの数値目標を達成せよ
生活を維持させ、自分が承認される
ためにこの数値目標を達成しなくては
[働く個人]
【組織B】
個と全体が意味を共有する組織
会社の
基軸価値
(理念・想い)
事業部の想い
部・課の想い
個人の想い
[経営者]
我が社は●●事業を通して
社会から求められる存在になる
私はこの会社/担当仕事を通して
能力を開発し、社会に役立ちたい
[働く個人]

組織Aは数値目標を分割して下ろす組織です。この類いの組織にとって、事業目的は第一に利益獲得です。利益こそ組織を存続させ、強くさせ、市場の覇権を取る礎になると考えるからです。そのために全社の数値目標は、事業部、部・課、個人へと分割され、それぞれが達成を目指します。数値目標を割り振られた個人も、自分が給料を得るために、そして自分が認められるために、この数値達成がやるべき仕事であると考えます。組織Aは、言ってみれば「数値追求のヒエラルキー型」組織です。

他方、組織Bは個と全体が意味を共有する組織です。事業目的は理念を具現化することにあります。その事業活動を通じて社会から必要とされる存在となり、結果的に利益が出て存続していくという構えです。そこで働く個人は組織と理念を共有し、そこを舞台として自分の能力を開発し、社会に役立っていきたいという想いを持ちます。組織Bは「理念具現化の自律創発型」組織と言っていいでしょう。

二〇一八年にフレデリック・ラルー著の『ティール組織』が話題となりました。組織Aは同書で言うところの「オレンジ組織」（全体成果を追求する階層構造を持った機械的組織）、組織Bが「ティール組織」（メンバーやチームが目的に応じて自律的に進化していく生命体のような組織）ととらえることもできます。また、組織Bのような自律分散型の組織を、全体（holon）や全体論（holism）との掛け合わせ造語で「ホラクラシー（holacracy）」と呼ぶこともあります。

現実の事業組織はさまざまありますが、その形は組織Aと組織Bの混合です。多分にAに偏っている組織もあれば、B寄りの組織もあるでしょう。

組織における個人の分業意識～「ブロック的」か「マグマ的」か

それで次に考えてみたいのが、二つの組織における個人の分業意識です。上意下達による規律や命令で動いていく組織Aの場合、個人への分業はきっちり決められています。達成すべき数値はもちろん、役割、やり方、報酬の仕組み——目標を達成すれば満額の報酬が得られるが、未達成となれば減額や罰則があるといった「アメとムチ」の仕組み——が伝えられます。個はそれを忠実にやり遂げようとします。各人の自由度は小さいものの、逆に自分で考えなくてすむのでラ

［図表 4-H］

個人の分業意識

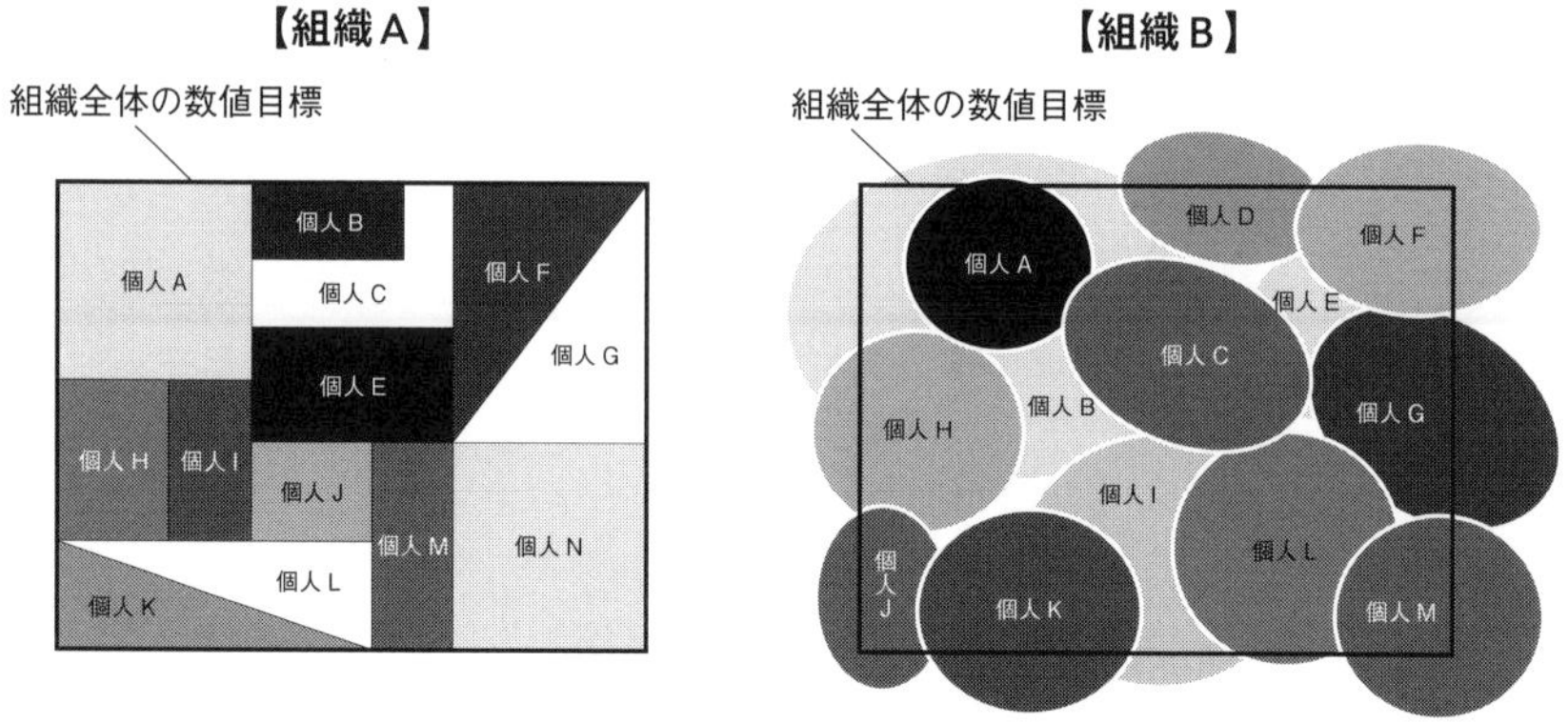
【組織A】
組織全体の数値目標
個人A
個人B
個人C
個人E
個人F
個人G
個人H
個人I
個人J
個人K
個人L
個人M
個人N
【組織B】
組織全体の数値目標
個人A
個人B
個人C
個人D
個人E
個人F
個人G
個人H
個人I
個人J
個人K
個人L
個人M

目標達成のために、個々が分業をきっちりやる。
（やらねばならないという圧力がある）
与えられた以上のことはあまりやりたくない。

目的（意味）のもとに、個々が全体と協調しながら役割を果たそうとする。
あちこちで、言われたこと以上のことを自律的にやるケースが出てくる。

クというメリットも感じています。その結果、意識は他律的、従属的になります。与えられた分の仕事は真面目にこなしますが、与えられた以上のことはあまりやろうとしません。

他方、組織Bにおける個人の分業意識はどうでしょうか。この組織では個と全体が目的（理念や想い）を共有しています。そのため個人は全体と協調を図りながら、それぞれの立場で自分なりに何ができるかを考えます。与えられた以上のことをやることもしばしば起きます。なぜなら彼らはその仕事から意味的報酬を得ていて、その仕事自体が喜びになっているからです。組織Bのあちこちで自律的な創発が起こる理由はここにあります。

こうした個人の分業意識をイメージで比較したのが図表４－Hです。組織Aにおいては「ブロック」的です。個々がブロック片として自分の存在を固定的にとらえます。これは組織側のもくろみが強く影響しています。組織とすれば、事業全体を適切にブロック分割し、そこにヒトを割り当て、中央集権的に動かしたほうが管理しやすいからです。大規模な事業になればなるほど、このブロック分割法は有効です。

その一方、組織Bにおける個人の意識は「マグマ」的といっていいでしょう。個々それぞれは独立した活火山であり、マグマを湧き出します。その熱の発し具合や形状は多様です。中央的に管理がなされるというより、個と全が協働的に部分最適と全体最適の両方を図りながら、進んでいくという活動になります。ひとまずは目標を設定しますが、結果的にその目標どおりではなく、理念や想いを具現化する想定外の成果にたどり着くこともしばしばです。もちろん組織Bはそれを歓迎します。ただ、組織全体としてはあいまいさや不確実性を背負わねばなりません。

企業は自己保存が目的ではない

時代の変化と市場の競争がますます激しくなる昨今、企業は生き残ること自体が大変になっています。そのため企業の多くは、ますます組織Aの要素に傾斜が強まっているようにみえます。ともかく数値目標ありき。利益という数値を獲得しないかぎり、事業の存続、組織の存続、経営者の株主からの信任、従業員の雇用維持はありません。数値を獲得するためには、上意下達の指示・命令、ヒエラルキー型の体制、そして個々に配分された任務の厳格な達成が、最も確実な戦い方のように思えます。

「組織Bのように、理念やら社会貢献やらを経営に持ち込むと足手まといになる。冷徹に数字を追ったほうがやりやすい」と考える経営者も多いでしょう。従業員側でも、「ともかく強い商品を会社がつくって、それが売れていくのがいい。会社は生計のために稼ぎに来ているところで、それ以上の期待をしない」といった冷めた構えをする人もいます。これら経営者・従業員の考え方は、会社を稼ぐための装置・稼ぐための場ととらえるものでしょう。こうした冷淡な割り切りの組織観・仕事観は、残念ながら私たちを健やかさから遠ざけます。

経営者や従業員が働くことに対する健やかさを取り戻すために、次のピーター・ドラッカーの言葉は傾聴に値します。

「組織は存在することが目的ではない。種の永続が成功ではない。その点が動物とは違う。組織は社会の機関である。外の環境に対する貢献が目的である」。

――『経営者の条件』より

「組織は、自らのために存在するのではない。組織は手段である。組織の目的は、人と社会に対

する貢献である。あらゆる組織が、自らの目的とするものを明確にするほど力を持つ」。

――『断絶の時代』より

「事業体とは何かを問われると、たいていの企業人は利益を得るための組織と答える。たいていの経済学者も同じように答える。この答えは間違いだけではない。的外れである。利益が重要でないということではない。利益は企業や事業の目的ではなく、条件である」。

――『現代の経営』より

これらの言葉はまさに、認識を組織Bのほうに力強く引き寄せるものです。第1章で本書における「健やかな仕事・キャリア」の三要件を書きました。それは、負荷とともにある、動きの中にある、意味のもとにある、でした。健やかであるためには三つめの「意味」が最も大事な要件です。仕事に「意《こころ》が味わえる」中身があるからこそ、そこから内発的なエネルギーを湧かせて負荷も乗り越えられるし、動きの中から道筋を見つけることもできる。その過程全体が人をしなやかに強くし、キャリアを豊かなものにする。表面的な成果がどうあれ、深いところでの喜びが得られる。

このことは組織も同様です。組織にもその事業を行う「意味」が要る。それはドラッカーも指摘するとおり自己保存ではない。人と社会に対する貢献であるはず。利益を上げるのはそのための条件、言い換えれば地盤づくりでしかない。その地盤の上にどんな建造物をこしらえて世に役立っていくか。それこそが目的であり、「意が味わえる」中身です。

もし組織もそこで働く個人も、事業の目的が自己を存続させるための利益獲得になってしまうと、「意が味わえる」ものはなくなってしまうでしょう。あったとしてもそれは荒涼とした世界を渡っていかねばならない世知辛さかもしれません。そうした内発的なエネルギー供給がない状態で、仕事の負荷はいやおうなしに迫ってくる、動かされる中から何か方向性がみえてくるかといえばますます漂流感に覆われる……メンタル不調に陥る人が出てくるのも当然です。

「ヒト」という資源ではなく「一人の働く人間全体」がそこにいる

ビジネスが利益獲得ゲームの色合いをますます強める中にあって、働くことの「健やかさ」は常に危機にあります。そんな状況で「健やかさ」を取り戻すために主導的な役割をはたすべきなのがほかでもないHR部門です。HR部門の担当者が必要とするもの、それは親心と哲学です。

親は子どもが健やかに育つよう祈り、そのための環境を整えます。子どもの具合がよくなければ心配し、愛情をもって何らかの手当てをします。それと同様、従業員が健やかに仕事に取り組めるよう心と手を動かすのがHR部門の親心です。また、事業組織の各部門が経済合理性や利益追求に支配されようとも、哲学や倫理の観点から、働くことの在り方を見据え、経営に対して独立した意見を言わねばならないのもHR部門です。

企業経営における人事の仕事は、欧米から「HR（Human Resource）」として輸入された流れから、どうしても「ヒト」をモノ・カネという資源的な並びで扱い、いかに効率的に生産・利益に結びつけるかという発想で来ました。しかしこれからは、単に資源としての「ヒト」を超え、価値を生み出す能力主体、個として自律的に組織を変えていく主体として、いかに長く健やかに協働してもらうかという発想にならなければいけません。

その点を先んじて感知している企業は、すでに具体的な行動で示しています。例えば、ヤフーは人事部門の名称を「ピープル・ディベロップメント」としていますし、楽天は「CWO（チーフ・ウェルビーイング・オフィサー）」および「CPO（カンパニー・ピープル・オフィサー）」の設置、「楽天ピープル&カルチャー研究所」の新設などを行いました。また、「人材」を「人財」と表記する企業も増えてきました。

そのようにHR部門は個々の従業員を「ヒト」としてではなく、「一人の働く人間全体」としてとらえる意識拡大が求められます。と同時に、仕事の在り方がどうあらねばならないか、働くことの喜びとは何であるか、どのような組織文化をつくりださねばならないかなどについて、経営者と協調して思想・哲学的に頑丈な答えを持ち、従業員と対話を進めなければなりません。これまで人事部門は、ヒトの採用と異動の調整をし、評価・報酬制度という器をつくり、研修手配をするといった管理・運用業務が主でした。しかしこれからは、人の心やそれが抱く意味、価値といった曖昧模糊としたものを対象とし、それを働きがいや文化に昇華させていく仕事の主導者になります。まさに組織体の精神的エネルギーの質と強さを司る部署と言ってもいいでしょう。

「就労意識」に着眼した人材ポートフォリオ

ＨＲ担当者は人材マネジメント戦略の一つとして「人材ポートフォリオ」というものを考えます。企業が必要とする人材をタイプ分けしてとらえ、その採用や組み合わせを考える手法です。一般的な人材ポートフォリオ分析を図表４－Ｉの下側に示しました。多くの企業は人材構成をとらえる場合、このようなスキル観点で分析します。スキルの種類やレベルに応じて人材タイプを決め、それぞれについて正社員として採用し育てるか、非正社員で充てるか、外部のタレントを都度で起用するかを検討します。

スキル観点の人材ポートフォリオを考えるのは、もはや当然のことです。そこで本書ではもう一段突っ込んだ提案をしたいと思います。それが就労意識観点の人材ポートフォリオです（図表４－Ｉの上側）。

私はこれまで顧客企業の研修受講者を対象に、就労意識のアセスメントテストを行ってきまし

[図表 4-1]

2つの人材ポートフォリオ

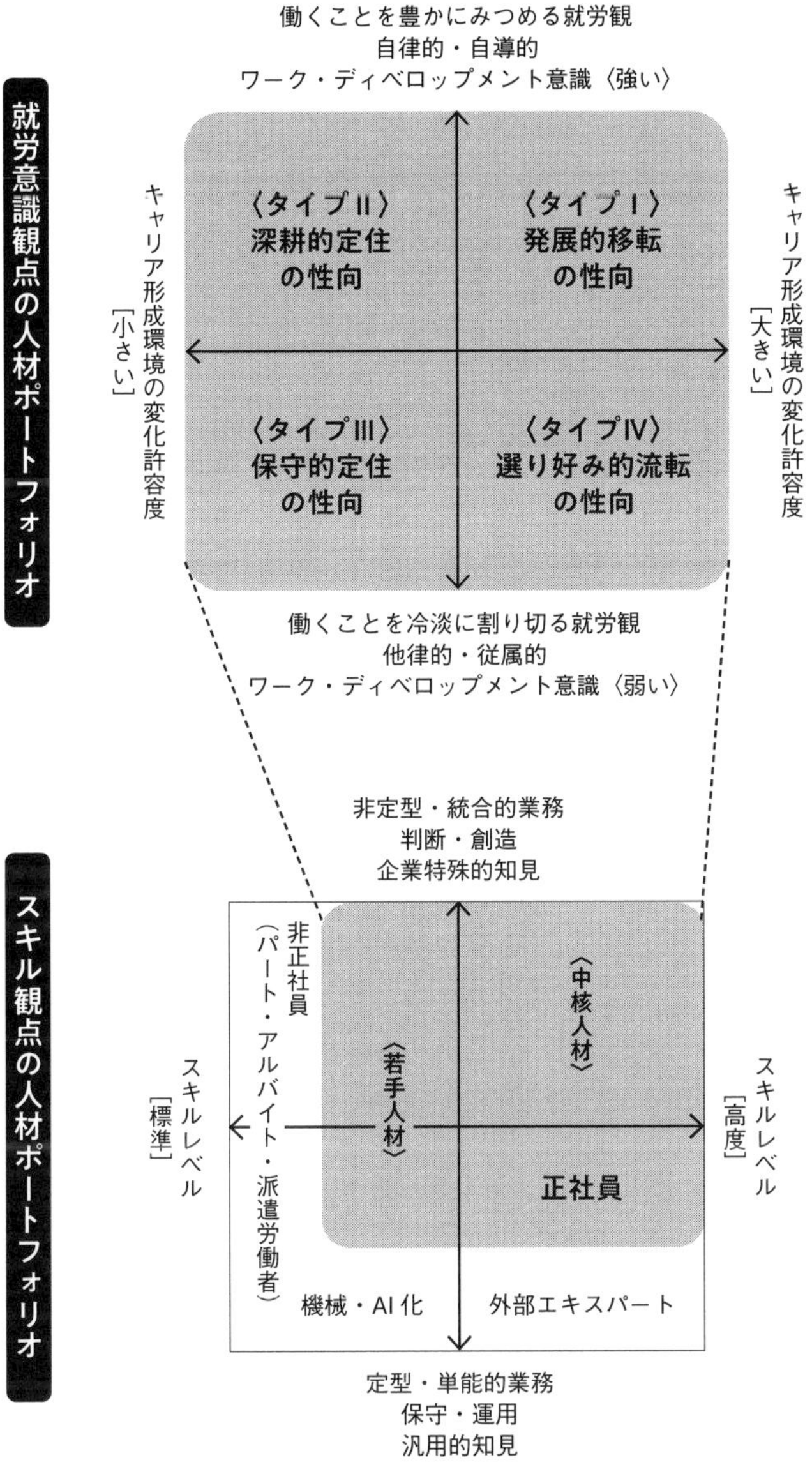
就労意識観点の人材ポートフォリオ
働くことを豊かにみつめる就労観
自律的・自導的
ワーク・ディベロップメント意識〈強い〉
キャリア形成環境の変化許容度［小さい］
キャリア形成環境の変化許容度［大きい］
〈タイプII〉
深耕的定住
の性向
〈タイプI〉
発展的移転
の性向
〈タイプIII〉
保守的定住
の性向
〈タイプIV〉
選り好み的流転
の性向
働くことを冷淡に割り切る就労観
他律的・従属的
ワーク・ディベロップメント意識〈弱い〉
スキル観点の人材ポートフォリオ
非定型・統合的業務
判断・創造
企業特殊的知見
非正社員
（パート・アルバイト・派遣労働者）
〈中核人材〉
〈若手人材〉
正社員
スキルレベル［標準］
スキルレベル［高度］
機械・AI化
外部エキスパート
定型・単能的業務
保守・運用
汎用的知見

た。その分析アプローチの一つがこの四象限の図です。二つの軸――「キャリア形成環境の変化許容度の大小」と「ワーク・ディベロップメント意識の強弱」――によって、被験者を四つの就労意識タイプに分けるものです。

各タイプのおおまかなイメージを書きますと、まずⅡとⅢが定住性向の強いタイプで、転職のような環境変化リスクの大きいキャリア選択をあまりしたくないという人たちです。転職が増えているとはいえ、おおかたの企業ではこのⅡとⅢの定住性向の強いグループが多数です。ⅡとⅢの違いは、働くことに対する向き合い方の違いです。Ⅱは働くことは豊かな機会であるととらえる就労観で、仕事への態度も自律的・自導的になります。その結果、一つの場、一つの職に留まって深く耕していく姿勢になります。一方、Ⅲは働くことは生計を立てるためといったような割り切った就労観です。そのため、保守的に無難にその場での職を保持する姿勢になります。

図の右側にあるⅠとⅣは、キャリア形成環境の変化リスクを気にしないタイプです。そのために転職にはあまり抵抗がありません。Ⅰはそこに働くことを開発する意識の強さが掛け合わさり、結果的に、キャリア発展を狙って積極的に活躍の場を移していく態度になります。それに対し、Ⅳは働くことを冷淡に割り切る就労観で、好条件の待遇を常に探し回る態度になります。

組織にどんな就労観を持った人間を集めたいか

どの組織にもこれら四つのタイプの人たちが存在します。さてＨＲ部門としての問題は、どのタイプの人たちを組織に多く集めたいかです。それは当然ながら、上半分のⅠとⅡ、すなわち働くことを肯定的に見つめる就労観を持ち、自律的・自導的に仕事に向き合う人たちではないでしょうか。それとは逆に、下半分のⅢとⅣ、すなわち冷淡に割り切った就労観を持つ他律的・従属的な人はあまり歓迎できません。

多くの企業において人事部門は離職率に神経質です。離職率が同業他社に比べてあまりに高い場合は問題ですが、ある割合の人の入れ替わりはむしろ健全な新陳代謝とみるべきでしょう。人が定着することを無条件に喜んでいいわけではなく、どんな性向の人が居付き、どんな性向の人が去っていくのかに注意を払わねばなりません。

Ⅰのタイプの人材はどのみち流動的です。組織を出て行くことになっても、絆化ができていれば、その後も何かしらの形で協業することもあるでしょう。また、中途採用で入社してくる彼らは組織に新しい風を送り込んでくれます。

むしろ懸念すべきは、ⅢやⅣのタイプの人が組織に増え、居付いてしまうことです。彼らは組織を硬直化させ、気風をどんよりとさせ、ⅠやⅡの人を去らせてしまうことにもなりかねません。

若いうちはⅡだったのが、歳とともにⅢに性向が変わっていくことはよくあることです。能力的な成長の限界感や仕事のマンネリ感などによって、働くことに対して惰性が生まれ、仕事機会を掘り起こすことをやめるからです。また、Ⅳの人がⅢに変化することも起きます。三〇代前半までは転職先も見つけやすく、より好条件の会社に移れたものの、能力的に実績不足のⅣタイプの人ですから、さすがに三〇代半ば以降は選り好みできようもなく、定住を決め込みます。

「トップダウン経営」と「自律から逃亡したい従業員」は結びつきやすい

「働きやすさ」の充実に熱心な大企業ほど、Ⅲの「保守的定住」性向の人を増やしてしまうジレンマがあります。すなわち「渡らなくなった野ガモ」問題です。本来、自律的に自導的に、よい仕事をしてもらえるよう会社は、就労環境やら福利厚生の整備をするわけですが、逆に、そのことによって少なからずの従業員が「自律からの逃亡」状態に進んでしまいます。

みずからを律し、みずからを導いていく働き方はしんどいからです。ヒエラルキー組織の中で他律的に従属的に働くほうが基本的にラクなのです。仕事は生計を立てるためと割り切り、プライベート生活のほうで楽しみを持ち、「快」を得ていけばいい、という就労観に達することは自然なことでもあります。

会社側もある部分、他律的で従属的な人間がいたほうが好都合だとも思っています。変化が激しく何事もスピーディーな判断・実行が求められる今日、従業員が四の五の言わず、経営からの方針・命令を受け入れ、着実に遂行する組織のほうが優位に立てると思うからです。実際、そういうトップダウンで強力にやりたいという経営側の思わくと、他律・従属で仕事を割り切るという働き手側の姿勢とは容易に結びつき、先にみた組織Aの形で進んでいくケースが世の中で多く見受けられます。

しかしそれが中長期的に、根本的に、組織と個人をほんとうに生かすことなのでしょうか。確かにトップダウンでやりたい経営と、他律・従属で割り切る従業員の組み合わせは、組織が走りやすい形です。しかし会社は利益のための機械となり、荒涼とした風土になる。「突進する組織」はできるかもしれませんが、「健やかな組織」からは遠ざかります。

その一方で、組織Bのような理念の具現を求心力とした自律創発の形は、経営側の深く粘り強い哲学発信と、個々の従業員の自律的な振る舞いが相互に影響し合わなくてはいけません。あいまいさや不確実性を取り込むことにもなり、組織推進はより難しくなります。「独自の色を持った組織」ができあがり、「健やかな組織」にもなりますが、「儲けるのが下手な組織」になるかもしれません。

もちろん答えはこの二者択一ではなく、複雑な要素の混合になりますから、目指すべき組織像はいろいろ出てくるでしょう。いずれにせよ、組織の在り方、働く人の在り方において何が根本問題かを問い、手を下していくのがＨＲ部門の重要な仕事です。

ＨＲ部門は「働くこと」を豊かに耕す人を増やせるか

その観点からすれば、ＨＲ部門は就労意識でみる人材ポートフォリオに無関心ではいられません。結局のこの図表４－Ｉ（上図）で重要なことは、自社の従業員について上半分が優勢になるか、下半分が優勢になるかです。いわずもがな、答えは上半分の割合を増やしていけということになります。これは言い換えれば、従業員の「ワーク・ディベロップメント意識」を高めよということです。

この「ディベロップメント（development）」に込めているニュアンスは、開発、発展、進化、豊かにすること、広げること、耕すこと、意味づけすることなどです。働くことは何か岩のように固くあるのではなく、自分の意志によっていかようにでも変えられ、自分の可能性を無限に引き出す機会になりうるととらえる。そして実際そう試みる心の姿勢が「ワーク・ディベロップメント意識」です。先に触れた「働きがいをつくり出す本人の精神的態度」――働くことへの肯定感、働くことを通じた探求心・貢献心、仕事・キャリアに対するオーナーシップ――とも通じています。

「ワーク・エンゲージメント」はどちらかというと熱中、没頭、献身といった心の活性状態に着目した概念です。それに対し、本書で用いる「ワーク・ディベロップメント」は働くことに対する取り組みに着目する点が異なります。目の前の仕事を広げようとする、深めようとする、何かにつなげようとする、その結果、心が活性化されてエンゲージド（engaged）状態になる。そんなイメージです。ちなみに、エイミー・レズネスキーとジェーン・E・ダットンが提唱した「ジョブ・クラフティング（Job Crafting）」も近い概念です。これは与えられた仕事を創意工夫によって、やりがいが出るように作り替えることができるという発想です。

成熟した人・組織・国家・文明が希求する強さこそ——「健やかさ」

いずれにせよ、働くことを豊かに耕そうとする心が「健やかな仕事・健やかなキャリア」を生みます。そして働くことを豊かに耕そうとする個人が集まり「健やかな組織」をつくります。HR部門は会社組織の中で、経営者にも、個々の従業員にも、組織全体にも直接はたらきかけることができる立場です。はたしてそこがこの「健やかさ」という価値の重要性に目覚めることができるか。そして三方にはたらきかけて、「健やかさ」を推進させていこうとするか。私は世の中の一社でも多くがそう動いてほしいと願っています。

俗に「儲けるのがうまい会社」とか「ヒット商品を連発する会社」「社風がよく人気のある会社」など、会社に対する褒め言葉はいろいろあります。それと同じように、「働く一人一人が健やかな仕事をし、健やかに存続する会社」という褒め言葉が出てきてもいいと思います。

二十一世紀は「心の時代」になるとも「生命の時代」になるとも言われています。そんな中で、働く人も事業組織も「健やかさ」という価値を求めることはまったく先進的なことです。いや、むしろ今後、国境を越えたビジネスゲームがますます激化し、個人も組織もそして地球もサステナビリティー（持続可能性）が脅かされる状況においては、「健やかさ」という価値を主軸に据えることでしか解決がないようにも思えます。

「健やかである」とは一つの強さです。一人の人間が成熟を迎えたとき、あるいは一つの組織・国家・文明が成熟を迎えたときに、希求すべき強さこそ、精神面と物質面ともの「健やかさ」にほかなりません。私たちの社会がその強さに向かうことを願って、本書の筆を置くことにします。

「大きな因果の環」と「小さな因果の環」

二〇二〇年初頭から全世界に拡大しはじめた新型コロナウイルスによる疫病禍。本書の原稿を執筆している二〇二一年春の時点において、日本はいまだその第四波の影響下にあります。一日あたりの感染者数は高止まりし、いくつかの都市に緊急事態宣言が発令されていますが、同時に、国民へのワクチン接種が徐々に進んできており、収束の光も一方でみえてきています。

私たちはこのコロナ禍が起こって以降、「ニュー・ノーマル（新常態）」を模索しつつ、経済活動や日常生活を送っています。誰もがこのコロナ禍で、いろいろなことが「変わった／変わるだろう」と口々に言います。確かに多くのことが変わるのでしょう。しかし、変わるといっても「表層的な変化と根本的な変化」「外的な変化と内的な変化」があります。変化をみつめ、そこから何かを引き出そうとするとき、その質やレベルに注視することが重要だと思います。

図表E－1は「自己と環境」「本質と形態」が相互に影響しあうことを示したものです。すなわち、「環境・形態」が変われば「自己・本質」は変わります。また、「自己・本質」が変われば「環境・形態」は変わります。両者は因果の環になっていて相互作用することを表しています。

このコロナ禍は、いわば環境の一大変化です。それによって自己は変化を余儀なくされました。

［図表E-1］

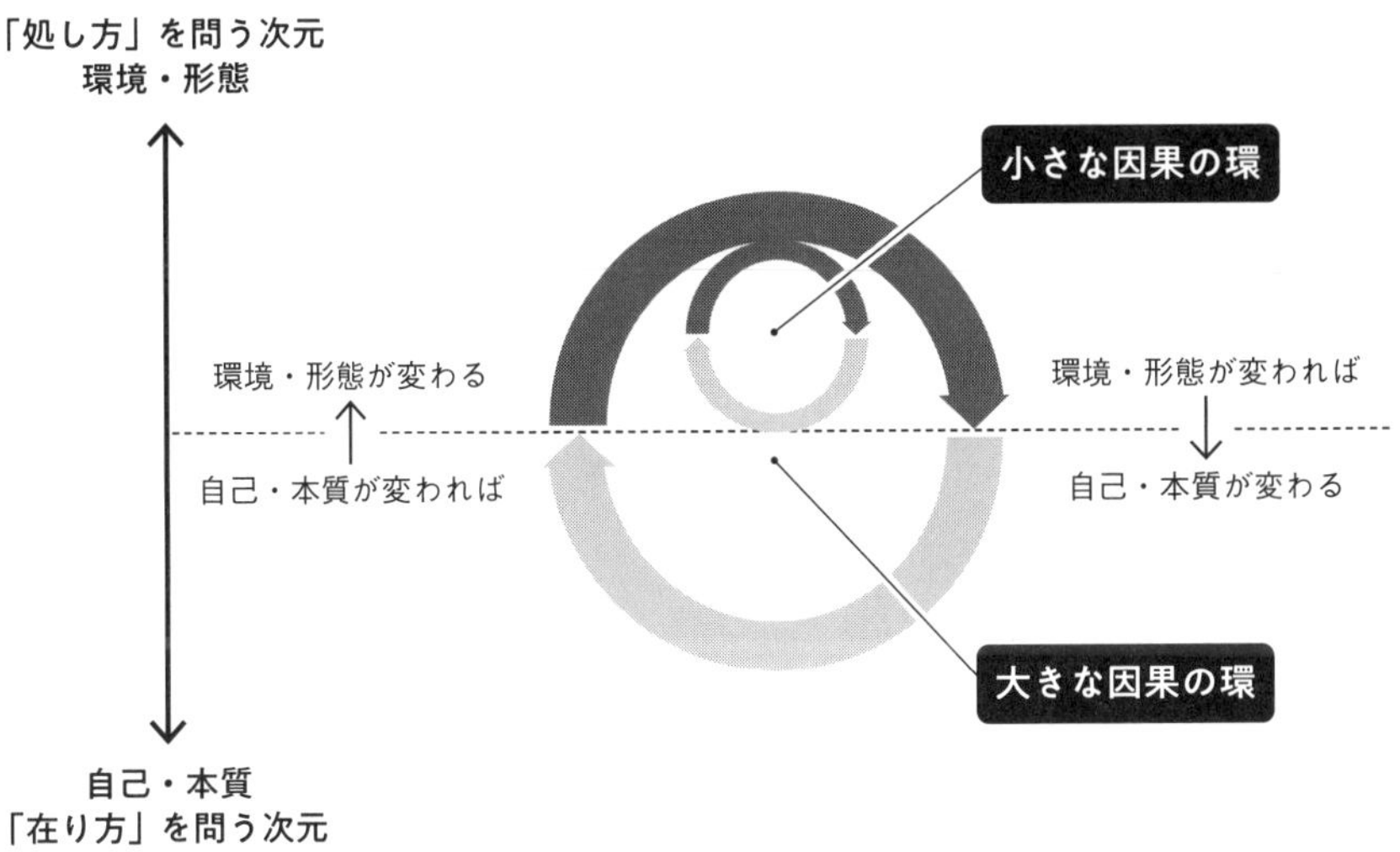
自己と環境の相互作用　～コロナ禍は大小どちらの環を呼ぶか
「処し方」を問う次元
環境・形態
小さな因果の環
環境・形態が変わる
自己・本質が変われば
環境・形態が変われば
自己・本質が変わる
大きな因果の環
自己・本質
「在り方」を問う次元

外側の力が、強制的に内側を変えにきたわけです。そのことによって私たちはいろいろな新しい考え方、新しい行動様式を生み出し、環境にはたらき返します。そのことによって、環境にも変化が起き、やがて自己と環境が調和を保てる状態へと収束していきます。

この因果の環で大事なことは、その環の大きさです。小さな環は、それが起こる次元が「環境・形態」側、すなわち外的・物的な次元に留まっています。他方、大きな環は「自己・本質」側の深くをえぐるように内的・精神的な次元に入り込みます。

コロナ禍が人類に根底で問うているのは何か？

このコロナ禍が引き起こす因果の環の大きさ

はどちらでしょうか？　それは個々人によって、組織によって、地域・国によって違うでしょう。ただ、ビジネスの世界全体に限って言えば、残念ながら小さな環に留まるのではないかと私は感じています。

このコロナ禍は全世界的に甚大な経済的損失を与えたのは確かなことで、でもそれが、経営者にせよ、個々のビジネスパーソンにせよ、人類的な視座から、あるいは文明的な視座からそれを深く憂慮しみなおしをはかって、自己の本質を変えるに至るのかといえば、そうはなっていないように思えます。

なぜなら、結局はいかに損した量を取り返すか、いかに物的に代替方法を手に入れるか、といったような次元の話に留まっているからです。働き方をリモートに変えて劇的な変化があったように感じていますが、それはやはり外側の「処し方」が変わっただけであって、内側の根底にある「在り方」をえぐってはいません。経営の関心事は、もっぱらリモートワークで従業員の生産性がどうなるか、売上げがどう確保できるかです。それらは小さな環の範囲だといえるでしょう。

コロナ禍が根底で問うているのは、人類の行き過ぎた諸活動と地球環境との不調和かもしれませんし、人類の貧富格差かもしれません。地球という一つの生命システムから出された物質消費文明への警鐘かもしれません。

その観点から、人間の活動をどう賢く自制していくか、際限なき成長を前提とした資本主義経済にどう修正を加えるか、ビジネス組織が行う事業そのものの中身をどう変えていくかといった議論はほとんど聞こえてきません。本来、ＳＤＧｓの考え方もコロナ禍後の世界をどうするかといったテーマと深く結びつくはずのものです。大企業にはＳＤＧｓを自社なりにどう実践するかを考える担当者がいるはずですが、そこから大きな提言が出てくるでしょうか。もし、ＳＤＧｓ施策が単に小さな活動に留まり、免罪符のようになっているとすれば残念なことです。

一人でも多くの人が大きな因果の環を認識し、この惑星における人間の活動の在り方や、事業活動の在り方を問い、根本的な行動変容ができたなら、それこそ禍を福に転じたことになるのですが、さて、あなたのまわりはどんな論議になっているでしょうか……。

あなたは健康な樹木？　不健全な樹木？

コロナ禍が起きてしまった世界ではありますが、私はこの禍のあるなしに関わらず、人材教育・キャリア形成については大きな転換点にさしかかっていたと思います。それは「処し方」から「在り方」へと意識と行動を変えていくべき転換点です。その「在り方」を求めていく先にある中核的価値が「健やかさ」ということでもあります。

もし、このコロナ禍がこの転換を早めたなら、それは大きな環の変化であり、コロナ禍がもたらしたプラス面だといえます。そのあたりのことを二つの観点から説明します。

[図表E-2]

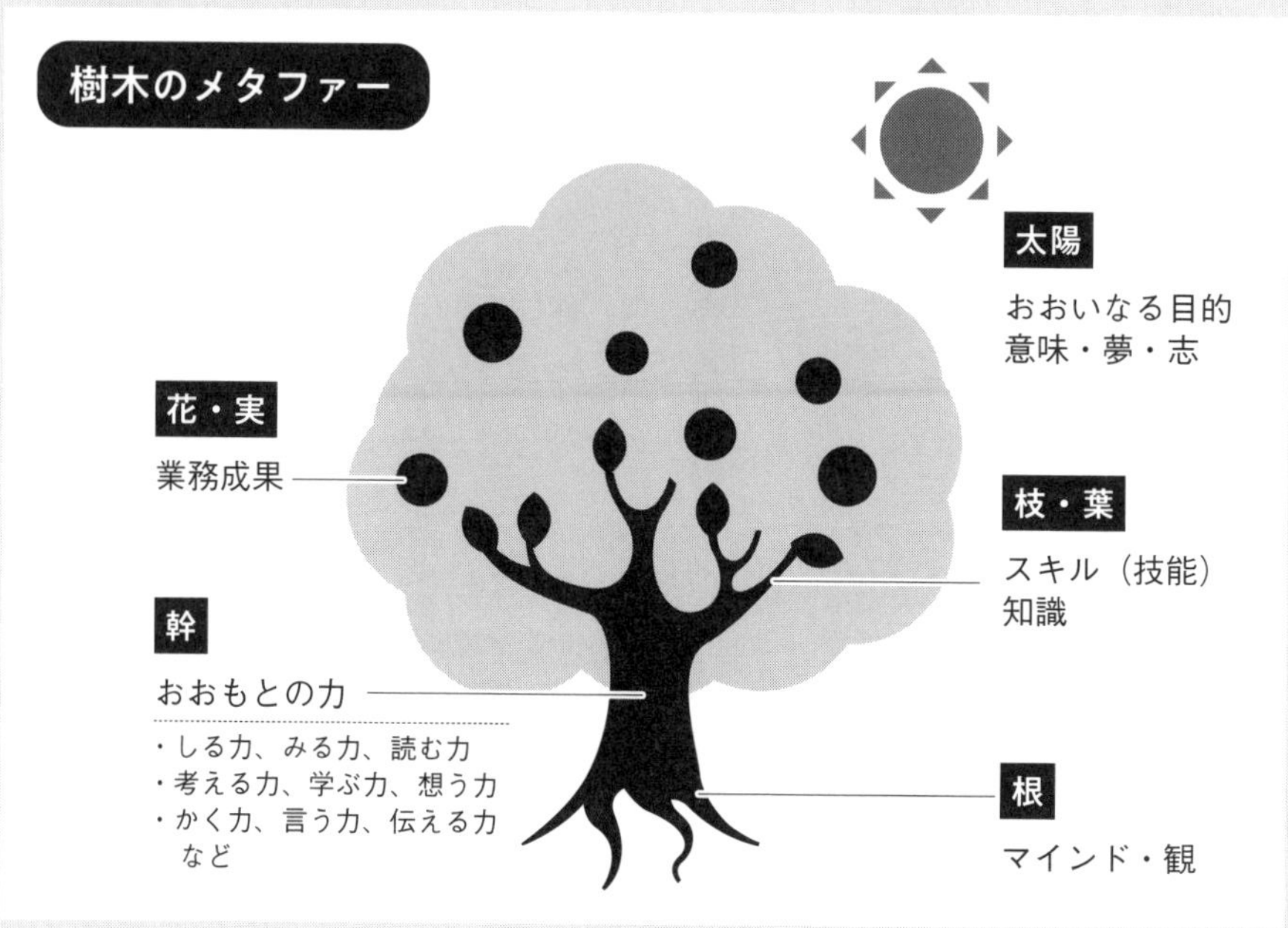
樹木のメタファー
太陽
おおいなる目的
意味・夢・志
花・実
業務成果
枝・葉
スキル（技能）
知識
幹
おおもとの力
・しる力、みる力、読む力
・考える力、学ぶ力、想う力
・かく力、言う力、伝える力
など
根
マインド・観

本質を離れたところのささいな部分に執着し、そこでもがいている状況を「枝葉末節にとらわれる」などと言います。そこで、人の能力を樹木に喩えてみたのが図表E－2です。

樹木が生き生きと花を咲かせ、豊かに実をつけるために必要なことは何でしょう――根を広く大地に張ること。太い幹を天に伸ばすこと。さらには、そこからいくつも枝を出し、葉を茂らせ、燦燦たる陽光を受けて健やかに生長していくこと、です。

私たちの事業現場では、ますます成果が求められています。短期に、効率的に、数値で表れる成果ほど歓迎されます。そのため職業人としての能力開発は、どんどん業務処理的な知識・技能習得へと傾き、細分化され、即効を狙うものになります。書店に並ぶ数多くの実務本、ハウツー本、成功本。最新の業界情報を披露するセミナー。テクニカルスキルを身につける研修。こうしたものを常に取り込み、アタマと手先を器用に磨き続けないと職場からはじかれる時代になりました。

これはいわば、樹木の枝葉のみをとがらせ、揺り動かし、木の実を急いでいる状態のように思います。その間、根や幹はなおざりにされています。根や幹がしだいに弱り細ってきているにもかかわらず、私たちは「もっと多く、もっと早く」の成果を追って（追わされて）いるのです。樹木としては何とも不自然・不健全な状態にあります。

コロナ禍の拡大が起こって、会社は従業員に対し、リモートワーク環境を整え始めました。それは必然の対策とはいえ、相変わらず従業員に求めるものは、成果であり、効率性です。いまだからこそ従業員一人一人の幹や根っこを育もう、ではありません。

しかし、従業員の幹や根を育まないツケは会社に返ってきます。枝葉の細分化した業務スキルに閉じ込めた従業員の中には、三〇代半ばを過ぎたあたりから硬直化し、配置転換しようとしてもうまく動かせない人が出てくるのです。個々人が一〇〇年を生き、会社組織が従業員を六〇代、七〇代まで雇い続ける時代、人材マネジメントでほんとうに大事なことは、「処し方」次元で従業員を部品的に資源化するのではなく、「在り方」次元で全人的に育むという大きな転換をすることではないでしょうか。

スキルを拠り所にすればするほど不安感は増す

また、視点を働く個人に移しても、ほんとうに大きくて重要な変化に目を向けず、小さな環の中で対応しようとする傾向が強まっています。

多くの人にとって、自分が雇われ続けるための方策としてまずあるのが、ともかく需要のある知識・技能を身につけて、自分を買ってもらおうという「スキル習得」アプローチです。時代の変化に合わせて、あるいは雇ってくれる側の要請に合わせてスキルを習得・更新していく。それ自体はまったく必要な行動ではありますが、長期的な視点でながめれば枝葉次元の対処法であって、根幹的な取り組みにはなりません。「スキル習得」アプローチは言ってみれば、変化していく表層を「いかだ」を次々に乗り換えて、何とか職をつないでいく対応です。

「処し方」に長けようと枝葉のスキル習得でがんばっても、ＡＩ（人工知能）や作業ロボットとの競走が出てきます。有能な若手もどんどん伸びてきます。キャリア・人生において変化対応は不可避ですが、移り変わるものに自分の拠り所を置くほど不安は増します。ではどういうアプローチがなされるべきか──本書はそれが「マインド・観醸成」アプローチであると提言してきました。

スキルを鋤・鍬として自分を掘り起こせるか

マインド・観は「在り方」を問います。そして「在り方」はライフワーク（生涯にわたって携わりたい仕事）やソウルワーク（魂の声を成就させる仕事）、道（探究・鍛錬としての仕事）を生み出す源になるものです。知識や技能といった処し方はその下に来る手段的要素ととらえます。これは言ってみれば「耕作的キャリア」です。

不変・普遍のものをつかめば、変化も悠然と乗り越えていくことができる。これが健やかに長く職業人生を送っていくための鍵だと思います。もちろん最初から自身の在り方がわかっていて、ライフワークをみつけられる人は稀です。若いころはスキル習得に右往左往しながら「いかだ移り」をやることでいいでしょう。問題はそこからです。そのまま表層を渡っていくのか、それとも在り方の次元に意識を向け、深くを耕していくのか。これは決定的に大きな分岐です。

私は仕事柄、さまざまな人たちのキャリアを観察してきました。五〇代以降もはつらつと働いている人は、知識・スキルを「いかだ」としてではなく、「鋤《すき》・鍬《くわ》」として、自分という可能性を耕し続けている人です。あるいは、知識・スキルを「刀」として、人生の在り方を彫刻している人です。そのようなキャリアの体現には、堅固なマインド・観の醸成がなくてはならないのです。

研修のオンライン化は「小さな変化」

コロナ禍が本格化した二〇二〇年三月、集合型研修を生業とする私のもとには、すべての顧客企業から同年度の研修の中止・延期の連絡が入りました。その後、研修業界ではWEB会議ツールを使った研修のオンライン化の波が急速に起こります。ツールの使いこなしを指南する専門家も続々現れ、ネットセミナーは花盛りとなりました。

私もそんな外側の一大環境変化に合わせ、ドタバタと関連スキルを習得し、研修プログラムを組み替え、サービスの再構築をはかりました。オンラインでの研修において、受講者とのコミュニケーションの取り方は確かに異なります。そのために講義方法を変えることが必須でした。

しかし私にとって、そうした手段・方法の変化は小さな変化でしかありません。研修事業者の中で、WEB会議ツールを使いこなしてうちはこんなこともできる、あんなこともできると、それのみを自慢しているところがあれば、それは小さな変化の環にいる事業者でしょう。他方、この一大変化の流れの中にあって「何が教育されるべきか」というコンテンツそのものをみつめなおし、手を加えようというところは大きな環にいるといえます。

「利発の目」ではなく「叡智の目」を

本書は、企業における人材育成の在り方やビジネスパーソンのキャリア観について、次代に来るべきものを書き著すことを目的としてきました。読者によっては、コロナ禍によってよりいっそう表面化した問題、例えば、リモートワークにおける生産性の問題とかジョブ型採用の問題、さらには各方面で依然話題となっている働き方改革の問題、定年延長の問題などがいっさい触れられていないことに満足のいかなかった方もいらっしゃるかもしれません。

しかしそうした問題については、他に多く出ている実務書や専門セミナーがティップス（助言情報）を与えてくれるでしょうから本書ではあえて取り扱いをしませんでした。私が本書でみなさんと考えたかったのは、大きな環の変化です。

時代の大きな環の変化を感じ取り、その変化を味方につけていくための鍵は何であるか？　そうした大きな問いに対する答えとして、本書は「健やかさ」という価値を体現していくことではないかと提示しました。もちろん答えはほかにもあると思います。

いずれにせよ大事なことは、日々の業務処理や短期目線の術に長けようと「利発の目」を動かすだけではなく、一〇〇年、二〇〇年、あるいは一千年単位の視座に立って現在を俯瞰し、何が大切であるかを考える「叡智の目」をはたらかせることです。

「日常の生活は多くの用事でみちているし、その用事を次々と着実に片付けていくためには、『常識』とか『実際的思考力』などという名の、多分に反射的、機械的な知能の処理能力さえあればすむ。あまりに豊かな想像力やあくことなき探究心やきびしい内省の類は、むしろ邪魔になるくらいであろう」。

——神谷美恵子『生きがいについて』

楽観主義の意志で大きな環を動かす

一人一人の人間がまず、働くという人間の営みを肯定的にとらえる。そして目の前の仕事という大地を豊かに掘り起こし、何かを育てていく。その過程がすでに、健やかに働く、健やかに生きるになっています。そうした健やかな労働観を持った人が経営者となり、従業員となり、共通の理念のもとに力を合わせる。それが健やかな組織となり、健やかな事業を行う——私はこうした楽観的な意志をたくましく持って進む人を増やす教育を志しています。

「そんなことは理想論だ。最小限の労働で最大の報酬を得、あとは趣味か何かで楽しみをみつけて、人生だましだましやっていくしかない」といった冷淡・悲観の態度もあります。働くことに対し、こうした悲観が世の中全体を支配するか、それとも楽観が優勢になるか。社会全体としてこの大きな綱引きは永遠に続きます。

哲学者のアランは「悲観主義は気分に属し、楽観主義は意志に属する」と言いました。個人の運命にせよ、組織・社会の運命にせよ、それをよりよい方向へ牽引していくのはまちがいなく楽観主義の意志です。本書を通じて、HR担当者が、経営者が、管理職者が、キャリアコンサルタントが、教師が、楽観主義の意志を起こして、働くことがいかに自己と人生を健やかにしていくかを語るようになれば、それだけで世の中の労働はよりよいものに変わってくるでしょう。そのように私たち一人一人の意識と行動は、大きな因果の環を動かす源泉になりうるのです。

参考文献

リンダ・グラットン、アンドリュー・スコット『LIFE SHIFT －100年時代の人生戦略－』（池村千秋訳、東洋経済新報社）

ピーター・ドラッカー『ドラッカー名著集2－現代の経営　上－』（上田惇生訳、ダイヤモンド社）

本田宗一郎『夢を力に：私の履歴書』（日本経済新聞出版）

ピーター・センゲ『学習する組織』（枝廣淳子、小田理一郎、中小路佳代子訳、英治出版）

ジェームズ・C.コリンズ／ジェリー・I.ポラス『ビジョナリー・カンパニー』（山岡洋一訳、日経BP社）

フレデリック・ラルー『ティール組織』（鈴木立哉訳、英治出版）

杉村芳美『「良い仕事」の思想』（中央公論社）

ウィリアム・モリス『ユートピアだより』（川端康雄訳、岩波文庫）

マックス・ヴェーバー『プロテスタンティズムの倫理と資本主義の精神』（大塚久雄訳、岩波文庫）

ウィリアム・H.ホワイト『組織の中の人間－オーガニゼーション・マン』（岡部慶三／藤永保訳、東京創元社）

J.M.ケインズ『ケインズ説得論集』（山岡洋一訳、日本経済新聞出版）

トーマス・J.ワトソンJr.『IBMを世界的企業にしたワトソンJr.の言葉』（朝尾直太訳、英治出版）

藤岡和賀夫『オフィスプレーヤーへの道』（文藝春秋）

リチャード・フロリダ『クリエイティブ資本論－新たな経済階級の台頭－』（井口典夫訳、ダイヤモンド社）

塩見直紀『半農半Xという生き方』（ソニーマガジンズ）

スティーブン・R・コヴィー『7つの習慣』（ジェームス・J・スキナー、川西茂訳、キングベアー出版）

星埜由尚『伊能忠敬 －日本をはじめて測った愚直の人－』（山川出版社）

内村鑑三『後世への最大遺物』（ワイド版岩波文庫）

本田由紀『軋む社会――教育・仕事・若者の現在』（河出書房新社）

デヴィッド・グレーバー『ブルシット・ジョブ －クソどうでもいい仕事の理論－』（酒井隆史／芳賀達彦／森田和樹訳、岩波書店）

村山 昇

むらやま　のぼる

キャリア・ポートレートコンサルティング代表。
組織・人事コンサルタント。概念工作家。
企業の従業員・公務員を対象に、「プロフェッショナルシップ（一個のプロとしての基盤意識）醸成」研修はじめ、キャリア開発研修、「コンセプチュアル思考」研修、管理職研修などの教育プログラムを開発・実施している。哲学の要素を盛り込んだ内省ワークや直観的に本質をつかむ図表現、レゴブロックを用いたキャリアのシミュレーションゲームなど、独自の手法で企業内研修の分野で幅広く支持を受けている。1986年慶應義塾大学・経済学部卒業。プラス、日経BP社、ベネッセコーポレーション、NTTデータを経て、03年独立。94-95年イリノイ工科大学大学院「Institute of Design」（米・シカゴ）研究員、07年一橋大学大学院・商学研究科にて経営学修士（MBA）取得。著書に、『スキルペディア』『働き方の哲学』（以上、ディスカヴァー・トゥエンティワン）、『キレの思考　コクの思考』（東洋経済新報社）、『ぶれない「自分の仕事観」をつくるキーワード80』（クロスメディア・パブリッシング）など。

ビジネスホームページは　https://www.careerportrait.biz

ぷーたく

福岡県生まれ。町田市在住。Q.design所属のデザイナー兼イラストレーター。ブックデザインとイラストを中心に活動。柔らかい線とシンプルな構図が特徴で、装丁や挿絵などで活躍中。主な作品に累計100万部の「見るだけノートシリーズ」（宝島社）、『水族館めぐり』『動物園めぐり』（ともにG.B.）など。

https://www.behance.net/pu-taku

キャリア・ウェルネス

「成功者を目指す」から「健やかに働き続ける」への転換

2021年11月10日　初版第1刷発行
2024年6月20日　第2刷発行

著　者——村山昇　©2021 Noboru Murayama
発行者——張 士洛
発行所——日本能率協会マネジメントセンター
〒103-6009　東京都中央区日本橋 2-7-1 東京日本橋タワー
TEL 03(6362)4339（編集）／03（6362)4558（販売）
FAX 03(3272)8127（編集・販売）
https://www.jmam.co.jp/

装　丁——山之口正和＋沢田幸平（OKIKATA）
本文 DTP——G.B. Design House、ハタ・メディア工房
印刷所——シナノ書籍印刷株式会社
製本所——株式会社三森製本所

ISBN978-4-8207-2956-3　C2034
落丁・乱丁はおとりかえします。
PRINTED IN JAPAN